保育のこころえ

~知っておきたい子どもとわたしの危機管理~

牧野 桂一 著
兵庫教区保育連盟 編

発行にあたって

　不思議な御縁により、牧野桂一先生に兵庫教区保育連盟の連続研修をお願いして、3年が経過しました。研修の基本的なポイントは、職員が安全・安心を基盤として、現場ですぐに活用・対応・応用できる内容でした。

　毎回の研修時、牧野先生が沢山の資料・マニュアルを準備・用意して下さいました。研修に参加した各園の職員は、その資料並びに研修時の講演内容を持ち帰り、「職員共有の資料として、即刻、現場で活用しました」という喜びの報告をたくさん耳にしました。

　このような経過を通して、兵庫教区保育連盟の理事会で、この機会に牧野先生に、過去の研修内容の集大成を作成して頂くことをお願いしましたところ、先生は、さらに必要と思われる項目を追加し体系的にまとめて下さいました。

　2011年3月11日、日本は東日本大震災に見舞われ想像を絶する被害を受けました。私たちは、1995年の阪神淡路大震災を経験したことから、子どもたちを守る大切さを痛感しておりました。

　その経験を踏まえ、本書は現代の時代に即した「危機管理マニュアル」を収め、さらに、乳幼児における心身の発達、病気、アレルギー、保護者対応等、職員が現場でどのようなことにもすぐに対応できるマニュアル集となっております。

　最後に、全国の私立・公立の保育園・幼稚園で働く職員の皆様の手元で、辞書のように有効に活用して頂けるよう願っています。そして、子どもたち一人一人の安全と安心に寄与し、園と保護者との信頼関係の向上にお役に立てていただければ幸いに存じます。

合掌

平成25年3月31日

浄土真宗 本願寺派
兵庫教区保育連盟
理事長　赤井 秀顯

目次

発行にあたって 2

第1部　社会人としてのこころえ 7

第1章　保育のこころえ 9
第1節　望ましい資質・態度 9
第2節　社会人としての基本 12
第3節　指示の受け方・報告の仕方 16
第4節　仕事をするにあたり 17

第2章　言葉遣い・話し方・コミュニケーションのはかり方 21
第1節　言葉遣い 21
第2節　挨拶言葉 22
第3節　気を付けなければならない言葉遣い 23
第4節　電話のとり方、受け方 26
第5節　連絡帳について 28
第6節　保育記録の書き方 32
第7節　社会見学の基本姿勢 32
第8節　衣類紛失について 33
第9節　記録のとり方 34
第10節　研修の心得 35
第11節　面談時の心構え 37

第3章　人権・プライバシー・虐待 39
第1節　人権を配慮した保育 39
第2節　児童虐待 40
第3節　プライバシーの尊重と保護 44

第2部　保育と事故防止 47

第1章　保育園・幼稚園における危機管理の基本知識 48
第1節　保育園・幼稚園における危機管理とは 48
第2節　危機の予知・予測のための取り組み 49

第2章　子どもの成長・発達と事故 63
第1節　月齢と事故 63
第2節　受傷の種類と予防 64

目次

第3章　安全な保育環境整備 … 66
- 第1節　事故リスク軽減のために … 66
- 第2節　年齢別事故防止チエックリスト … 68

第4章　園舎内外の保育 … 75

第5章　日課に関すること … 79
- 第1節　基本的姿勢 … 79
- 第2節　主な内容 … 79

第6章　園外保育 … 82
- 第1節　基本的姿勢 … 82
- 第2節　実施前の留意点 … 82
- 第3節　目的地での留意点 … 82
- 第4節　集団歩行に関しての留意点 … 83
- 第5節　園外保育の行き先 … 83
- 第6節　交通機関利用時の留意点 … 84
- 第7節　日帰り園外保育における準備・チェック・注意事項 … 85

第7章　危険を伴う遊びについて … 86
- 第1章　基本的姿勢 … 86
- 第2章　主な内容 … 86

第3部　衛生管理・応急処置・健康管理 … 89

第1章　衛生管理 … 90
- 第1節　正しい手偉いの方法 … 90
- 第2節　施設内外の衛生管理チェック … 91
- 第3節　職員の衛生管理 … 92
- 第4節　消毒薬の種類と使い方 … 92

第2章　感染症 … 95
- 第1節　主な感染症 … 96
- 第2節　症状別対応とケア … 109
- 第3節　予防接種 … 123

第3章　与薬について … 124

第4章　応急処置 … 130
- 第1節　心肺蘇生法 … 130
- 第2節　アナフィラキシーショック … 132
- 第3節　乳幼児が起こしやすい事故 … 135

第5章　健康管理 …………………………………………………………… 146
　　　第1節　健康観察のポイント ……………………………………………… 146
　　　第2節　危険予防・健康管理 ……………………………………………… 147

第4部　防災・安全管理 …………………………………………………………… 165
第1章　防災気象情報 ……………………………………………………………… 166
　　　第1節　各種気象情報 ……………………………………………………… 166
第2章　災害に対する心構え ……………………………………………………… 173
　　　第1節　防災・避難訓練について ………………………………………… 173
第3章　災害の種類別の対応 ……………………………………………………… 175
　　　第1節　台風・風水害の対応 ……………………………………………… 175
　　　第2節　火災の予防と対応 ………………………………………………… 181
　　　第3節　地震時の対応 ……………………………………………………… 183
　　　第4節　大地震発生時の対応 ……………………………………………… 184
　　　第5節　大規模な地震の発生が予想される場合 ………………………… 190
第4章　不審者への対応 …………………………………………………………… 191
第5章　不審な電話への対応 ……………………………………………………… 196
第6章　園児の誘拐・拉致（行方不明）への対応 ……………………………… 198

第5部　給食 ………………………………………………………………………… 201
第1章　衛生管理 …………………………………………………………………… 202
　　　第1節　衛生管理チェック ………………………………………………… 202
　　　第2節　調理従事者の衛生管理 …………………………………………… 203
　　　第3節　器具類の洗浄・殺菌 ……………………………………………… 204
　　　第4節　食事の片づけ ……………………………………………………… 205
第2章　食中毒について …………………………………………………………… 207
　　　第1節　食中毒とは ………………………………………………………… 207
　　　第2節　食中毒予防の三原則 ……………………………………………… 208
　　　第3節　調理上の注意 ……………………………………………………… 209
　　　第4節　食中毒の原因と症状 ……………………………………………… 209
　　　第5部　食物アレルギーへの対応 ………………………………………… 213

第1部

社会人としてのこころえ

はじめに

　ある組織を評価する場合、その組織の構成員の対応や接遇の態度がよく引き合いに出されます。「あそこはしっかりした園だが、なるほど、職員の対応にソツがない」とか「職員にあんな接客態度をさせているようじゃ、あの園も伸びない」などと、不特定多数の人たちは結構細かく観察しています。職員の誰もが、その組織にふさわしい立ち居振る舞いや言葉遣いを備えているのが理想的なのですが、そうかといって、あたかもマニュアルによって習得したように、誰もが同じようにほほえみ、同じ対応をするというのでは人間味が感じられません。形はあっても心が無いからです。

　園に来る一人一人の人たちの人柄に応じた対応や接遇ができれば、それにこしたことはないのですが、一目見て相手の性質を推し量るのは難しいことです。同じような対応をしても、「好ましい」と感じてもらえることもありますし、相手によっては「無礼な」と思われることもあるかもしれません。

　また、馴染みの方ですと、見ず知らずの方よりは親しげな言葉遣いや態度になりがちです。このこと自体は自然なことと言えますが、気をつけなければいけないことがあります。例えば、同時に二人のお客さまがあったとします。一人に親しげに会話をし、もう一方にはごく普通の態度で接しました。すると、前者は「自分は軽んじられた」と思い、後者は「無愛想な扱いを受けた」と感じてしまうこともあり得るからです。

　相手に応じた対応を考えるより、どなたに対しても真心を込めた受け応えやおもてなしができるように体と心に基本を覚え込ませることが先決です。また、たとえ失敗しても誠心誠意心を込めて対応し、あるいは接待していたならば、相手は決して悪意にはとらないでしょう。対応と接遇で肝心なことは、時と場に応じた立ち居振る舞いや言葉遣いができるかどうかにあります。

第1部　社会人としてのこころえ

第1章　保育のこころえ

① 常に「子どもの最善の利益」を意識しつつ、楽しい保育ができるように心がける。
② 子どもの育ちを見守るために、安全に注意し、食事・睡眠・清潔を重点に、一人一人に即した保育を行う。
③ 一人一人の発達を見極めて、言葉の獲得や運動機能等、臨界期を意識し、十分な体験ができるように配慮する。
④ 基本的生活習慣の自立を援助し、身辺生活の自立を通して、生きる自信がつくように促す。
⑤ 豊かな心を育むために、製作活動や、年齢にふさわしい絵本を選び、読み聞かせをするなど、工夫を怠らない。
⑥ 人間関係の基礎が育つよう、友だちや保育者、保護者や地域の人たちとの心の触れ合いを通して豊かな人間性や他人への思いやりの心が育つように努める。
⑦ 自分で考え行動する機会を増やすことで、社会的ルールを理解する能力や思考力が育つように努める。
⑧ 子育てに参加していることを意識し、保護者との連絡を密にして、子どもの姿をいつも把握するように努める。
⑨ 「保育」と「保育指導」に専念し、保育士・教諭への社会からの期待に応える。
⑩ 人を育てる仕事に従事しているということを常に意識し、学ぶことを怠らない。

第1節　望ましい資質・態度

1．職員間の調和に努め楽しい職場をつくる
① 保育は福祉・教育の仕事であることを理解し「子どもの最善の利益」という目的意識をもって働く。よい仕事をすることは、人間としての使命である。曖昧な気持ちではよい仕事はできない。
② 職員各自の特技をいかし、互いに意見を出し合い、一人一人が自分のテーマを持って保育にあたる。
③ 自分の担当クラスだけでなく、園全体にも目を向け、職員間の連携をうまく取り合う。また、雑務といわれるような仕事も積極的に行うようにする。
④ お互いに育ち合える人間関係の育成に努力する。例えば、後輩に対して「かばう」だけではいけない。時には厳しい指導も必要である。
⑤ 職種、正規、非常勤等に関係なく、責任をもった仕事をする。
⑥ もしもの時のスポークスマンは、園長か教頭、主任であることを忘れない。個人的な

情報提供は混乱を生むのみである。

２．服装等について

　園のイメージは一人一人の職員によって作られるものです。身だしなみは相手に好意を与えることになります。仕事では、園の一員という意識をもって身を整えることに心がけましょう。

　① 保育に関わる者としての自覚をもち、清潔で動きやすい服装で保育する。
　② 自分自身の健康に注意し、いつも明るい気持ちで勤務できるよう心がける。
　③ 髪の毛は短くするか束ね、髪の毛の色に気をつける（赤・金・銀など不自然な色に染めない）。
　④ 爪は短く切り、マニュキア・ペデュキア等は、園ではしないようにする。
　⑤ 化粧や服装はあまり流行にとらわれず、自分らしさを表現するように努める。
　⑥ 携帯電話は登園から降園までOFF、または、マナーモードにし、携行しない。

３．健康管理について

　体調を整え、保育への気力を養い、身体の健康はもちろん、精神的にも常に安定し充実感をもつように努めなければなりません。健康はすべてに優先します。

　① 連絡帳は手際よくすませ、休憩時間はなるべく体を休ませるようにする。
　② 休日に遊び過ぎない（仕事を考えて行動する）ようにする。

４．人間関係・お付き合いの基本

　一つの組織を構成する人々は、同じ目的のために集まった、いわば同志ですが、同志だからといっても、いつどんな時でも仲がいいとは限りません。嫌な人は、簡単には好きになれないし、時には顔を見るのも声を聞くのも、嫌ということがあります。

　ところが、嫌な人と思っていた人と一緒に仕事をしてみたら、ひょんなことから仲よくなったとか、けっこう光っているものをもっていることに気づいた、ということもあります。人に好かれ、好きになるためには、どうすればいいのでしょう。身なり、身だしなみをきちんと整え、礼儀正しくしていれば、相手がよほど偏屈でないかぎり、まず嫌われることはないでしょう。しかし、これだけを守っていればよいというものではありません。では、人に好かれるためにはどうしたらよいのでしょうか？　多くの人が指摘していることは、正直であり、きちんと約束を守り、義務を果たし、しかも親切だということです。

ｉ）人に好かれる法

　＊小さな親切、大きなお節介にならないようにする。心を込めて親切にし、厚かましくし

第1部　社会人としてのこころえ

　　ない。
　＊相手を深く傷つけるようなお節介はしない。
　＊自分が相手より優れていると思っても、顔や態度に出さない。
　＊皮肉を言ったり、からかったりしない。
　＊やたらに相手の機嫌をとらない。
　＊偉ぶらない。つまり、やたらに知識を見せびらかさない。
　＊言葉遣いを正しくする。
　＊清潔な身なりやきちんとした身だしなみを心がける。
　＊微笑みを忘れない。

ⅱ）人を好きになる法
　相手のもっている光るものを引き出せば、自ずとその人を好きになります。このためには、いつも平常心を心がけていないといけません。
　＊自分の信じていることを強要しない。
　＊あら探しばかりしないで、相手のいい所を見つけるようにする。
　＊すぐに議論を始めて、相手を困らせない。
　＊やたら質問をして、話の腰を折らない。
　＊相づちはほどほどにする。相手はバカにされていると思うことがある。
　付き合いの基本は、お互いがそれぞれを個人として尊重し、やたらに干渉しないことです。加えて、何よりも友好的な態度で、誠実な人柄がにじみ出ていることが大切です。

5．職員の間に協調的・協力的態度をもつ
　職員間の協調・協力による快い人間関係は、子どもたちに安定感をもたらし、人格形成によい影響力を与えます。そのためにはお互いの職種の専門性を尊重し、よく話し合い、理解し協力し合う態度が大切です。時には徹底した議論も必要であり、正しいと信ずる自説を主張することがあっても良いですが、自説のみに固執したり、感情的になったりすることは厳に戒め、お互いに積極的・建設的に保育を支えていくことが望まれます。

6．愛と思いやりをもつ
　何といっても「子どもが好き」でなければなりません。人間は人に愛され、優しく見守られることによってはじめて、人を愛したり、優しくしたりすることに喜びを感じるようになります。子どもは明るい保育士・教諭にふれ、適切な世話を受け温かい人間関係を体験することによって情緒が安定し、生き生きと生活するようになります。
　幼児期になると、信頼する保育士・教諭のようになりたい、あるいは、保育士・教諭の期

待に応えようとするなどの望ましい心の動きが強まり、教育が成立する基盤ができていきます。

7．乳幼児を理解し、保育技術を高める

乳幼児の発達段階・欲求を理解し、個人差を把握するように努め、常に子どもと共感し合い、子どもの立場に立ってものごとを考えることが望まれます。大学や実習では基本的なことは習得していますが、決して充分とはいえません。よく聞く、よく学ぶという精神こそ保育の心です。

第2節　社会人としての基本

1．職場の規律を守る

職場規律は、組織集団の目的をより確実に達成するために、組織集団を構成している一人一人が遵守しなければならない最低限の規定です。

人間は社会に生きるために、そこに存在する規範やルールを守ってよりよい生活を営もうとします。この規定やルールを逸脱しては、集団としての秩序を維持できません。そのためには、基本的ルールを身に着けることが第一歩です。言い換えれば、職場や仕事のルールをいかに破らない習慣を身に着けるかです。こうしたことをないがしろにする人は、職場の成員であることを放棄したことになり、組織の一員として存在している根拠さえ薄らいできます。以下のことは、最低限遵守しましょう。

①遅刻をしない。

　5分前には仕事の準備が整うよう、余裕をもって出勤しましょう。タイムレコーダーは、勤務に入る時と勤務を終えた時に押します。勤務前の着替えや荷物を片付ける時間、お手洗い、その他勤務によらない居残りは勤務時間となりません。

　どうしても遅くなりそうな時は、必ず園長や主任に連絡を入れましょう。事故、天災等通勤途中のトラブルで出勤時刻に間に合わない場合等もすぐに園に連絡を入れましょう。職員の安否確認につながります。「私がいなくても大丈夫」と安易に考えないことです。その時間帯に事故が起こったらその職員の責任になります。

②急な欠勤の場合は、速やかに園に連絡を入れる。

　発熱、腹痛などは早めに自分から報告し、早期に受診します。病気で休んだ場合は、翌日に出勤できるか否かの状況について、午後4時までに園長または主任に電話をしましょう。勤務交替等、勝手に決めてはいけません。

第1部 社会人としてのこころえ

③出勤時刻に職員が来ない。

　　連絡もない場合には、すぐに本人に連絡を入れるとともに、園長または主任に報告しましょう。

④勤務シフトの確認。

　　勤務シフトの確認は、休日前や帰る時等、確実にしましょう

2．役割意識と行動力を身に着ける

　職員に求められる技能とは、職務を遂行していくために必要な仕事の知識と、それを現場で発揮できる行動力です。この二つのことをしっかりと身に着ける必要があります。

　技能とは、いうまでもなく仕事を成し遂げる技であり、能力です。そこにはまた、きちんとした知識の裏づけがなされていなければなりません。それが十分に身に着いて、初めてどんな場にも通用する応用力や自分なりの創造力が養われていきます。物事の原理原則と基本的な行動の仕方をマスターすることが大切です。仕事ができる組織人になるためには、まず役割意識に徹した行動をしていくことを頭の中に入れておくことが必要です。

　仕事ができる人とそうではない人との差とは、先天的な頭のよさや生まれついての性格などにあるのではありません。仕事の場では、生まれついての知能や性格とは別のものが求められています。

　職場には人それぞれの役割があります。その期待されている役割行動をとれるか否かが、実は仕事の場では大切です。学生時代にはさして目立たなかったけれども、社会人になるとバリバリと仕事をする人、これとは反対の場合もあります。これは役割意識に基づいた行動をその人がとっているかどうかの差で起きる現象です。

3．行動は意識の持ち方で変えられる

　先天的要素の強い知能や性格といったものは変えにくくても、行動の仕方はその人の意識ひとつで変えられます。そして、知っておきたいことは、周囲の人はその人の行動を見て、その人を評価するということです。すなわち、期待に応えられる行動をとってくれればよくできる、期待にそぐわないものであればダメ。いってみれば、どんなに優れた知識や技能をもっていても、期待に応えられる役割行動がとれなければ、組織の中では評価されません。

　この役割意識を養っていくには、まず自分の感覚を鋭くし、周囲がいま自分に何を求めているかをつかむことが大切です。組織の中でいう周囲とは、上司もいれば先輩もいます。また、同僚もいれば保護者もいます。自分に期待されることは、その場の状況と相手によって違ってきます。この違いを感じとることが何よりも必要です。その上で、自分がどんな行動を起こせばよいのかを考えることが大切なのです。

4．まず行動の計画化から

　何をするにしても、ただ行き当たりばったりではうまくいきません。仕事はまず自分でつかむもの、そして、自分で計画するものです。たとえ最初は小さなことでも、一つずつの計画化の実践が将来に生きてきます。

　まず計画（Plan）を立てて、それに基づいた行動（Do）を起こすことです。その上で、自分のとった行動が計画通りに進んだか、目標を達成したかどうかなどを検討評価（Check）することが大切です。また、必要に応じて改善（Action）を行います。仕事とは、常に計画（Plan）⇒行動（Do）⇒検討評価（Check）⇒検討評価（Action）の連続なのです。

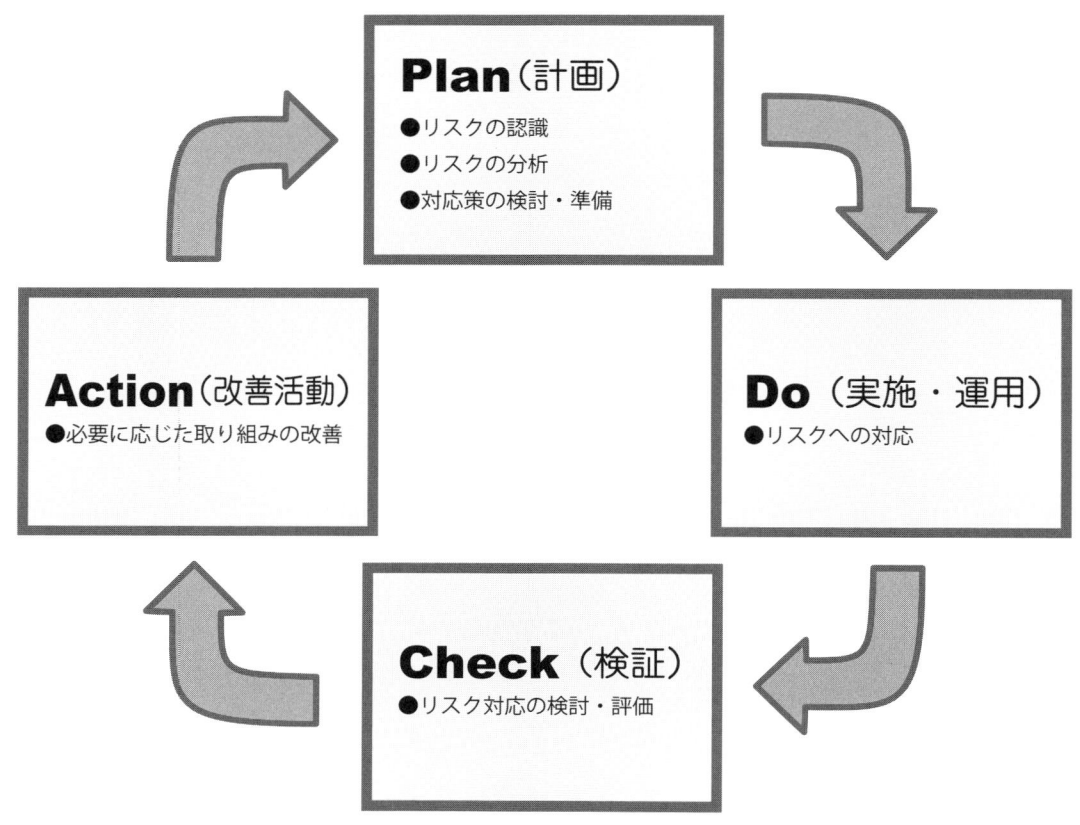

5．創造的な仕事のすすめ方

　仕事とは、本来、自分自身で課題を見つけ、考え、そして行っていくものです。もちろん、最初は、仕事の仕方も上司や先輩の指示や命令でやってきます。しかし、だからといって、いつまでも何もかも指示・命令がなければ動かないようでは困ります。

　仕事を創造していく能力とは、常に自分の行動範囲を拡げ、自分の目と耳と足を使って仕事を探し、そして自分の頭を働かせて、それをどうやったら効果があがるかということを考えていくことです。

第1部　社会人としてのこころえ

ステップ1：自分が知らないことを知識として修得していく段階
ステップ2：自分がまだできないことを、上司や先輩の指導を受けてできるようになっていく段階
ステップ3：自ら自発的に仕事を探し、考え、取り組んでいく段階

　この3つのステップを踏んで、初めて自分なりの仕事を創りだしていくことができます。仕事とは、待っていて生まれるものではなく、できるようになるものでもありません。常に自分から創りだしていくという気持ちが何よりも必要なのです。

6．仕事の特性を知る

①仕事の流れをつかむ。

　どんな仕事でも自分一人のところで終わってしまうことはありません。小さなミスだと思っていても他に影響を及ぼすことがあります。上手な仕事の進め方とは、仕事の流れを知っておくことです。

②緊急性、重要度を見分ける。

　仕事とは、急いでやらなければならないものと、少々時間がかかっても慎重に事を運ばなければならない重要なものがあります。知っておきたいのは、重要なことだから今すぐにやらなければとは一概に言えません。

③同質の仕事は同一時間内でやる。

　仕事にはよく似た性質のものがあります。仕事のコツとは、同質の仕事をなるべく同じ時間内にまとめて処理していくということです。

7．仕事を改善するコツ

　いつまでも上司や先輩から言われたことだけをただ漠然とやっていればいいというものではありません。人から与えられた仕事こそ、自分なりの改善の着想で、昨日よりは今日の方がより早く、正確に、充実した仕事の結果を生むようにすべきです。そのための点検法として次のような「三ム主義」を心得ておきましょう。

ⅰ）ムダはないか

　仕事の改善をするポイントの一つに、現在の仕事のなかでムダなことやモノはないかという視点で、仕事の見直しをすることがあります。ムダとは金銭的・物的なものばかりではなく、時間もこれに含まれます。

ⅱ）ムラはないか

　ムラとは、ものごとに一貫性がなく統一されていないことをいいます。仕事上のムラをな

くすことも大切ですが、忘れてはならないムラは、仕事に対する自分の心のムラです。

ⅲ）ムリはないか

　いくらやる気があっても、対処できない量の仕事を抱えてしまうと、結果的には組織全体の業務を停滞させてしまいます。組織の仕事とは、成員が協力しあって進めていくものです。そのために役割分担がなされているのです。

第3節　指示の受け方・報告の仕方

　職場では通常、上司や先輩の指示・命令をもとに仕事を遂行していきます。そして、仕事が完了したらそれらを報告することが組織の常識です。この相互のやりとりがあって初めて組織のなかの仕事が動いていくのです。そこで、指示・命令を受ける時、どのような点に注意を払っていけばよいのか、その要領をマスターしておきましょう。

1．指示を受けたら、復唱すること

　指示を受けたら「ハイ、わかりました」だけで済ませてしまわないことです。それがたとえどんなに簡単なことでも、必ずその用件を復唱しましょう。よくいわれる5W1Hに照らしてその指示を復唱し、不足なところを補いながら確認しましょう。

2．報告は結果を先にすること

　報告のコツは次の順序ですることです。
　① 仕事の結果を先にする。
　② 経過や状況の説明は、結果の後にする。
　③ 自分の意見は、一番最後にする。

3．報告がなければ仕事は終わらない

　仕事では、指示・命令されたことをやってしまえば、それで終わりというわけではありません。当然、その仕事が完了すれば報告しなければなりません。たとえ、どんなに仕事がうまくいき無事に終わったとしても、報告を怠っているのでは、その仕事は完了したとはいえません。なぜなら、報告を受けないかぎり、指示・命令者にはその仕事がどうなっているのか分からないし、気がかりになるからです。報告がなされなければ、仕事が終わったとしても実は仕事は未完了ということになります。このことをしっかり覚えておきましょう。

第4節　仕事をするにあたり

① 一人一人が責任をもち、「誰かがするだろう」と考えない。誰の担当かわからない時はそのままにせず、確認をするか、「私がします」と申し出るようにする。

② 仕事の指示を出す時は必ず「○○さんお願いします」と個人名をあげ、担当を明確にする。職員間の伝達、保護者への伝達の場合も、「○○に依頼」「○○が伝える」と個人名を明らかにする。

③ 必ずメモ・ノートを持つ。

④ 提出物の期日は必ず守る。自分の仕事が期日までにできない時は、「二日遅れます」「明日になります」と忘れずに報告する。また、仕事の途中経過も「今○○まで進んでいます」と報告する。

⑤ 園の書類を自宅に持ち出さない。やむを得ず書類等を持ち帰る時は、主任や園長の了解を得て、翌日には必ず持ってくる。管理日誌にも記入し全職員に知らせる。個人情報に関する書類は持ち出し禁止である。

⑥ 個人のロッカーや引き出しは、整理しておく。食べ物は絶対に置かないようにする。

⑦ 保育室はいつも片づけ、安全で清潔な保育環境をつくる。掲示板、テラス、保育室の机の上や棚、ピアノの上などは常に片付けておく。子どもの手の届く所にハサミやカッターなど危険な物を置かない。

⑧ 保育室を離れる時は、「○○へ行ってきます」と必ず声をかける。昼休みに私用で園外に出る時も同様とする。

⑨ 保護者からのいただき物は受けない。「仕事ですのでお気持ちだけいただきます」と丁寧に伝える。

⑩ 保護者と個人的な関係を持たない。「誕生会に来てください」「家の店に寄ってください」などの誘いは受けない。

⑪ 携帯電話は保育室へ持って行かない。勤務時間とプライベートな時間との区別をはっきりさせる。

⑫ 緊急時以外は電話の取り次ぎはしない。連絡先をうかがい「こちらから連絡させます」という。

1．出勤した時

① 「5分前の行動」ということをいつも頭に入れておく。

② 自転車・バイクを駐車場に入れる時は、奥から順につめる。駐車は決められた場所にする。

③ 警備を解除し出入り口を開ける。電話の応答装置を解除する。鍵を所定の場所に戻し、

事務所のカーテンやブラインド、窓を開ける。

・・・・・着替える・・・・・

④ 出勤簿に印鑑を押す。名札をつける。子どもの鼻水がいつでも拭けるようにポケットティッシュを持っておく。

⑤ 管理日誌を見て、伝達事項を確認し、受け入れ時に適切に対応できるようにしておく。

⑥ 保育室の窓を全開にして換気を行う。冬は気温が10度以下の時は暖房を入れる。

⑦ 危険物がないか園庭・テラスを見廻る。受け入れ準備にモレがないかチェック表を見ながら動く。

⑧ 雨天日は、すべりやすいので足拭きタオルを出入り口に置くとともに傘立てを準備する。

⑨ 保育ができる態勢になったら、子どもを「おはようございます」と笑顔で受け入れる。担当ではない子どもの受け入れでも連絡帳を必ず読み、保護者の訴えを知り、普通の状態と違うと思えば、「報告・連絡・相談」の基本原則を守る。

2．休暇をとる時

① ○日までに休暇申請を出し許可を得る。

② 自分の業務は完了させ担当に引き継ぐ。
　　＊園だよりの原稿
　　＊個人児童票など

③ 休暇明けの勤務時間を見ておく。

④ 連絡先を知らせる。休暇中に園児の事故も考えられる。留守番電話ではなく確実に連絡のとれる場所を管理日誌に自分で記入する。

⑤ 体調が悪いなど急に休みを取る時は、必ず主任に連絡する。病気で休んだ場合は、翌日の勤務が可能かどうか16時までに園に連絡を入れる。

⑥ 休暇明けは業務につく前に管理日誌・保育日誌をよく読み、休暇中の保育を知る。詳細については同僚に尋ねるなどして全体の動きを知ることに努める。保護者は、職員が休みであったことなど知らず、また、「自分は休みでしたから」という理由などは通らない。

⑦ 主任や各クラスのリーダーが休む場合は、必ず代理を決める。代理は一日の保育を園長に報告する。

⑧ 旅行など前もって予定が立つ時には、他の職員との関係や行事との兼ね合いを考え、できるだけ早く申し出る。

第1部　社会人としてのこころえ

3．時差出勤で終了する時

① 勤務終了時刻を考えて、他の職員と連携をとり計画的に行動する。
② 保護者に伝えることがある時は、遅番への引継ぎをする。
③ 担当園児の一日の様子を追加記録する。翌日の申し送りがある場合は記入する。勤務時間内で記入できない時はそのままにしないで「○○さんお願いします」と他の保育士・教諭に引き継ぐ。
④ 明日の遊びの計画を日誌に記入する。週案を見ながら15時までに書き入れ準備をしておく。
⑤ 自分の分担業務で主任や園長に経過報告をすべきものはないか確かめる。
⑥ 他の職員に「○時勤務です。あがります」と声をかけ「お疲れ様でした」と挨拶する。自分よりも早い勤務の保育士・教諭が残って仕事をしている時は、「何かお手伝いをすることはありませんか」と声をかける。
⑦ 翌日休みや研修の場合は「明日は○○です」と他の職員に知らせる。週休・年休の処理をし、園長に提出する。
⑧ 名札をはずし、着替える。

4．最終勤務終了の時

① チェック表を見ながら戸締まりをする。必ず一つずつ確かめながら行う。
② トイレが汚れていたら洗い流す。トイレットペーパーを補充する。
③ 各クラスの机、棚の上を整理する。所定の場所に書類や玩具を片付ける。
④ 衣類やタオルの忘れ物はないか、名前のない衣類がそのままになっていないか見回る。
　〈衣類等の忘れ物があった場合〉
　　＊名前があるか確認する。
　　＊名前があった場合は、忘れ物衣類用紙に記入し連絡を入れる。
　　＊汚れ物はそのままにせず、洗濯をして干しておく。
　　＊翌日へ引き継ぐ、管理日誌に記入する。
　　＊名前のない場合は、翌日他の職員に確認し、わからない時は「名前なしの衣類展示」をする。
⑤ 保育日誌、一時保育日誌の降園時刻の記入もれはないか調べる。
⑥ 管理日誌に明日の早番への申し送りを追記する。
⑦ 管理日誌を見ながら最終報告を園長にする。
⑧ 翌日の勤務時間を確認する。早番はカギを持つ。名札をはずす。
　　‥‥‥着替える‥‥‥
⑨ 電話の応答装置をセットする。

⑩　園舎の警備をセットし、鍵をかける。

5．非常勤職員と心を合わせて
①感謝の気持ちを伝える。

　　常に「ありがとうございます」「助かります」と声をかけ、楽しく働きやすいい雰囲気をつくる。外部の人からのいただきものなどは、一番先に「どうぞ」と勧める。気持ちを伝えることが大切です。

②重要な「個人情報の守秘義務」を知らせる。

　　園児の個人的な情報や職員のプライベートに関することなど、園内外で話さないようにしっかり伝えておく。園内のことを全て見られるのだから、全職員は常に社会人として、教育者として恥ずかしくない行動をとる。

③仕事はやって見せる。

　　道具は何を使い、どのように使用するのか一度はやって見せ具体的に教える。「一つできたら見せてください」と言い、仕上がりを確認してから進めてもらう。後でこんな筈ではなかったと言っても、嫌な気持ちになるだけなので、最初の伝え方が大切である。

④時間を守る。

　　時間で勤務をしているのだから勤務終了は守る。「時間ですよ」と声をかける。時間内にダラダラと仕事をすることがないように、「○分までに○○をお願いします」「次は○○をお願いします」というようにわかりやすい指示をする。

⑤仕事の全責任は保育士・教諭にある。

　　非常勤職員は保育士・教諭の指示を受けて動いている。非常勤職員が側にいて子どもがケガをしても、それを指示した保育士・教諭の責任である。ただ子どもの側についてくださいではなく、補助の仕方も具体的に指示する。

⑥研修の機会を持つ。

　　研修の機会をつくり、一緒に保育をしていく仲間として専門性の向上をはかるとともに信頼関係を築いていく。

第1部　社会人としてのこころえ

第2章　言葉遣い・話し方・コミュニケーションのはかり方

　職員は、常に正しい言葉、美しい言葉で話すよう努め、「正しく」「わかりやすく」「感じよく」を心がけましょう。そして、保育園・幼稚園としてふさわしい言葉遣いを心がけます。とりわけ、子どもたちにふさわしくない言葉が蔓延しないよう細心の注意を払い、指示命令語は遣いません。例えば、「お部屋の中は走らないで」ではなく「お部屋の中は歩きましょう」ということです。

第1節　言葉遣い

1．「正しく」

① 発音は明瞭に、語尾まではっきりと発声する。
② その場に応じた声の大きさで話す。
③ あいまいな表現、間違いやすい言葉（類似語）に注意する。例えば、1時と7時。7時は「ななじ」と呼ぶと間違いが少ないといわれている。

2．「わかりやすく」

① 保育の専門用語はできるかぎり使わないで一般的な用語で話す。
② 簡潔に要領よく話す。
③ 結論を先に話す。
④ 相手に合った言葉と速さを心がける。

3．「感じよく」

① 相手の目を見て話す。朝夕の受け入れは重要なことが多いので、目を見て明るくはっきりとした声で対応し、適切な返事をする。「うん」ではなく「はい」と声に出す。「はい、はい」という二つ返事をしないようにする。
② 共通の話題を選ぶと保護者も親近感を抱くが、友だちのようななれなれしい会話はしないようにする。
③ 敬語を正しく使うようにする。
④ 語尾を上げないようにする。
⑤ 「うそー」「ほんと」「マジー」「ヤバイ」などといった言葉や流行語は使わないようにする。

第2節　挨拶言葉

　挨拶で大切なことは、素直な気持ちで挨拶ができるかどうかです。照れたり、格好をつけたり、乱暴な感じだったりすれば、かえって相手の気持ちを損ねることになります。挨拶は人と人が理解し合う第一歩です。組織では、挨拶ができない人に仕事を任せる訳にはいきません。

　挨拶にもいろいろありますが、要は心と心が交流できる挨拶を交わすことです。いくら心を込めても、黙って突っ立っていては、相手に伝わりません。気持ちを表すには、それにふさわしい動作や言葉も必要になります。動作と言葉はごく自然に調和がとれていることが大切です。

　また、挨拶をする前に相手の状況を考えることも大切です。忙しい最中に長々と挨拶されるのは迷惑になります。挨拶にもそれぞれTPOがあります。

① 挨拶は人と人を結ぶ大切な言葉であることを常に意識する。
② 相手の目を見て挨拶をする。
③ 子どもや保護者の手本になるという自覚を常に持つ。

1．挨拶がなぜ必要なのか

　「挨拶」とは、「相手の心に入り込み、お互いが切磋琢磨する」ことを意味しています。人間社会で「挨拶」が必要なのは、挨拶が次のような意味をもっているからです。

① 今日一日を楽しく過ごしましょうという心の表れ
② 今から始まろうとしている新しい出会いを意義あるものにしていきたいという意思表示
③ 相手を意欲づけたり、行動に走らせたりする「気づき」としての動作と言葉
④ 昨日までとは違う新しい自分に出会う可能性を秘めた節目

2．お辞儀と挨拶のポイント

① 慌ただしいお辞儀をしない。「礼」は三息で（吸う息で上体を倒す。吐く息で止まる。次に吸う息で身体を起こす）。
② 背筋を伸ばしたまま、腰から深く上体を屈する。
③ 体を起こす時は、心もゆっくり起こし、顔を上げた時に相手と目が合うようにする。
④ 体を屈する時は、相手の顔や目に視線を置かない。上目づかいになると、相手に不愉快な思いをさせる。

　お辞儀のポイントは、頭だけを下げるのではなく、腰から体を倒すところにあります。そして、穏やかな表情で優しさがにじみ出ていることが大切です。間をはずすとお互い声をかけにくいものです。まず、自分から先に声をかけるようにしましょう。

第1部　社会人としてのこころえ

① 出勤したら「おはようございます」。「おはようございます」の「ま」のところで、頭を下げると美しく感じ、奥ゆかしさを与えます。一日のスタートは明るい声で。また、「おはようございます」だけでなく、相手の名前を言い、そして軽い言葉を添えると一層効果的で、心も自然に込められます。
② 午前11時を過ぎたら「こんにちは」
③ お待たせする時は「しばらくお待ちください」そして、「お待たせしました」。
④ お詫びする時は「すみません。申し訳ございません」。失敗した時、他人に迷惑をかけた場合は、弁解がましくならないように、まずは素直に謝る。状況説明や理由はそれからである。
⑤ 相手の労をねぎらう時は「お疲れさま」。研修から帰ってきた時や出張から帰ってきた上司・同僚には、この一言がとても嬉しいものである。
⑥ 外出する時や帰ってきた時は「行ってきます」「ただいま帰りました」。外出する時、保育園・幼稚園へ帰ってきた時は、はっきりとその存在を知らせる。
⑦ 仕事中や話をしている時に用を伝えたい時は「お仕事中恐れ入ります」「お話中失礼いたします」と一言断ってから声かけをする。直接上司や同僚だけでの間では「ちょっといいですか」「よろしいですか」でいいが、保護者やお客様がいる時には必ず丁寧に断る。
⑧ 退園する時は「お先に失礼いたします」。先に帰られる人には「お疲れ様でした」、自分が帰る時には「お先に失礼します」と挨拶をする。「ご苦労様でした」とは、目上の人が目下の人に使う言葉である。

第3節　気を付けなければならない言葉遣い

1．言葉は心のメッセージ

　本当に素直な気持ちを相手に伝えたいのに、それが言葉として出ないし、まとまらないという経験は、誰にもあると思います。伝えたいことを言葉流暢に使いこなしている人を見ると、それだけで羨ましくなってくるものです。それに心を添えれば、もっと大きな効果があります。

ⅰ）敬語

　敬語には「謙譲語」「尊敬語」「丁寧語」があります。ここでは、敬語の使い方のポイントをあげておきます。

謙譲語：相手に対して自分をへりくだって使い、結果として相手を尊ぶ言葉
　　　　　基本は、「お（ご）・・・・する（します）」など

尊敬語：相手に対して敬意を表し、敬う際に使う言葉
　　　　　基本は、「お（ご）・・・・なる、られる」
丁寧語：つつしみの気持ちを持って、あることを丁寧に言う時に使う言葉
　　　　　基本は「・・・・です（ございます）」

「お」や「ご」は、相手の物事や相手に関わりのある物事に使います。丁寧語にも「お」や「ご」がありますが、使いだすとキリがなくなるので、つけない方がいい場合があります。今では、ついつい謙譲語を相手に対して使っている人が多いようです。「申す」とか「参る」は謙譲語なのですが、「申されましたとおり」と言って、自分では相手を敬ったつもりになってしまいますが、これは誤った使い方なので注意しましょう。

ⅱ）忠告

　人に忠告する時に気を付けなければいけないのは、善意を売りものにしてはいけないということです。「相手のことを思って言ったのに」とか「善意が分からないなんて」などというのは、善意でもなければ好意でもありません。

　忠告したり注意したりすると、人によっては戸惑ったり、不愉快になる場合もあります。だからといって、相手を批判したのでは忠告した意味がありません。心を込めて相手の立場を思って忠告したのだから、きっといつの日か相手は気づいてくれるものです。何よりもいけないのは、思いつきや、よく確かめないで忠告することです。

ⅲ）依頼

　相手に依頼するのですから、相手の立場をよくわきまえて依頼しなければなりません。物事を依頼する時は、依頼する直前に心の整理と頼みごとの整理をしたいものです。
　①　自分の都合だけを考えて押しつけになっていないか。
　②　なぜ依頼するのか。
　③　相手を信頼して頼むことができるか。
　④　物請いになりはしないか。

ⅳ）ことわり

　はっきり「ノー」と言わないために、友情にヒビが入ったり壊れたりした経験はあると思います。どうしても受け入れることができない時に「ノー」と言うことができないようでは、真の友情とは言えません。いくら考えてもダメなものは、相手の感情をくみとり、傷つけないような配慮しながら、その場で断ることが大切です。

第1部　社会人としてのこころえ

ⅴ）お詫び

　お詫びといえば「すみません」という言葉を素直に発することは、何をおいても大事なことですが、これにも心のヒダを表わすようにしたいものです。「深くお詫びいたします」「不始末をいたしまして、申し訳ございません」。このようなお詫びの言葉を知っていても、通りいっぺんのお詫びでは何にもなりません。お詫びとは、相手に誠意を認めてもらうことです。

　① 　相手の立場に立つ。
　② 　お詫びの言葉から始める。
　③ 　心から詫びる。

　わざとらしい形ばかりのお詫びでは、かえってマイナスになります。心からお詫びすれば、相手に誠意が伝わり、新しい局面が産まれてくるものです。

２．適切な言葉遣いと望ましい言葉遣い

保護者やお客様に対して

不適切な言葉遣い	望ましい言葉遣い
だれ	どちらさま・どなたさま
ありません	ございません
できません	いたしかねます
知りません、わかりません	存じません
ちょっと待ってください	少々お待ちください
してもらえませんか？	お願いできませんでしょうか？
電話してください	お電話をお願いします
言っておきます	申し伝えます
来てください	お越しください
行きます	参ります
します	いたします
来ました	お見えになりました
聞いております	承っております
どこへ	どちらへ
どうでしょうか？	いかがでございましょうか？
いいでしょうか？	よろしいでしょうか？
はあ？　なんでしょうか？	もう一度おっしゃっていただけませんでしょうか？
園長はまだ来ておりません。	園長は席をはずしております。
おたくのお父さんがそう言っていました。	おたくのお父様がそうおっしゃいました。
わたしでよかったら聞いておきますが、	わたくし〇〇と申しますが、差し支えなければ承っておきますが……。

上司・先輩に対して

不適切な言葉遣い	望ましい言葉遣い
こちらに来て、これでいいか見てください。	こちらにお出でいただいて、これで良いか見ていただけますか。
主任に手伝ってくれと言われました。	主任に手伝って欲しいと言われました。
園長先生はまだ帰っておりません。	園長はまだ帰っておりません。

注：上司や先輩から命令的なことが言われた場合は、「～してくれ」とは言わず、必ず「～してほしい」と言う。
注：同僚・上司の名前にさんや先生はつけない。「山田は」と言う。

第4節　電話のとり方、受け方

手軽で便利な電話を仕事の世界で上手に使いこなすには、どうしたら良いのでしょうか。

1．伝える側の心がけ

電話は、もっぱら聴覚だけに頼る伝達方法です。相手を目の前にした会話ならば、言葉を手振り身振り、表情などで補ったり、物を見せたり、あるいは図や文字を書いたりという具合に、視覚に訴えることができますが、電話ではそうはいきません。

このため、ちょっとした勘違いから思わぬミスが発生することもあります。誤りの多くは、こちらの情報が先方に正確に伝わらないために起こります。何よりも、自分の言いたいことをちゃんと理解してもらえるよう心がけましょう。

① やや大きめの声で、ゆっくりと話す。
② 語尾まではっきりと話す。
③ あいまいな言葉、誤解を受けそうな言葉、相手の知らない記号・専門用語は使わない。
④ 複雑な内容・数字・日時などは復唱してもらう。
⑤ 相手が不在で伝言を頼む場合は、特に正確に伝わるように注意する。また、後で電話のトラブルを避けるため、誰に伝言を頼んだのか、忘れずに聞いておく。

2．受ける側の心がけ

話し手がいくら一生懸命に話していても、聞き手が聞き流していては、折角の努力も水の泡となります。聞く側が体勢を整えることも大切です。

① 要点をメモしながら聞く。
② 相づちは確かに聞いているという合図。「ハイ」だけではなく、相手の言葉を繰り返すとよい。例えば、「〇〇日ですね」。
③ 分からないこと、不明瞭な点は納得のいくまで確かめる。
④ メモしたこと、大事なポイントは復唱して確認する。

第1部　社会人としてのこころえ

3．長電話

　何度かけても話し中でイライラされることはよくあることです。長電話も工夫次第で、もっと短くできるものです。長電話は仕事が中断される相手にとっても迷惑です。挨拶は簡単に済ませ、上手な切り出し（「ところで」「早速ですが」）で早く用件に入りましょう。

① 「○○の件ですが……」と用件を言う。
② 話す内容、順序をあらかじめ考えて、簡潔に要領よく伝える。
③ 途中で席を立たずにすむように、必要な書類や資料は手元に用意しておく。
④ 話が長くなる時は、相手の都合を尋ねる。
⑤ 相手を電話口で待たせない。手間どる場合はかけ直す。

4．苦情電話

　数ある電話のなかで、一番気が重いのが苦情電話でしょう。
　苦情処理も大事な仕事のひとつです。対応をおろそかにすれば、園の信用問題にもかかわってきます。謙虚に先方の言い分を聞き、誠意をもって対処しましょう。

① 感情的になっている人に理屈を言ってもムダである。「申し訳ありませんでした」「ご迷惑をおかけしました」等、お詫びの言葉で相づちを入れ、相手に話したいことを十分に話してもらい、落ち着くのを待つようにする。
② 話の途中での反論や弁解は、相手の怒りに油を注ぐことになるのでしないようにする。
③ 相手が冷静になったら、状況を聞き出す。
④ たとえ自分が担当者ではくても、迷惑をかけた組織の一員として、詫びる姿勢をもつ。相手にとっては、電話に出た者が担当者かどうかは問題ではない。
⑤ 電話のタライ回しはしない。最初に話を聞いた者がしゃべるべき担当者、あるいは先輩・上司に用件の趣旨を伝えて、バトンタッチする。同じ話を何回もさせられるほど腹立たしいことはない。

5．見えない目を意識する

　電話は相手が見えないといっても、態度や姿勢は気配で伝わるものです。相手が目の前にいるつもりで姿勢を正しくすると、受け答えも自然と礼儀正しくなります。

① 声にも表情がある。明るく穏やかな声で丁寧に。
② 電話での会話は、まず名乗り合いから。相手が名乗らない場合は確認する。
③ 途中で電話が切れた時は、原則的にはかけた方がかけ直す。「途中で切れまして、失礼しました」と一言詫びてから、つづきを話す。
④ 初めの挨拶同様、終わりの挨拶（「ありがとうございました」「宜しくお願いします」「失礼しました」）を忘れない。

⑤　相手が切ったことを確認してから、受話器を静かに置く。

6．病気などで保護者に電話をかける時
　保護者は子どもの病気により仕事を早退することとなり、「困ったなあ」「大変だ」と思うものです。同情的なニュアンスで早口にならず、ゆっくりと話すことが大切です。特に、病気で休みの多い子どもに対しては、「昨日は元気だったのですが、大変ですね」など、相手の気持ちや家族の生活状況に応じて、保護者の身になって共感するようにします。

7．電話の受け応えその他の注意点
①　園長や同僚が研修や会議で不在の時電話がかかってきた時は、「ただいま会議で出ております」と言い、「園長先生」や同僚の名前に「〇〇先生」とつけない。

②　職員の携帯番号などは教えない。相手が「こちらからかけますので。携帯電話の番号を教えてください」と言っても絶対に教えない。個人の携帯番号、メールアドレスは個人情報である。プライバシーポリシーを厳守する。

③　勤務中、同僚に電話がかかってきた時はすぐにとり継がない。「ただいま保育中のため電話に出ることができません。手が空きましたら電話をさせます。差し支えなければお名前と電話番号を伺います」と伝える。

④　保護者から出勤していない職員を指名しての電話がかかってきた時は、「休んでいます」「まだ来ていません」とは言わずに、「はずしております」と伝える。また、研修出張の場合、「△△は研修に出かけておりまして、本日は遅くなるということで当方には戻って来ないと申しておりましたので、私〇〇が伺っておきましょうか」と言う。

⑤　保育園・幼稚園関係の方には相手の名前の後には必ず先生をつける。市内の園からの電話があったら電話番号は聞かなくてよい。先生の名称をつける職業は、学校教諭・保育者・医者・弁護士・議員など。

第5節　連絡帳について

1．園と家庭の連携
　連絡帳は、園と家庭が連携をとり、子どもの生活を把握し保育するための有効な手段です。また、保育の専門家として保護者に子育てのアドバイスや励ましを与えることができるとともに、保護者の意見や要望も知ることができます。
　しかし、その書き方には配慮が必要です。保護者に報告や連絡をする時は、子どもの姿をありのままに知らせることになるので、正直すぎる(注1)文章では、ややもすると誤解を受けやすくなります。記入した後、読み直すことが大切です。

第1部　社会人としてのこころえ

　保護者は、園の中での子ども同士の遊び、交流、保育士・教諭との関わりなどの人間関係(注2)、おやつ・昼食・昼寝・排泄などの生活(注3)、お世話(注4)がどのように行われ、どんな発達や成長、反応を示したかを知りたいものです。記入する際には、保護者が不安にならないように、不審に思わないように保育者の「温かい配慮」や、保育者の意図的な働きかけ(注5)が伺えるような含みが必要です。

　保護者はややもすると、当日の出来事など、当日の欄しか見ないので、前日の降園後の生活や遊び、保護者が記入してきた家庭の出来事を知り、つながりのある子育てにしていかなければなりません。「保育は24時間の中で」(注6)という保育の大原則の事実を認識しましょう。

　保護者にとっては、連絡帳を明日の育児に役立てたり保護者自身の生活の励み(注7)にしたりすることもあります。これは連絡帳の意義であり、重要なことです。

　子どもは「未分化」です。大人を小さくした形の表現は全く適しません(注8)。ペットや動物を扱うような表現になったり、歌手やタレントのいわゆるアイドルに使う言葉や表現になったりしないように気を付けましょう。

　保護者が連絡帳に書いてくる内容に、園や保育者に対する意見・要望・苦情などがあったら連絡帳でのやりとりだけで解決しようとは決してしないようにします。速やかに主任・園長に「報告、連絡、相談」をし、迎えの時、口頭でその対応に努めましょう。

　気になる家庭での様子や、園での様子を知らせて欲しいという記入があった時、育児への励ましや共感が必要と考えた時、育児相談など返事が必要と思われる時も、園長・主任に報告し返事を書くか、面談をします。

① 主語はしっかりと書く。
② 「今日は」という言葉から始めない。
③ 文字を美しく書こうとする努力は必要だが、美しく書けない時は、丁寧に書く。
④ 保育用語は必ず漢字で書く。
⑤ 保育の専門用語をやたらに使わない。分かりやすく平たく書く。
⑥ 誤字・脱字がないようにする。日頃から誤字の多い保育者は必ず辞書を活用する。

注1（正直すぎる例）
　朝から機嫌が悪く、ずっとぐずっていました。抱くと泣き止むのですが、下に降ろすと後を追って泣き出します。昼食を食べる頃になりやっと落ち着きほっとしました。午後はいつもの笑顔で友だちと絵本を見たりブロックを組み立てたりして遊んでいました。

注2～5（保育者の温かい配慮の例）
　「読んで」と言わんばかりに絵本を持ってきて、保育者の膝の上にと座ります。頁をめくるのが楽しくてたまらないようです。「これなあに」と尋ねると、「ぞうさん」「ブブー」と次々に答えます。日ごとに言葉を覚えていくのが、よくわかります。お話ができるようになるのももうすぐですね。

注6（保育は24時間の中での例）
　家庭からの欄に「昨日は、食欲がなかったので心配しています」「昨夜、お風呂あがりに発しんが出ましたので、時々見てください」「入園2日目、今日は保育士さんが抱っこして連れて来てくださったので昨日ほどは泣きませんでした。家に帰るとべったりです。親子とも頑張っていきますのでどうぞ宜しくお願いします」と書いてあった。
　これらのことに対して返答がなかったり、心配していることに対してのフォローがないことが多い。連絡帳で全てを返答することは問題も多いので、面接による応答も必要となる。しかし、まずは「お母さん、ご安心ください」とか「わかりました。頑張ってくださいね」と一言コメントするだけで安心していただける。

注7（子どもは保護者の生活の励みである）
　　連絡帳に記入する際には、励みになるような表現を心がける。例えば、園からは、「ご心配の食欲の件ですが、昼食やおやつはいつもよりも少し多めに欲しがったようでした。昨日食べなかった分、体が要求したのでしょうね。機嫌も大変よく、十分に遊びました。ご安心ください」。
　　「入園早々にご心配をおかけしました。日中は抱っこやおんぶで過ごすことも多いのですが、徐々に私たちに慣れてくると思います。入園2日目と思わせないほど食欲もありますし、お昼寝も十分しております。ご不安なところも多いかと存じますが、何なりとご遠慮なく申し付けください」と記入する。

注8（大人を小さくした形やペットを扱う表現は適さない）
　　「掃除をしていると、後からわざと水を床にかけたりして意地悪するのです。ビーバーちゃんだめよと言うと、キャッキャッと笑っています。笑うと前歯が出て笑顔がとってもかわいくて、ビーバーのようです」。これは子どもを人格視していない書き方です。

ⅰ）意見・要望・苦情の時

　家庭からの欄に「昨日頭を洗ったらたくさん砂がついていました。どんな遊びをしたのでしょうか？」と記入があった。これは髪に砂がついたままであったことへの苦情と考えられる。迎えの時に遊びの様子を具体的に伝えることが大切である。

　連絡帳には「砂遊びを楽しみました」という返事ではなく、「気付かずに申し訳ございませんでした」の一言を記入し、まずは受け入れる姿勢を伝えるようにする。

ⅱ）連絡帳に書くには不適切な表現

- ・じゃれあう　・パクパク食べる　・ニッと笑う　・ちょこんと座る　・泣き叫ぶ
- ・激しく泣く　・ずっと泣いています　・だだをこねる　・なつく　・手足をバタバタさせる（0歳児、腹ばいで遊ぶ時期。移動しようと手足を動かす様子を表現）　・走り回る　・動き回る　・歩き回る　・ウロウロする（動物的な表現）　・～してくれる
- ・～してあげる（保育者が中心になった表現）　・一生懸命～しています　・頑張っています（目的意識のない未満児には使わない）

ⅲ）1日の生活が保護者にひと目でわかる形式を工夫する

① 毎朝、全園児の連絡ノートを集め各担任が必ず目を通しておく（日付をよく確認する）。
② 登降園時刻の変更、体調の良悪、投薬など保護者からの連絡は必ずチェックしておく。
③ クラス全員が提出しているか、必ず確認する。
④ 園や担任に対しての苦情や意見などが書かれている場合は、すぐに主任・園長に報告する。うれしい内容についても同様。
⑤ 質問された場合、必ず回答の内容を主任に確認してもらう。
⑥ 保護者から何かしらの助言を求められている時は、わかりやすく、励ましになるよう、相手の気持ちになって書く。
⑦ 家庭との関わりを大切にするために、連絡ノートに書かれた内容のところに印鑑またはサインして返す。
⑧ 毎日何らかの内容で、必ず子どもの園での様子を具体的に伝える（返事がこなくても

第1部　社会人としてのこころえ

必ず書く）。
⑨　ノートの内容はプライバシーに係わるため、保護者以外の人の目に触れないよう配慮する。
⑩　日記ではないのであくまでも保護者の立場で書く。

2．0・1歳児の連絡帳で特に気をつけること

①　この年齢は子ども一人一人の24時間を把握することが大切である。園での様子はもちろん、家庭でのミルクの量・食事・睡眠・便の様子なども記入してもらい連携をとるようにする。迎えの時、渡し忘れのないようにする。保護者が忘れた場合には電話をする。
②　0歳児は一日の総ミルク量、便の回数を欄の左上に記入する。体重増減の原因や、その子どもの体調を知る手がかりになる。
③　乳児の保護者は「ミルクを飲んでいるだろうか」「食事は食べているだろうか」など不安が多い。特に心配されている方には、降園時に必要に応じ連絡する。

3．2歳以上児の連絡帳で特に気をつけること

①　2歳児は週に1、2日、3歳児以上になれば、身の周りのこともほとんど自分でできるようになり、毎日生活面でお知らせすることも少なくなるので、記入は原則としてお知らせがある時とする。それを入園の説明時に伝えておく。食事量は平常と変化のある時は伝える。
②　保護者から「なぜ毎日書かないのか？」と尋ねられたら、保育者は、「子どもと接する時間を十分に持つことが大切だと思っております」と話す。「しかし、どうしてもとご希望の時はおっしゃってください」と添える。

4．連絡帳を見る手順

①　登園後、保育当番、又はクラス内で早い勤務の保育士など担当を決め、責任をもって連絡帳を見る。
②　口頭で言いにくいことを訴えてくることが多いので、何を伝えたいのか読み取る。勤務先変更など書いてくることも多い。
③　各クラス担当の保育士・教諭が連絡帳を見る。
④　気になること、日頃と違うと思われること、育児相談、薬について、苦情などがあったら、園長・副園長・主任に報告する。
⑤　登園時刻の遅い子どもは、その都度見る。

第6節　保育記録の書き方

　保育日誌、ケアー記録、園児事故記録、意見要望苦情記録を記入するにあたっては、声に出して読むようにします。また、翌日読み返しましょう。

	不適切な表現 自分だけ理解できるのはダメです	適切な表現 具体的に書きましょう
1　いつ	しばらくしてから	→ 2分ほど経過して〜 　ちょうどその時〜
	夕方に	→ 18時30分ごろに
	18:10	→ 18時10分
	3時に	→ 15日の午後3時に
2　どこで	部屋で	→ ゆり組保育室で
	園庭で	→ 園庭の東の隅で
	駐車場で	→ 南駐車場で
	人指し指の第一関節を5mm程切った	→ 第一関節を長さ5mm（深さ5mm）を切った
	右ひざを怪我した	→ 右ひざを擦りむいた（擦過傷） 　右ひざを打撲して青くなった
3　誰が 　　誰と 　　誰に	山田が	→ 保育士山田が
	田中と鈴木が	→ 園児山田が、園児鈴木と
4　何を	おもちゃの奪い合いを	→ 赤いプラスチックの握り玩具を奪い合い
5　なぜ（原因）	保育士田中の態度が悪かったため	→ 保育士田中が「えっ、おやつを持って帰るんですか？」という言葉を発したので、その態度や口調に
6　どのように 　　どのような	※ここの欄は重要です。記入漏れが多い	→ こわばった顔になり → ふて腐れた表情になり → 紅潮した顔 → 怒った口調で
7　その時にどういう対処をしたのか。どう思ったか。感じたか。感じていたか。	傷の手当をした	→ その傷を水で2分ほど洗い流した
	謝った、お詫びした	→ 「申しわけありません」と言った
	※無自覚なことが多いので、周囲の保育士に聞いて自分の気持ちを確認すること	→ そのような返答をしたが、相手に不快感を与えた自覚はなかった。 → 保護者から指摘されるまで、私、田中は気がつかなかった。

第7節　社会見学の基本姿勢

　消防署、警察署、交番、時計店、科学技術館、博物館、立図書館、〇〇駅など見学先によって失礼のないように連絡し、準備をします。園の施設名を名乗り、お世話になるのですから、迷惑をかける行動はとらず、子どもにもさせないようにしましょう。

第1部　社会人としてのこころえ

ⅰ）手順
① 予定が決まったら、早めに申し込みを行い日程を決める。「申請書」提出が必要な施設では、施設に用紙を取りに行き提出する。「○○のために」とねらいをはっきり伝える。
② 2日前には確認の電話を入れる。（主任）
　＊時間を守り、相手に迷惑をかけない。
　＊予定の5分前には到着するように園を出発する。
③ 子どもには、何のために見学するのか具体的にねらいを知らせる。事前に図鑑や紙芝居を見て調べ興味を引き出す。
　　＜例＞　消防署の人たちはどんな仕事をしているのかな？
④ 出発前、到着時、現地出発時の人数の報告をする。
⑤ 施設内での約束として、「騒がない・触らない・並ぶ・勝手に行動しない」などを繰り返し話す。
⑥ 写真の撮影は許可を得てから行う。
⑦ 感じたことを絵に描くなどの活動を取り入れ、できるだけ関連して遊びが発展するような環境を作る。
⑧ 反省をすぐにまとめ、来年に生かすように記録する。
　＊迷惑をかけなかったか。
　＊子どもたちの反応は。
　＊保育者は園の代表として伺うことを自覚していたか。
　＊「次回は出発を10分早くする」など具体的に残す。

第8節　衣類紛失について

1．衣類間違いをなくす為に
① 間違いがないように衣類棚の使い方を統一する。取り出しやすく確認し易い衣類の入れ方（オムツのある0・1歳児）を図で示し徹底する。非常勤の保育者でもすぐに分かるようにすることが大切である。
② 棚には名前シールを貼る。
③ 衣類には必ず名前を書いてもらう。気が付いたらその場で書けるようにマジックを用意しておく。
④ 汚物入のビニール袋がないところは、その都度個別に声をかける。
⑤ 間違い衣類、紛失衣類が多い時は保育を考え直す。
　＊保護者にも協力いただき、間違いはないか見てもらうように呼びかける。ポスターを貼る。

＊着脱のさせ方の手順はどうか。その都度衣類を袋に入れているか。
＊臨時職員等に名前も確認せず片付けさせているのではないか。
＊棚に名前はあるか。
＊分かり易い位置に名前シールは貼ってあるか。

2．紛失物の申し出があった時

① ポスターを掲示する。受付日報で全職員に知らせる。
② 全クラスの名前のない衣類、洗濯物、散歩バックなどを確認する。棚の周囲の方、似た衣類を持っている方、間違いの可能性が限られている物は、その対象の方に声をかけ積極的に探す。
③ ポスターは1週間掲示し、出てこない時ははずして園長・主任に報告する。「ポスターを出し、声をかけ探したけれどもでてこないのです。残念です。気を付けておきます」と心を込めて伝える。出てこなかったからといってそのままにしない。
④ 続けて紛失している方、購入したばかりの物、明らかに保育士・教諭の落ち度による物は園長に相談し適切に対処する。（同じ物を購入して返すなど）

3．名前のない持ち主不明の衣類がでた時

① クラスの保育士・教諭に声をかける。受付日報に記入し全保育者に知らせ、記憶のあるうちにすぐに声を掛け合うと持ち主が見つけ易い。
② 似た衣類を持っている方には声をかける。紛失衣類を探している方に「これではございませんね」とみてもらうようにする。
③ 最終的に処分する。園で使えるパンツ、ズボン類やタオルは「保」と記入する。
＊子どもには、日頃から持ち物には名前を書くことや自分の物は、名前を見て判断することを知らせていく。

第9節　記録のとり方

1．ポイント

ありのままに、分かりやすく、時系列に事実を書きます。

ⅰ）文字・書き方

① 楷書体を用い、適当な大きさの文字で記録する。
② サイン又は印鑑を押し、責任の所在を明らかにする。
③ ボールペンで記録する。鉛筆は使わない。

ⅱ）内容
① 5W1H（When, Where, Who, What, Why, How）の要素を念頭において書く。
② 実施内容、子どもの言葉、助言・指導の内容などはありのままに記入する。
③ 自分の判断と他の意見を混同して書かないように気をつける。

ⅲ）記録の取り扱い
① 記録は所定の場所に保管し、秘密保持に心がける。外部の方に見えるところに置かない。
② 個人のプライバシーに関する記録は園の外に持ち出さない。守秘義務違反になる。
③ パソコンにはパスワードを設定し、セキュリティには万全を期し、誰でも見られないようにしておく。
④ パソコンデータは、外部には持ち出さない。データが入っている媒体の保管場所には鍵をかける。

第10節　研修の心得

1．園外研修

　研修は職員代表で出ているので、出発前に職員に「研修に行かせていただきます」という謙虚な気持ちと、「研修に行かせていただきまして有り難うございました」という感謝の気持ちを伝えます。他の職員から愛されるということは、このようなちょっとした気持ちの表れからなのです。現場で自分が抜けた所をカバーしてもらえる気持ちも伝わります。

　1週間前には研修内容を確認し、講師は誰か、著書があるか、あれば読んで下調べをしておく等、意欲を持って臨みましょう。受け身で「指名されたから行く」という感覚ではいけません。会場までの交通機関等も合わせて確認します。県外研修の場合には、1ヶ月前に宿泊場所、航空券の手配をしておきましょう。

　開始時刻には遅れず、最前列にて講義を受けるようにします。「講師の顔を間近に見て聴く」のと、「顔を見ないで聴く」のは大きな違いがでるものです。良い講師の時は、講義収録の許可をいただき録音するようにしましょう。

　原則として、園に出勤してから出かけて行きます。帰りは、研修が終了した時点で必ず園に電話をします。特別用事がない場合は、そのまま帰宅してもよいのですが、勤務終了時刻より早く終了した場合は園に戻り勤務します。園に戻ったら直ぐに、園長に資料を見せ大まかな報告をします。

　研修報告書は、忘れないうちに、記憶がしっかりしている3日以内にまとめ、参加報告書として提出します。自分にとってよかったと感じた所は記録を取り、感想を述べるなどして

おきます。必ず全職員に復命報告をする機会を持つようにしましょう。講義の録音テープを録音していたら聴いてもらいます。

1．参加報告書の書き方
所定の用紙に基づいて書きます。
① 事実に基づいて資料をもれなく整理する。悪い資料も「没」にしない。
② 勝手な傾向を作らない。
③ 「講師が何を求めているのか、訴えているのか」を確認する。
④ 最後の頁には、要約・結論・感想を述べる。
⑤ 特に強く感じたところや「共感」したところ、「自分のものにしたい」ところなどがあったら赤線などで印す。
⑥ 読み返して誤りがないことを確認する。主語・述語の関係など文脈や句読点・仮名遣い・誤字・脱字など辞書で確認する。
⑦ 講師の著書、関連書物等、積極的に読んでみると意外にも講義でわからなかったところなどが理解できることがある。

2．園内研修
職員の資質向上のために、一人一人の職員が受け身であってはなりません。いきいきとした空気を作るよう次のことに心がけます。
① 研修課題を事前に作成する。
② 全員参加、全員発言をモットーにする。
③ 開始、終了時刻は定刻を守る。
④ 必ず取り組み経過を記録しておく。

園内研修の目標を明確にし、なぜ園内研修を行うのかという問題意識を全職員が持ち、内容については職員のニーズを聞くことが大切です。
① 園が当面解決しなければならない現在の課題と近い将来のために備えておくべき課題を整理する。
② 園の方針や保育業務に対して職員の姿勢の注意を促したり、叱咤激励する場ではないので、説教調になったり、幹部の独壇場にならないように心がける。
③ 職員間で研修担当や責任者を決め、全職員が主体的に取り組み、個々の資質の向上に努める。

第1部　社会人としてのこころえ

第11節　面談の時の心構え〜保護者の信頼を深めるために〜

　教育（保育）方針、内容などを保護者に広く理解していただき、協力を得ることはぜひ必要です。保育していく上で、職員と保護者との意見が十分交わされ、お互いの信頼関係が生まれます。職員に対する理解と協力を得るようにしましょう。

1．個人面談（保育者としての自覚をもって）
① 職員として節度ある態度でのぞみ、特定の保護者との長話は避けるようにする。もし必要な場合は、保育時間外の適当な時間を指定して対応する。
② 自分で判断できない問題については、上司に何事によらず相談し、指示を仰ぐようにする。
③ 園児の状況を話す時は、悪い点を述べる前に、その子の長所を話すようする。
④ いかなる場合も、冷静に物事を判断するように努める。
⑤ 話し方は冷静に、しかも熱意をもって話を進めるようにする。
⑥ 時間は厳守する。定刻にきちんと開始し、早めに終了するよう心がける。

2．家庭訪問（用件は短時間に、長居はしない）
① 園長に相談し、あらかじめ用件・時間を連絡した上で訪問する。
② 用件は短時間で切り上げるが、言葉遣いや態度には特に気を付け、失礼のないようする。
③ 家庭での子どもの様子、生活環境を尋ねることが目的である。家庭内でのトラブルには深入りしない。
④ 訪問は食事時間を避ける。
⑤ 園の機密事項や園児の家庭事情などは、絶対に口にしない。
⑥ あらかじめ、いただきものや過分なもてなしのないようお願いしておく。

3．保育参観（事前の準備を十分に）
① 参観日の指導内容は年間計画で配列し、十分に準備しておくと、日常保育のままの姿で公開できる。
② 準備を十分しておけば、自信をもってのぞむことができる。よく見てもらおうと思うと、かえって日ごろの力を出せないこともある。
③ 参観内容・懇談会の内容・計画案については園長に事前に相談し、承認を得るようにする。
④ 園内外の清掃と整頓に努める。

⑤ 保護者に接する態度は明るく、「よく来てくださいました」という感謝の気持ちで接する。
⑥ 保育中は特定の子どもに指名や助言が偏ることなく、公平な保育を心がける。
⑦ 子どもの状況をよく見てもらう意味でも、内容的には、表現活動や発表の得やすい活動を設定するとよい。

4．懇談会（なごやかな雰囲気のなかで）

① 子育てが初めてで不安をもつ保護者、子育ての経験豊かな保護者、時には、おばあちゃんも参加する子育て懇談会をしてみる。
② 家庭での子どもの生活、お手伝い、おこづかい、食事、テレビゲーム、絵本、しつけ、休日の過ごし方など、懇談会のテーマはたくさんある。あらかじめテーマを決めてアンケート調査を行い、資料としてまとめておく。
③ 保護者同士の経験談を情報交換するようにする。
④ 子どもたちが歌っている歌を全員で歌うなど、なごやかな雰囲気を作り上げる。
⑤ 懇談事項をまとめておく。
⑥ 当初予想もしなかった方向に話題がそれたりして、自分では判断できない質問などを受けた場合には曖昧な返答をせず、園長など上司に相談してから答えるようにする。
⑦ 懇談後、懇談内容についてよく整理し、園長に報告した後、職員会議などで研究の対象にして、クラス経営の参考にするとよい。

5．クレームへの対応（相手の気持ちをくみながら）

① 相手の気持ちをくみながら、よく話を聞く。
② 事の成り行きは、時間を追って客観的に説明する。
③ こちらに非がある場合は、心からお詫びをする。不明瞭な点はむやみに謝らずその旨を伝え、冷静に対応する。
④ 「日頃からこのように注意し対応している」ということをきちんと伝える。
⑤ 再発防止のための具体的な対応を示す。
⑥ 意見・提案、苦情記録シートに記入して提出し、再発防止に心がける。

第1部　社会人としてのこころえ

第3章　人権・プライバシー・虐待

　日本国憲法と世界人権宣言に明示されている基本的人権の尊重とあらゆる差別の撤廃は、今や国内外において強い社会的要請があります。人が人と手をつなぎ生きていかなければならない中では、至極当然のことです。

　保育関係者は、子どもや保護者の人権を守る専門集団として、人権が何よりも尊重される保育と子どもや保護者への教育が急務であることを認識し、業務を遂行しなければなりません。

第1節　人権を配慮した保育

　子どもを人格視、同一視します。自分が痛くなくても「痛いね」と共感し、同じ想いになること、「わかるよ」「同じだね」と対等の立場で心を通わせることが大切です。子どもは「安心」「自信」「自由」が保障される権利を持っています。

1. 登園
① 子どもを呼ぶ時は「○○くん」「○○ちゃん」と名前で呼ぶ。
② 例え保護者が愛称で呼んだり呼び捨てにしたりしていても真似しない。肉親とは違う。

2. 受け入れ
① 挨拶は笑顔で、相手の目を見て挨拶をする。乳児を受け入れる時には、目の高さになるように体をかがめる。
② 発音のはっきりしない方、太っている方、障がいのある方、お年寄りなどをふざけてからかったり、真似たりしない、させない、許させないようにする。一人一人を大切にし、相手を思いやることを知らせる。
③ シラミが発生した時には、他の保護者に気付かれないように伝える。「お子さんが最初です」と加害者扱いをしない。「早く駆除しましょうね」と共感を持って伝える。

3. 食事
① 食べ終わるまでは遊ばせない。
② 泣いて嫌がっているのを無理に口に押し込むなど、強制的な食事のさせかたをしない。「楽しく食べる」ということを給食の基本とする。

4. 排泄

① おもらしをした時に、他の子どもの前でパンツを脱がせて「またおしっこでたの。ダメね」など言わない。子どもの自尊心や羞恥心を思いやり、そっと拭き、シャワーカーテンを引き、中でパンツを脱がせシャワーをする。

② シャワー時はカーテンを付ける。また、シャワー後は裸のまま保育室に行かせないで、パンツをその場ではくように指導する。着替えの部屋を仕切るなど工夫をする。

③ トイレの扉は閉めて使うことを知らせる。扉はしっかり閉まるか常に点検しておく。

5. 睡眠

① 無理に寝かしつけようと体を押さえつけたり、背中を強く叩いたりしない。

② おねしょをした時には、他の子どもに気付かれないように対応する。「○○ちゃんはいつもおねしょする」と言わない。

6. 着脱

① 廊下など外部から見える所で着替えをさせない。

② プール時の着替えなど、やむを得ない時以外は保育中に裸になる機会をつくらない。

7. 遊び

① 人数を数える時には、ものを数えるように「頭」に手をやる動作をしない。頭を叩いているように感じ不快感をもつ。肩や背中に手を添えて数える。

② 人間性を否定してしまうような叱り方はしない。

③ 「もうあなたはいらない」と閉じ込めたり、「○○ぐみに行きなさい」と外に締め出したりしない。注意する時は、しっかり子どもの目を見て理解させる。当然のことだが体罰は絶対にしない。

④ 劇遊びなどの配役で、動きもセリフもない「石」「木」など、子どもの自尊心を傷つけるようなことはしない。

⑤ 単身家庭があるので「父の日」「母の日」の扱いは十分に配慮する。

第2節　児童虐待

「児童虐待の防止等に関する法律」（第6条）により、保育士・教諭は児童虐待の早期発見・通告の義務が規定されています。

① 日頃の保育の中で、児童虐待の兆候をいち早く発見できるように、保護者や子どもの様子に注意を払うこと。「何かおかしい」という感性を研ぎ澄ますこと。

第1部　社会人としてのこころえ

② 疑いを持ったらすぐに園長に報告し、全職員の問題確認と共通理解を図る。「こんなことを言ったら笑われるのでは」と考えない。
③ 保護者への助言指導で経過を見ることが可能か、それが不可能で生命の危険が感じられる、子どもの状態が悪くなる、保護者の対応に手を焼くなどの時は、すぐに専門機関に通告（相談）する。
④ 記録をとる。虐待を裏づける写真や今までの保護者とのやりとりなどを保管しておく。

1．虐待防止へのチェックシート

チェック	子どもの様子
	不自然な傷や叩かれたようなあざ、火傷の痕がある。
	特別の病気がないのに、身長や体重の増加が年齢不相応である。
	ひどいオムツかぶれ、皮膚のただれや汚れがあり、不衛生な服装をしている。
	身の丈や季節に合わない服や、いつも同じ服を着ている。
	表情や反応が乏しく、笑顔が少ない。
	予防接種や健康診断をまったく受けていない。
	虫歯が多く、治療されていない。
	年齢相応の基本的生活習慣が身についていない。
	給食を待ちきれないように食べ、おかわりを繰り返す。または、食欲がなく、食べることに無気力である。
	保護者が迎えに来ても帰りたがらない。
	保護者の顔色をうかがい、ビクビクしながら行動する。保護者に甘える様子が見られない。
	過度に周囲の大人に甘える。
	友だち、大人、保護者のそれぞれの人に対する態度が全く違う。
	連絡もなく登園してこない。
	おびえた泣き方をする。
	他者とうまく関われず乱暴である。
	衣服を脱ぐことに異常な不安を見せる。
	他者との身体接触を異常に怖がる。
	年齢不相応の性的な言葉や性的な行為が見られる。

チェック	保護者の様子
	子どもの傷に対する保護者の説明が不自然。
	子どもとの関わりが乏しく、無関心である。
	子どもへの態度や言葉が否定的で乱暴である。
	必要以上に保育園・幼稚園に連絡したり、子どもに過度に密着したりする。
	保護者の価値観で行動し、子どものペースに無頓着である。
	思い通りにならないとすぐに感情的になって叱ったり、体罰を加えたりする。
	保育園・幼稚園との関わりを避けようとする（職員との面接の拒否など）。
	子どもがなつかないと言う。
	他のきょうだいに比べ可愛くないと言う。
	子どもの医療について否定的、無関心である。
	精神疾患やアルコール依存症の治療中である。
	夫婦不和や家庭内の人間関係の対立で両親が家出などをしている。
	借金などで経済状態が苦しい。

2．児童虐待の種類

ⅰ）身体的虐待

　児童の身体に外傷が生じ、または生じる恐れのある暴行を加えること〈法第2条第1号〉。殴る、蹴る、投げる、首を絞める、熱湯をかける、タバコの火を押しつける、逆さ吊りにする、異物・毒物を飲ませるなど。

ⅱ）性的虐待

　児童にわいせつな行為をすること、または児童にわいせつな行為をさせること〈法第2条第2号〉。子どもへの性交、性的行為の強要・教唆、性器や性交を見せる、ポルノグラフィーの被写体になることを子どもに強要するなど。

ⅲ）ネグレクト

　児童の心身の正常な発達を妨げるような著しい減食、長時間の放置など、その他保護者としての監護を著しく怠ること〈法第2条第3号〉。家に監禁する、十分な食事を与えない、病気やケガをしても適切な処置をしない、入浴させない、着替えさせないなど乳幼児をひどく不潔なままにする。

ⅳ）心理的虐待

　児童に著しい心理的外傷を与えること〈法第2条第4号〉。言葉による脅迫「バカ」「死ね」「殺す」、子どもを無視する、拒否的な態度を示す、子どもの心を傷つけることを繰り返し言う「いなければいいのに」「何をやってもだめな子どもね」、他の兄弟姉妹と著しく差別的な扱いを

するなど。

3．職員の配慮

児童福祉法及び児童虐待防止法では、虐待を受けた子どもの通告義務を国民に課しています。また、児童虐待防止法では、子どもの福祉に職務上関係のあるものは子ども虐待の早期発見に努めなければならないとされています。なお、子ども虐待の通告義務は守秘義務に優先すると規定しています。

通告する時のポイントとして次のようなことがあります。
① 家族の氏名と住所（できるだけ正確に、わかれば家族構成も）
② 虐待の内容と程度及び頻度・時期（いつ、誰によって、どうされたか。頻度や現在の様子。虐待者の状況）
③ 虐待の状況が明らかな場合は必要ない。
④ 調査・支援の糸口（○○園に在籍している。兄が△△小学校何年生。家族が□□病院に通院中など）。
⑤ 通告者の連絡先

〈注意事項〉
＊一人で抱え込まない。管理職をはじめ関係する職員と相談することが大切である。
＊対象児との関わり、保護者への対応、関係機関への連絡など、具体的な取り組みを保育園・幼稚園内で協議する。
＊情報の共有を図り、取り組みの方法について確認し、職員間で共通理解をする。
＊関係機関との窓口は、管理職が行う。
＊保育園・幼稚園の傷は、どんな小さなものでもよく見て「いつ」「どこで」「どうしたか」かを職員間で確認し、保護者に伝える。打ち身などは後で青くなる。「保育園・幼稚園で虐待にあっている」と思われないように説明をする。
＊家庭からの傷でも「保育園・幼稚園でしたのではないか。絶対家ではしていない」という保護者もいることを忘れないようにする。
＊保育園・幼稚園は地域に最も身近な児童施設である。よって、地域住民から虐待についての相談があったらすぐに対応し、関係専門機関に通告をする。
＊通告についての秘密は守る。絶対に秘密を漏らさないようにする。

第3節　プライバシーの尊重と保護

「人に言わない・貼らない・持ち出さない」を原則とします。保育士・教諭には「守秘義務」があります。

1．保管・掲示

① 児童名簿・保護者の名前・住所・電話番号・園児個人記録・子どもの身長体重表・保育料（所得階層）・延長保育の有無などの個人情報は、職員以外の人の見える所に置かない。掲示しない。配布しない。

　＊「保護者会の連絡表を配布したい」と要望があっても、全員の承諾が必要であり、利用者のプライバシーを守るためにも不可能であると伝える。

　＊卒園記念文集などにも職員名や保護者等の住所録は掲載しない。

　＊保育室内での保育日誌や出席表などは、送迎の保護者の目に触れないように表紙の付いたファイルに入れる。鍵の付いた引き出しに保管する。

　＊園児個人記録や緊急連絡表はファイルにして事務室に置く。外部から見えないように扉のある棚や引き出しなどに保管する。

　＊名前と生年月日が書かれた誕生表は壁には貼らない。

　＊事務室でパソコンを使用中、途中で離れる時は画面が見えないようにする。

② 園児個人記録、保育日誌などを記入するために自宅に持ち帰らない。冊子に「禁持ち出し」と記入する。

③ 園内のパソコンのデータを自宅に持ち帰らない。安易にメールで外部に送信しない。データが入っているノートパソコンも持ち帰らない。

④ 個人データが入っているパソコンのデータはセキュリティ設定（指紋認証など）ができる外部媒体に保存し、事務室の鍵のついている引き出しに保管する。

⑤ 母子手帳をコピーする時は、「出産から入園までの経過をコピーさせてください」と承諾を得る。

⑥ 母子手帳や保険証をコピーしたらすぐに返却する。「帰りまで預かっておいてください」と依頼を受けたら、事務室の鍵のついている引き出しに保管する。

⑦ 入園の手続きのために源泉徴収票を預かる場合は、保護者の目の前でじろじろ見ないで「お預かりします」とすぐに園長に手渡すか、事務室に保管する。他の人の目につく保育室に置かない。

⑧ 利用保育時間のわかる延長保育タイムカードには個人名は記入しない。番号にする。保護者には「○番です」と伝え連絡帳に記入しておく

第1部　社会人としてのこころえ

２．送迎

① 保護者以外の方から特定の園児に対して「○○ちゃんは来ていますか？」「○○さんの住所と連絡先を教えてください」「今はどちらに勤務していますか」「何時に帰りましたか」などの問い合わせに応えない。「恐れ入りますが、親権者以外のお問い合わせにはお応えできないことになっております」と断る。

② 迎えが保護者以外の時は子どもを渡さない。代理の方が来る時は、名前・性別・体形・服装などを事前に電話や連絡帳で知らせてもらう。離婚した父親が迎えに来ても渡さない。もめている時はその場で母親と連絡を取り、決めてもらう。

３．連絡方法

① 入園の際に、緊急連絡をする時は、職場がよいか、携帯電話がよいか知らせてもらう。

② 職場環境は一律ではないので、緊急時に職場に連絡する場合は、園名を名乗ってよいか「鈴木です」と保育士・教諭名がよいかを入園の時に確かめておく。

４．その他

① 保護者の職業や「離婚した」「求職中」などの家庭状況、「AさんとBさんは親戚」などの家族関係を他の保護者や外部の人に話さない。

② 個人名を上げて「未熟児だった」「ヘルニアの手術をした」「心臓が悪い」「おねしょをしている」など個人の情報を他の保護者や外部の人に話さない。

保護者に伝えてはならないこと

伝えてはならないこと	解説または例示
他の保護者の住所や電話番号、職業については決して話さない。	（例）「○○で働いている」「○○さんは仕事が変わった」
他の子どもの発達や健康状態は言わない。	（例）「○○ちゃんはまだハイハイをしないんです」「○○ちゃんは言葉が遅いですから」「○○ちゃんは最近情緒不安定ですね」
家庭の状況は保育に必要がない限りは聞き出さない。保護者に尋ねられたらきっぱり断る。	（例）何人きょうだい、家族構成、離婚した、流産した、お金に困っているなど 「申し訳ありません、他の子どもさんのことはお話できません」「そのようなことはないと思います」
園外などで父、母のいずれかに会った場合、後日園内で夫婦揃っている時に、「先日○○で会いましたね」「先日○○で見かけましたよ」など話題にしない。	（解）誤解をウミ、夫婦の争いのもとになりかねない。
保護者の勤務先の変更、退社など本人から申し出がない限り、他から知ることがあっても尋ねない。入園時に「仕事が変わった時はお知らせください」と伝えておく。	

職員のうわさや私生活のことを話さない。 自分や他の職員の住所、電話番号、家庭状況などは話さない。 　（例）「私の住所は○○ですから近いですね」 　　　　「いつも○○で買い物をするんです」 　　　　「年齢は25歳で独身です」 　　　　「○○先生はもうすぐ結婚するんですよ」 　　　　「○○先生と○○先生は仲が悪いですから」	（解）保護者が自分自身のことを話すのは、受け入れ、聞くことが大切だが、ダラダラと長くなって、他の保護者より特別な関係と思われることのないように気をつける。 （解）私生活のことを話すのが好きな保護者は、保育士・教諭のことも同じように他で話していると考えられるので、後で「そんなことは言ってない」とトラブルにならないように気をつける。
保育園・幼稚園での悪口や仕事での愚痴 　（例）「給食が美味しくなくて子どもが可哀想」 　　　　「残業が多いので職員がよく辞める」	保護者はあくまでも、子どもを預けている「○○保育園・幼稚園の先生」として見ていることを忘れない。いつも保育士・教諭として自覚を持って会話をする。保育園・幼稚園や保育士・教諭の信頼を失うようなことは絶対に口にしない。
「この保育園・幼稚園は厳しいですね、先生大変ですね」と、さも「あなたの味方よ」と同情するように声をかけられたとき	「お子さんの命を預かっているのですから当然です」 「その場で指導されることにより保育が改善されます」 と自信をもって答える。 保護者に堂々とした態度で話をする。当法人に勤務していることにプライドを持ち、堂々と対応する。

5．家庭不和について

①　相談窓口は主に主任であるが、保護者にとって一番話しやすい職員に第一窓口になってもらう。

②　窓口になった担当職員は、主に園長室を使用し、個人情報の漏れないように相談を受ける。

③　情報源が園児だった場合、緊急性を伴う場合に限り、担任より「○○ちゃんが△△と言っていたのですが……。よろしければお話をおうかがいいたします」と話しかけてみる。

④　その後は保護者との都合がつく限り相談を受けるが、決して深入りはせず、保護者の結論を待ち、またその結果を受容する。

⑤　経過内容の個人情報は、保護者から「誰にも言わないで」と言われていても、園長・副園長・主任には報告をする。保護者には「誰にも言っていません」と答えること。

以上、個人情報の取り扱いについては、各園のプライバシーポリシーに準ずること。

第2部

保育と事故防止

第1章　保育園・幼稚園における危機管理の基本知識

第1節　保育園・幼稚園における危機とは

　保育園や幼稚園における危機とは、園の保育・教育に関連して生じうるあらゆる事件・事故のことをいい、大きく次の4つに分けることができます。
① 園生活において、子ども・教職員の生死に関わるような事件や事故。
② 保育の混乱や保護者のクレームなど、園のクラス経営上極めて困難な状態。
③ 体罰など職員の不祥事。
④ 地震や火災などの災害。

1．保育園や幼稚園における危機管理とは

　保育園や幼稚園における危機管理とは、子ども及び教職員の生命を守り、日常の保育・教育活動や園に対する信頼を維持するために、危機を予知・予測し、回避に努めるとともに、危機発生時には、被害を最小限にとどめる取り組みのことです。
　危機管理は「最も大切な子どもを守るため」ということを自覚することが重要です。そして、そのことが結果として自分を守ることにもなります。
　危機の発生を未然に防ぐためには、人からさせられる他制他戒の危機管理ではなく、なによりも自制自戒の危機管理という基本的態度が重要です。

2．危機管理のプロセス

　危機管理には、次のようなプロセスがあります。

ⅰ）危機の予知・予測

　過去に発生した保育園や幼稚園事故の事例や子どもの現状、社会の変化等を踏まえ、今後発生する可能性のある危機の予知・予測に努めることが大切ある。そのためは、的確に情報を把握し、それを管理するシステムを構築しておくことが重要である。危機管理に関わる情報には常に貪欲でありたい。

ⅱ）危機の回避

　日頃から施設・設備に関する定期的な点検や子どもに対する安全指導及び緊急対応マニュアルの作成等により、未然防止に向けた取り組みを行うことが重要である。
　また、開かれた保育園や幼稚園づくりを推進し、園の関係者・保護者・地域住民が心を通わせる中で、子どもを守る体制づくりを行うことも大切である。危機を防ぐためには、悲観的なようにあっても常に準備を怠らないことが大切である。

ⅲ）危機への対応

　事件・事故が発生した場合、適切な対応により、子どもや教職員の生命や身体の安全を守るとともに、被害を最小限にとどめることが重要である。この対応が「緊急対応」で、対応に当たっては、園長を中心に管理職は率先して陣頭に立つことが大切である。

ⅳ）危機の再発防止

　事件・事故の原因を解明するとともにその対応を事態収拾後に総括し、再発防止に向けた取り組みを実践する。また、保育園や幼稚園の保育・教育活動全体にかかわる事件・事故の未然防止の取り組みについても、定期的に評価し、改善に努めることが重要である。危機の再発を防止するためには、起こった事象に対して、その実態や原因を究明することが次の危機を起こさないための最大の準備になる。

第2節　危機の予知・予測のための取り組み

　突発的な事故を予知・予測することは容易ではありませんが、全国的に園の管理下での子どもに関する事件・事故が発生していることから、同様の事故の発生を想定した対応を常に図る必要があります。

1．危機を予知・予測するための情報収集

　保育園や幼稚園の危機的状況について、予知・予測の可能なものと困難なものとがあるが、危機管理の対応で重要なことは、事件・事故に結びつく可能性のある情報は、必ず園長（管理職）まで届く体制を日頃より確立しておくことが必要です。

2．研修の充実による教職員の安全管理意識の高揚

　過去に発生した保育園や幼稚園の事故事例の研究や、事故発生時の子どもの効果的な避難のさせ方などをテーマにした実技研修等を実施し、緊急連絡等の園組織の体制確立へ向けた園内論議を積みあげることで、全教職員が積極的に備え、関わっていこうとする意識や態度を身に付けるように努めましょう。

3．危機の回避のための取り組み

ⅰ）施設・設備の安全管理と安全点検

　園内の施設・設備の不備等が原因で発生する事故は、本来あってはならないことです。こうした事故のなかには、不幸にして死亡者が出たり、訴訟に発展した例もあります。園が子どもにとって安全な場所であるためには、日頃から具体的方策をもって安全点検の徹底を図

らなければなりません。

　保育園や幼稚園の施設・設備の管理は、法令に基づいた園長としての職務であり、これを補佐する副園長や主任の職務でもあります。施設・設備の状況や条件は日々変化しています。「このままにしておいたら危ない」「事故や怪我が起きる可能性がある」ということを敏感に察知し、素早く対応する体制づくりが必要です。具体的には、定期的に「安全点検日」を設けて、全教職員が園舎のあらゆる施設・設備について安全点検を行うようにし、点検後には、「点検を担当した場所」「異常の有無」「異常や故障の内容」「修理を要すること」等について、「点検カード」に書き込み、全員が提出することなどがあげらます。

　その際、修理や回復のための措置が必要な内容については、園長（管理職）は園内での修理が可能か、関係機関への連絡や依頼が必要か、緊急性のあるものか長期で時間がかかるものか等を判断して対応し、その内容や経過を全教職員に知らせておくことも重要です。

　以下は、平成13年7月10日付、文部科学省初等中等教育局初等中等教育企画課長及び文部科学省スポーツ・青少年局学校健康教育課長からの「幼児児童生徒の安全確保及び学校の安全管理に関する緊急対策について（通知）」の緊急対策例の一部です。

【幼児児童生徒の安全確保及び学校の安全管理に関する緊急対策例】

1　来訪者への対応等
　　＊出入り口の限定や立て札・看板等の設置
　　＊来訪者の受付や声かけによる身元確認
　　＊来訪者の入校証・名札等の着用

2　施設設備の点検整備
　　＊監視カメラ・インターホン（カメラ付き）等の防犯設備の設置
　　＊校門・フェンス・外灯・鍵等の点検整備
　　＊非常電話・ベル・ブザー等の非常通報装置の設置
　　＊教室や教職員室等の配置の変更
　　＊窓ガラスを透明なものに交換（防犯ガラス等の採用）
　　＊死角の原因となる立木等の障害物の撤去

3　安全管理の徹底
　　＊警報用ブザーの教職員・幼児児童生徒等への貸与
　　＊教職員による校内巡回の実施・強化
　　＊学校警備員・監視員等の配置
　　＊保護者やボランティア等による学校内外の巡回（謝金支給の場合を含む）
　　＊危機管理マニュアルの作成や教職員に対する安全管理の指導・研修・訓練の実施
　　＊不審者発見時の迅速な警察への通報の励行

（以下略）

ⅱ）子どもの安全指導

　子どもの安全教育、安全指導については、自他の生命を尊重し、他の人々や集団の安全を確保するための適切な判断や対処する能力を培う取り組みを一層進めることが大切となります。これまでは、交通や災害に関わるものが中心でしたが、今後は危機的状況が発生した場合に、子どもが速やかに対応できる能力を身に付けさせることが求められます。

　特に、警察との連携により、園に外部からの侵入者があった場合の避難の仕方、園外で不審な者に遭遇または追跡された場合等の避難の仕方、保護者・警察等への連絡やその後の対処の方法などの訓練を行うことも必要になることもあります。

【事故やけがの具体例】

＊遊具等の調整不備が原因と思われる場合
・ブランコの器具固定が不十分なため外れてしまい骨折した。
・滑り台に紐が掛かっていたためその紐に首を引っかけて死亡した。

＊子どもの行動や不注意が原因である場合
・ステージの台の上でバランスを崩し落下した。
・棒を振り回していて周りにいた者に怪我をさせた。金槌で釘を打たず、指を打った。

＊指導方法及び管理方法に関する事故
・プールに飛び込んで底に頭を打ちつけた。
・マット遊びをしていて骨折した。
・多動の子どもが二階から飛び降り骨折した。
・ふざけて積み木を投げ相手に怪我をさせてしまった。

ⅲ）開かれた保育園や幼稚園づくりの中での安全確保・安全管理

　保育園や幼稚園では、子どもたち一人一人の個性に合った保育・教育を行い、各地域の特色を生かしていくために、家庭や地域との連携・協力をより一層強くする「開かれた園づくり」が進められています。

　大阪教育大学附属池田小学校の教室内に、出刃包丁を持った男が乱入し、児童8人が死亡、児童・教師15人が重軽傷を負った事件が起こり大きな問題になりましたが、この事件をきっかけに子どもの安全確保及び学校の安全管理と地域に開かれた園づくりとの関連が問われることになりました。しかし、基本的には、保育園や幼稚園の関係者、子ども、保護者、地域社会の方々が交流し、地域に開かれた保育園や幼稚園づくりを推進することが安全管理にもつながるということを忘れてはなりません。

①保護者との連携

　保育園や幼稚園においては、保護者が園経営の重要なパートナーであるとの認識に立ち、保護者会との連携を図り、日頃から情報提供と保護者の意向把握の取り組みを行い、園と保護者との相互理解を図る必要がある。

　そのため、保育園や幼稚園は保護者との情報交流の活性化に努め、保育や園行事の開放、地域での懇談会、保護者会や家庭訪問等を通じ、保育園や幼稚園の現状や保育方針の説明を行い、保育園や幼稚園に対する理解・協力を求めるとともに、保護者の意向の把握に努めることが大切である。

　また、保育園や幼稚園の通信等を通して協力関係を築いていると思われるが、その際、複数の教員により事前に内容を検討するなど、保育園や幼稚園から出される文書を検討するシステムを確立しておくことも重要である。

②地域社会や関係機関等との連携

　保育園や幼稚園は、日頃から地域の人々や関係機関に園の保育方針や現状を伝え、協力関係づくりに努めておかなければならない。特に、地域の民生委員・児童委員や保護司等と日頃から連絡を取り合うことにより、地域における子どもの状況が把握でき、虐待などの早期発見にもつながる。

　また、保育園や幼稚園の指導だけでは適切な対応ができないと判断される場合は、躊躇なく関係機関等に連絡・相談できる体制を日頃から確立しておく必要がある。その際、連携に係る判断は、個々の教職員の判断にゆだねることなく、教職員間の共通理解の下に、園としての判断に基づくことが必要である。

ⅳ〕危機を防ぐための危機管理意識

①「たぶん、大丈夫だろう」からの脱却

＊「たぶん、大丈夫だろう」と思ったら危機管理意識が欠如していると自らをいましめるようにしたい。

＊個人的な取り組みではなく、複数によるチェック機能体制の確立しておくことが大切である。

②「前からやっていることだから大丈夫」からの脱却

＊前例踏襲主義という前例と慣習が招くリスクは大きい。

＊常に現在現時点での新鮮な感覚でものごとを受け止めることが大切である。

③「見ざる、言わざる、聞かざる」からの脱却

＊問題があっても、それをお互いに指摘しにくい雰囲気があれば危機は避けられない。いつでも、どこでも、何でも自由に指摘し合い、改善していく開放的風土に変えることが危機を回避することにつながる。

第2部　保育と事故防止

④早期発見・早期対応による問題事象の未然防止
　＊一人一人の職員がいつも園児に対して「ちょっといつもと違うな…?」「本当に大丈夫かな…?」というような問題意識をもって取り組むことが大切である。そのような問題意識が「危機を引き起こしそうな小さな芽」を早期に発見させることにつながり、結果として危機の未然防止につながる。

ⅴ）ヒヤリハット

　危機管理（リスクマネジメント）とは、経営活動に生じる様々な危険を最小の費用で最小限に抑えようとする管理手法です。園長及び管理職は「ヒヤリハット記録簿を人事管理に使用しない」ことが基本であり、軽微な事故を含めた全ての報告を全職員が把握する必要があります。

　リスクマネージャーを選任し、その人が中心となって集まったインシデントケースをしっかりと分析して事故防止のための有効なフィードバックができればそれが理想です。

　また、インシデントレポートを毎月発行する「ヒヤリ・ハット通信」のようなもので、危険性のある実例や具体的な部署での事故防止の取り組みなどを紹介できるとよいでしょう。そして、次号が配布されたら各部署においてマニュアルにファイルし、いつでも見られるようにします。

　さらに、得られた教訓をマニュアルに活かしているかどうか、事故防止マニュアルが現実に即しているかが重要です。

①ヒヤリハットについての基本的姿勢
　＊ヒヤリハット記録簿を保育室に常備し、保育中に限らず、事故につながりそうな箇所や場所、状態を発見した時はその日のうちに記録し、職員室にまとめる。
　＊全職員は、最低週に一度はその記録簿に目を通し、日頃の保育において注意して行動する。
　＊ヒヤリヒヤリハット記録簿の様式は61頁のとおりである。

②事故報告

　不幸にも事故が起きてしまった場合は、事故報告届に記録の上、園長に届け出る。その際は、何時頃事故があり、何時頃保護者に連絡を入れ、病院受診の了承を得られたかなど、詳しい流れを記載する。骨折などの重症な事故の場合は、市区町村の子育て支援課あてに事故報告書を提出する。

ⅵ）緊急対応マニュアルの作成

　それぞれの園においては、事件・事故が発生した場合の緊急対応マニュアルを作成し、迅速に適切な対応が図れるよう日頃より準備しておく必要があります。

　しかし、それぞれの園が定めている緊急対応マニュアルが、実際の危機においては十分機

能しないこともあるという指摘もされています。その主な理由としては、次のようなことが考えられます。

　＊想定していた以上の危機が発生し、マニュアルの対応が不十分であった。
　＊職員の役割分担が、実際にはマニュアル通りにならなかった。
　＊必要な対応の手順や内容の記述等が不十分であった。
　＊今日の社会の現状や園の実態を踏まえたマニュアルとなっていなかった。
　＊混乱した状況で、職員相互の連絡や情報収集が不十分となり、正確な事実の把握に時間がかかった。
　＊マニュアルの定期的な見直しやシュミレーションが行われていなかったため、対応についての基本的知識が十分でなかった。
　＊事前の役割分担により自分の役割は理解していたが、緊急対応全体を見通した視点を持っていなかった。

したがって、緊急対応マニュアルを作成する際には、次の点に留意しておくことが必要です。

①最悪のケースを想定する

　緊急性があり、保護者への対応や関係機関との連携等、組織的な対応が必要なケースを想定することが大切です。

②必要な対応、手順を明示する

　マニュアルは、文章で示したものやチャート図等、様々な形式が考えられます。どの形式であっても、緊急時の対応や手順、役割分担等の必要事項が明記されていることが大切です。また、状況によって対応順序が変化したり、職員の臨機応変な対応が求められたりするので、マニュアルが絶対的なものでないことを理解しておくことが大切です。

③関係機関等の連絡先を明示する

　生命にかかわる事件・事故等、一刻を争う場合に備え、あらかじめ緊急連絡先一覧等を作成・掲示するなど、速やかに関係機関等に連絡できるようにしておくことが大切です。

④関係機関等から助言を得る

　保育園や幼稚園の実情をふまえながら、警察・消防・学校（園）医等の専門的な立場からの助言を得てマニュアルを作成することが大切です。

　そして、危機管理の「さしすせそ」を肝に銘じておきましょう。

> ⓢ：最悪を思い、ⓢ：慎重に、ⓢ：素早く、ⓢ：誠意をもって、ⓢ：組織的に

4．事件・事故発生時の対応

ⅰ）クライシス・コミュニケーションの必要性

　危機が起きた時、保育・教育機関としては、その内容とともに、「どのように対応したか」

第2部　保育と事故防止

ということが厳しくが問われることを肝に銘じておかなければなりません。

　クライシス（危機）が発生した場合、そのダメージや批判・非難を最小限にとどめるためには、「情報開示」を基本にしながら、内外の様々な対象に対して「適切な判断」に基づいた「迅速なコミュニケーション活動」が大切になります。

　園にとってのクライシス（危機）とは、「園と保護者との関係の悪化状態」であり、園と保護者との間にコミュニケーション・ギャップ（批判・非難・不信感・対立関係）が生じた局面です。

　だからこそ、「クライシス・コミュニケーション」は、園に対する社会からの批判や不信感を軽減する上で極めて重要な役割を果たすのです。人は起こしたことで非難されるのではなく、起こしたことにどう対応したか、によって非難されます。

ii）クライシス・コミュニケーションの「3つのキーワード」

①「スピード」

　迅速な意思決定と行動が大切です。

②「情報開示」

　疑惑を生まない迅速な情報開示が大切です。情報の小出しは逆効果を生むことにつながります。

③「社会の視点からの判断」

　園の側の論理からの判断は特に注意が必要です。園の常識は時として社会から見れば非常識に映ることもあります。

iii）危機管理から見た初期対応「7つのポイント」

①「ちょっと変だな〜？」と感じたらすぐに園長に連絡をする

　＊何より優先するのが「第一報」である。

　＊ヒヤリハット（インシデント）の報告を日常的に積み重ねていくことが事故の未然防止にもつながる。

　＊報告書の必要記載事項は、ⅰ〕日時　ⅱ〕場所　ⅲ〕対象者　ⅳ〕事故内容　ⅴ〕対応者　ⅵ〕対応内容　ⅶ〕緊急課題　ⅷ〕即決事項　である。

②園長には「30分以内」に第一報を入れるようにする

　＊「情報のスピードの差」が「対応の遅れ」や「隠蔽疑惑」を生むことになる。

　＊組織内の「情報隠し」に注意することが必要である。

③「社会の目」で判断をする

　＊不測の事態の判断は「目先の体面ではなく、社会がどう見るか」にある。

　＊一市民の眼で客観的に見ると見えてくる社会の見方がある。

＊「園の常識」「学校の常識」は「社会の非常識」という言葉がある。
④「慣習」と「先例」という安易な状況認識に注意
　＊「前からあったことだから…」「前からこのようにしていたから…」という判断がリスクを招くことになる。
　＊隠蔽的職場慣習が事を重大にしてしまうことがある。
⑤一つの問題の背後には何倍もの同じような問題があるという認識を持つ
　＊この意識があれば保護者からのクレームを減らすことができる。
　＊「一点突破、全面展開」という言葉は危機管理を考える上で示唆に富んでいる。
⑥法的問題だけでなく社会的道義的責任からも判断することが重要
　＊「法的に問題ない」「手続き上問題はない」では納得されない時代である。
　＊「問われる」のは「保護者」や「関係者」への配慮の有無と常識である。
⑦危機管理は職場全体で取り組こという自覚を持つことが重要
　＊「危機管理」のできない保育士・教諭では、保育はできない時代になっている。
　＊常に報告・連絡・相談を実行することが大切である。職員の間で「ほうれんそう」という言葉を危機管理の合い言葉にすると意識が切れないでいい。

ⅳ）緊急対応における要点

　事件・事故が発生した場合は、緊急対応マニュアルに基づいて迅速・適切な対応を図らなればなりませんが、緊急対応における要点は次のようなものが考えられます。

①冷静な対応

　　マニュアルに示された手順・内容に従い、最優先とする対応は何かを意識しながら、冷静に対応するが大切である。そして、初期対応で過ちを犯さないための「三つの心得」は、「傾聴」「面談」「迅速」である。
　　「傾聴」は、相手の言い分を十分に聞き、途中で話をさえ切らないようにする。こちらの「聞く姿勢」が相手に「誠意」を伝えることになる。「面談」は最大の「誠意の表明」になる。あの時会っておけばよかったという悔いを残さないためにも、直接会うことが大切である。そして、「迅速」。行動は迅速にすることが重要である。同じ対応をしても遅いと評価されないことになってしまうことがある。解決のカギは「コミュニケーション」である。

②管理職のリーダーシップ

　　危機発生時、管理職は状況を判断し、全職員に「緊急対応を行う」旨を明確に伝え、役割分担等について的確な指示を行う。特に、情報を集約・分析したり、迅速・的確な情報判断、方針決定したりする機能を持つ「対策本部」等の中核的な組織を必要に応じて組織することが必要である。

第2部　保育と事故防止

　　なお、園長（管理職）不在時に事件・事故が発生した場合の対応の判断・指示や関係機関への連絡等について、事前に教職員間で共通理解をしておくことも大切である。

③正確な情報収集及び情報の共有化

　　事件・事故発生時、周囲にいた子ども等から可能な限り正確に聴きとった情報を、対策本部において整理し、要点を文章化または図式化する。そして、全職員でその情報の共有化を図る。

④組織的な対応

　　対策本部での決定事項をその構成員である職員が速やかに他の職員に指示・伝達し、園全体で組織的に対応できる体制をつくる。また、混乱した状況では、職員の臨機応変の対応が必要となるが、個人の判断で対応することは極力避ける。やむを得ず個人の判断で対応した場合は、必ず事後に速やかに報告するなど、「報告・連絡・相談」の徹底を図る。

⑤保護者・地域社会との連携

　　保護者会の役員や地域の関係者と協力して危機の解決に当たるとともに、子ども及び園の保育・教育活動を守る体制づくりをする。その際、必要に応じて、緊急保護者会を開催する。

⑥関係機関との連携

　　危機発生時には様々な対応が必要となり、保育園や幼稚園だけで対応することには限界がある場合もある。園だけで抱え込まず、教育委員会等の関係機関に助言を求めたり、職員の派遣を要請したりすることも必要である。

　　教育委員会等の関係機関が、学校が警察等の専門機関と円滑な連携が図れるよう、また、マスコミ等への適切な対応が図れるよう、常日頃から保育園や幼稚園と協同体制を確立し、連絡・調整を行えるような共同体制をつくっておくことが必要になる。

　　さらに、危機を最小限に抑えるため、警察・消防・保健所等の関係機関に連絡し、支援を要請することを原則としておくことが重要である。園長は正確な事実関係を把握し、最終的に要請の必要性を判断することになる。

⑦通信手段の確保

　　保護者や報道機関等からの問い合わせが殺到し、保育園や幼稚園の電話が使用できなくなった場合には、非常用の通信手段を確保する必要がある。ファクシミリがその手段として有効であるが、例えば、職員の所有する携帯電話を本人の同意を得た上で、連携を図る必要のある機関に番号を伝え、非常用電話として利用することも考えられる。

ⅴ）緊急保護者会の開催の留意点

　　事件・事故の発生した場合は、保護者の不安は大きなものがあり、また、憶測やうわさが

広がることで、事態への対応を困難にさせることも懸念されます。
　こうしたことから、園長（管理職）は、教育委員会等の関係機関や保護者会役員等と連携を図り、次のような点に考慮して緊急保護者会を開催し、保護者との連携を深める中で、よりよい問題解決に向けた取り組みを進める必要があります。
　①説明内容の十分な準備
　　　保育園や幼稚園が緊急保護者会を開催する際には、園が何を、何のために（目的）、なぜ緊急に開催するのか（理由）、どのように伝えるかなど明確な方針をもって臨む必要がある。特に、保育園や幼稚園が収集した情報について、事実を確認した情報とそうでない情報の整理や、事件・事故の背景等を分析し、説明内容について十分準備しておかなければならない。
　②職員の意識の統一
　　　園長（管理職）は、職員に保護者会での説明内容や協議事項、今後の対応及び方針等について説明し、共通理解を図っておく。特に、突発的な事故や事件が発生した時は、緊急保護者会が開催されるので、職員の考えや意識がまとまっていない状況が十分に予想される。保育園や幼稚園では、日頃から職員の意思疎通が図られるような雰囲気づくりに努めておくことはもちろんであるが、いざ、緊急事態にあたっては、職員が結束して対応することが極めて大切である。
　③子どものプライバシー保護への配慮
　　　事件・事故にかかわる子どもの人権やプライバシーについて、最大限の配慮を行うことが必要である。保護者会は、保護者に理解と協力を求め、信頼関係の基盤づくりをすることが最大の目的である。正確な事実関係や状況報告などは保護者に伝えなければならないが、子どもの氏名やプライバシーを公表することは厳に慎まねばならない。
　④誠意ある丁寧な対応
　　　保護者会において、様々な意見や要望が出されることが考えられる。それらをきちんと受けとめた上で、誠意をもって対応することが大切である。

ⅵ）報道機関への対応
　報道機関に対しては、個人情報や人権等に最大限に配慮しながら、公開できる情報は明確に伝え、誠意ある姿勢で対応する。プライバシー保護等の理由から伝えられない場合は、その旨を説明し、理解を求めることが必要である。その際、窓口を一本化し、園長または副園長・教頭や主任が対応するとともに、報道機関に情報を提供する場合は、どの機関に対しても公平に情報を提供することも大切である。
　保育園や幼稚園が報道機関の取材対象となった場合、園として対応を誤らないための留意事項については次のようなものが考えられます。

①報道機関への依頼

多くの取材要請が予想される場合、子どもの動揺を防ぎ、正常な園運営を維持する観点から、取材に関しての依頼を文書等により行うことが望ましい。

〔依頼内容（例）〕

- 園内の立ち入りに関して
- 取材場所、時間に関して
- 子どもや職員への取材に関して等

②社名、記者名、連絡先等の確認

電話での取材要請では、相手の社名、記者名、連絡先等を確認し、かけ直して取材に応じるなどの慎重な姿勢が望まれる。報道機関に公平に対応するためにも、取材要請があった報道機関の社名等とともに、質問内容を必ず記録しておく。

③取材意図の確認及び準備

想定質問に対する回答を作成することなどにより、的確な回答ができるように準備する。その際、事実関係が正確に把握できているか、推測の部分はないか、人権やプライバシー等への配慮はできているかなどの点に留意する。

④明確な回答

不明なことや把握していないことは、その旨を明確に答える。誤解につながるような曖昧な返答はしない。

⑤記者会見の設定

取材要請が多い場合は、関係機関（教育委員会等）と連携を図り、記者会見を開くことで対応する。その際、会見場所、時間等については、保育園や幼稚園運営が混乱しないよう考慮した上で決定する。

ⅶ）記者会見の仕方

* 記者会見の「予定時刻」と「場所」を直ちにマスコミに伝える。現場の記者、カメラマンの不安を解消させることになる。
* 情報は「現時点では」「現段階では」の限定条件でも公表する。危機発生時には、情報は「5W1H」より「1W」を優先することが大切である。情報公開が遅れると憶測に満ちた取材攻勢を受けることになる。
* 公表済みの情報は会見場に紙に書いて貼り出す。発表済みの情報は会見場に紙に書いて貼り出すことにより、遅れてやってきた記者にも状況が一目瞭然になり、記者は落ち着いて取材活動ができる。
* 拙速でも図面を用意してわかりやすく説明する。拙速であっても平面図・立体図・断面図・構造・動線・位置関係などの図面を用意しておくと説明がわかりやすくなり、質問も減る。

＊スクープされる前に記者会見をすることが重要。スクープされる前に記者会見をすることにより、告発型報道から客観型報道に状況を逆転することができる。

※記者会見の時間設定に当たっては、それぞれの記者の原稿締め切り時刻（夕刊締め切り等）にも十分配慮することが必要である。

①記者会見の意味

＊記者会見は、記者が「５Ｗ１Ｈ」の裏を取る場であると心得ておくとよい。

＊記者の質問は全て「疑い」と「批判」から出てきていると心得ておくとよい。

＊「挑発質問」「意地悪質問」「誘導質問」は必ず出る。それに乗せられないように注意することが大切である。

②失敗しない心得

＊説明を行う場面での態度：「メラビアンの法則」では、話し手が聞き手に与える印象は何で決まるかということを示唆している。

・表情、しぐさ、見た目（視覚情報）：55％

・声の質、大きさ、テンポ（聴覚情報）：38％

・話の内容（伝達情報）：7％

＊説明責任を果たすこと：「逃げの姿勢」「言い逃れ」を絶対に見せないことが大切である。記者は「隠すと暴く」「逃げると追う」傾向がある。

＊理由や背景の説明：理由や背景の説明においては、「それには三つの理由がありまして…」というように、いくつあるかということを明確に前置きすることが大切である。記者に勝手に省略させないでこちらが言った三つの内容を全部記事に書いてもらえるからである。

＊記者と議論しない：挑発質問や意地悪質問は新しい情報を獲得するための常套手段であるという意識を常に持っていることが大切である。そのような質問に出会った時は、話の内容がブレないために次のように答えることを心得ておくとよい。

・「その点も確かに重要ですが、むしろ優先しなければならなかったことは○○でした」

・「ご批判もよくわかりますが、あの時点で、最優先の課題だったのは□□でした」

・「疑問はごもっともと思いますが、あの時点で最重視すべきことは△△でした」

＊記者と黒白を言い争わない：記者会見は法廷ではない。記者と黒白を言い争わないようにすることが大切である。その上で次のようなことを心得ておくとよい。

・謝るべきことは素直に謝ること大切である。

・言い訳や弁解は、意地悪質問の矢を浴びる結果を招くことにつながる。

＊終了時刻：予定時刻が来たからといって、いきなり終了しないことが大切である。終了時間１分前くらいになった時に司会役が、「そろそろ予定の時間が近づきましたので、あと１～２問引き受けて終わらせていただきます」と予告のアナウンスをすると聞く方も納得できる。

第２部　保育と事故防止

ヒヤリハット記録簿

（発見者：　　　　　　　　　　　　　　　）

発生日時	平成　　年　　月　　日（　　）午前・午後　　時　　分（　　）		
園児名	（　　　　　くみ）	生年月日	平成　　年　　月　　日（　　歳　　ヶ月）
ヒヤリハット発生場所	【図解】		保育者名・人数 その場にいた園児名
発生状況			
ヒヤリハットのための改善点（未然防止策）			
経　　過			

事故報告届

＿＿＿＿＿事故について

平成　　年　　月　　日提出

1. 事故の概要

○発生場所

○発生日時

　　　平成　　年　　月　　日（　）午前・午後　　時　　分頃

○対象園児	クラス	年齢
氏名	くみ	さい

○発生状況

2. 事故の経過

3. 事故の原因

4. 再発防止策

第2部　保育と事故防止

第2章　子どもの成長・発達と事故

第1節　月齢と事故

　子どもの事故は、転落、転倒、熱傷、窒息、切り傷、誤嚥、誤飲、溺水、交通事故など多岐にわたります。子どもの死因の第一位は不慮の事故だそうですが、事故を未然に防ぐためには、月齢ごとの発達の特徴と、月齢ごとの事故の種類知ることが大切です。

【0ヶ月～3・4ヶ月】

　この月齢の子どもは、手をうまく使うことができず、一人では身動きできません。また、物を払ったりすることができない年齢です。

〈起こりやすい事故〉
　　＊吐いたものでの窒息
　　＊柔らかすぎる布団での窒息
　　＊熱すぎるミルクでの口腔内熱傷
　　＊抱っこしていての転落
　　＊虫刺され

【4ヶ月～7ヶ月】

　寝返りができるようになり、手も使えるようになり、何でも口にもっていくようになります。

〈起こりやすい事故〉
　　＊ベッドからの転落
　　＊紐などを首に巻きつけての窒息
　　＊誤嚥（ごえん）
　　＊誤飲
　　＊抱っこしていての転落
　　＊物が落下しての打撲や挫傷

【7ヶ月～1歳】

　ハイハイ・つかまり立ち・伝い歩きができるようになり、行動範囲が広がり、何にでも興味・関心を示し、何にでも触りたがる年齢です。

〈起こりやすい事故〉
　　＊椅子や階段からの転落

＊つまづいての転倒
＊誤嚥
＊手や指先の熱傷や切り傷
＊浴槽での溺水

【1歳～2歳】

　自我が芽生え、行動範囲が広がり、何でも自分でしたがり、言うことを聞かなくなる時期です。しかし、危険予知能力は未熟な年齢で、繰り返しの言い聞かせが必要な年齢です。

〈起こりやすい事故〉
＊段差などを利用して高い所に登り、そこからの転落
＊走って転倒
＊道路に飛び出し
＊遊具で危険な遊びをしての怪我
＊化粧品や硬貨などの誤飲
＊日用品で起こる熱傷

【3歳～6歳】

　一人でできることが増え、大人の目の届かない所で遊ぶ時間が増え、いたずらをする年齢です。また、子ども同士で遊びに熱中するため戸外での事故が増えます。自転車などの動的道具で遊ぶようになり、それらに関係する事故が増えます。ふざけたり、危険な使用方法をしたりする場合には、反復して注意しなければならない年齢です。

〈起こりやすい事故〉
＊飛び出しなどの交通事故
＊高い所からの転落
＊プール・海・河川での溺水
＊刃物を使う怪我
＊マッチやライターでの熱傷
＊いたずら遊びによる間違った使い方による、打撲や転落事故

第2節　受傷の種類と予防

1．転落・転倒・打撲

　ハイハイする頃から6歳以上までの各年齢に見られますが、特に1歳前後に多いです。転倒でも硬膜下血腫がありうるので注意が必要です。1歳前後は頭が大きく重たいので、頭部

第2部　保育と事故防止

を強打しやすくなります。

　転落では、階段・椅子・ベッド・ソファー・遊具など、室内でも気を配る必要があります。2～3歳を過ぎると、戸外での転落、転倒、室内では踏み台になるものを見つけての転倒、転落があります。

〈事故防止のためには〉

　＊床は整理整頓し、洗濯物・紙・ナイロン袋など散乱しないようにする。

　＊スリップしやすい床には気をつける。濡れた場合はすぐに拭きとる。

　＊風呂場でのスリップに要注意。

　＊階段には柵を設置する。

　＊ベランダなどの近くに踏み台になるものは置かない。

　＊遊具の間違った遊び方には、日頃から注意する。

　＊椅子・ベッド・ソファーなどでふざけないように注意する。

２．熱傷

　熱い液体をこぼしての熱傷が多いため、ポット、コーヒーメーカー、カップ麺、味噌汁、お茶などの取り扱いには注意が必要です。ストーブや電気プラグにも注意が必要ですが、年長になると火遊びでの事故も増え、花火など十分に注意しておく必要があります。

〈事故防止のためには〉

　＊テーブルに熱い物を置く時は、子ども手の届かない中央に置く。

　＊テーブルクロスは使わない。

　＊熱器具は子どもの手の届かない所に置く。

　＊ストーブには柵を設ける。

　＊電気コードは使ったらすぐに片づける。

３．誤飲

　タバコの誤飲が多く、おもちゃの部品や化粧品、装飾品・電池なども誤飲につながります。洗剤や薬品、石油なども平気で口に入れます。子どもが間違いやすいものとして、ジュースの空き缶の吸い殻入れ、薬箱としてのお菓子箱やリキュール類などは誤って口に入れやすいものです。直径3.2～3.5cmの物は口に入れてしまうといわれ、窒息・誤嚥・誤飲が起こります。

〈事故防止のためには〉

　＊直径3.2～3.5cmより小さい物は、子どもの手の届かない所に置く。

　＊ペットボトルに薬液を入れない。

　＊引き出しや戸棚などは簡単には開かないようにする。

4．溺水

1歳前後に浴槽での溺水が集中しています。浴槽の丈が70cm以下では浴槽に転落しやすいといわれています。お風呂以外でも、水洗便所、水槽・洗濯機、プールなど水が溜まっているものは全て、溺水が起こりえます。

〈事故防止のためには〉

　＊水のある所に子どもを一人きりにしない。
　＊プール遊びでは、複数で監視する。
　＊遊んでいる時に後片付けをしない。

第3章　安全な保育環境整備

　成長発達の未熟な子どもの事故は、周囲の大人の不注意が原因になることが多いようです。子どもが事故なく安全に生活をするため、保育環境を整えることは園及び全職員の責務です。「知らなかった」「こんなはずではなかった」ということは許されません。

　日頃から、「子どもにとって安全かどうか」の問題意識をもって環境を見直していきましょう。子どもは大人が予測できない行動をとることがありますので、子どもの目の高さで見ることが大切です。気が付いたことは園長に報告し、その都度対処します。「あの時修理しておけばよかった」ということがないように、即行動しましょう。破損や故障に気付いた職員は、直るまで責任を持ち、「○○はどうなりましたか」と積極的に確認します。

　また、保護者との連携を密にし、保育園・幼稚園での子どもの興味のありよう（高い所によじ登ろうとするなど）や行動の特徴（突然走り出すなど）をしっかり伝え、「ご家庭ではいかがですか」と家庭での様子も尋ねましょう。

　「子どもの命を守る」ために教えることは何かを共通理解をしておくことが大切です。例えば、家庭でも安全な子育て環境を作るために、「タバコは手の届かない所に置く」「カミソリは浴室に置かない」など、具体的にアドバイスをしましょう。また、4～5歳児になるといけないことをして叱られるとわかると隠そうとする場合があります。ただ「ダメよ」と言うのではなく、「なぜいけないのか」という理由を理解させることが大切です。職員の報告と我が子からの話が食い違うこともありますので、保護者との信頼関係を日頃からつくるよう心がけましょう。

第1節　事故リスク軽減のために

　事故リスクを軽減するためには、観察や家庭からの報告をもとに、子どもの日々の情緒や

第2部　保育と事故防止

体調の把握を行い、保育面への配慮をすることが大切ですが、それ以上に、子どもたちに危険なものは何かということを遊具や用具の正しい使い方などを実際にやって見せたり、紙芝居やペープサートなどを使ったりして、具体的に繰り返し知らせ、安全に対する意識を育てる安全教育を行うことも大切です。

また、危険な時には毅然とした態度で、子どもの目をしっかりと見て、「危ない」ことを知らせていきましょう。「指が切れる」「頭から血が出て病院に行かなければいけない」というように子どもが理解できるような言葉かけも大切です。何よりも大切なことは、全職員が同じ思いで対応することで例外をつくらないということです。

園に求められる、または全職員に求められるリスク軽減のための心構えとしては、以下のことが考えられます。

① 事故の認識、危険予知能力の向上に努めているかどうか。
② 一人一人の子どもの発達段階や特徴を職員全員が把握しているかどうか。
③ 子どもの行動予測を十分に認識しているかどうか。
④ 園舎・園庭の特徴を認識し、それらに対する配慮をしているかどうか。
⑤ 職員間で声を掛け合い危険防止の確認をしているかどうか。
⑥ クラス担任はクラス全員の状況を把握しているかどうか。
⑦ 子どもの状況把握のための保育者の位置の確認をしているかどうか。
⑧ 午睡時の職員の付き添いと、表情の見える明るさの確保ができているかどうか。
⑨ 事故原因の分析と防止方法の検討を全職員に注意喚起しているかどうか。
⑩ 一人一人の子どもの発達に合った遊具の選択と遊び方の指導をしているかどうか。
⑪ 固定遊具で遊んでいる時、保育者が付き添っているかどうか。
⑫ 園外散歩の時、異常時に対応できる充分な人数が付き添っているかどうか。
⑬ 手をつなぐ相手を歩調の合う子ども同士にしているかどうか。
⑭ 日案・週案・月案・の年間指導計画に事故防止の配慮を取り入れているかどうか。
⑮ カリキュラムの反省時に、安全面についても話し合うようにしているかどうか。
⑯ 他児に攻撃的な面のある子どもの行動について、全職員が予測して対応するようにしているかどうか。
⑰ 肘内障など起こしやすい子どもを全職員が把握しているかどうか。
⑱ 生活（活動）の切り替えをはっきり行うようにしているかどうか。
⑲ 園外散歩・延長保育など状況にあった人数を配置しているかどうか。
⑳ 事故発生時の連絡・通報ができるように準備できているかどうか。

第2節　年齢別事故防止チェックリスト

クラス担任は、それぞれのクラスで事故防止のために以下のチェックをしましょう。

〈0歳児クラス用・事故防止チェックリスト〉

記入日　　年　　月　　日
記入者氏名（　　　　　　　）

	要　項	チェック
①	園で使用しているベビー用品は、子どもの年齢や使用目的に合ったものを選び、取扱説明書をよく読んでいる。	
②	子どもの周囲に角の鋭い家具・玩具・箱などがないか必ず確認し、危険な物はすぐに片付けている。	
③	ベビーベッドの棚は必ず上げている。	
④	オムツの取り替えなどで、子どもを寝かせたままにしてそばを離れることはない。	
⑤	子どもを抱いている時、自分の足元に注意している。	
⑥	子どもを抱いている時、あわてて階段を降りることはない。	
⑦	寝ている子どもの上に、物が落ちてこないように安全を確認している。	
⑧	ミルクを飲ませた後は、ゲップをさせてから寝かせている。	
⑨	よだれかけの紐を外してから、子どもを寝かせている。	
⑩	ベビーベッドの棚とマットレス、敷布団の間に隙間のないことを確認している。	
⑪	敷布団は硬めのものを使用している。	
⑫	子どもを寝かせる時はあお向けに寝かせ、呼吸状態を確認している。	
⑬	子どもを抱いている時、ドアを勢いよく閉めることがないようにしている。	
⑭	ドアのちょうつがいに、子どもの指が入らないように注意している。	
⑮	ドアをバタバタさせたり、ドアの近くで遊ばせないようにしている。	
⑯	子ども用の椅子は、安定のよいものを使用している。	
⑰	子どもがお座りをする近くに、角や縁の鋭い物がないようにしている。	
⑱	椅子に座っていて急に立ち上がったり、倒れることがないように注意している。	
⑲	つかまり立ちをしたり、つたい歩きをする時は、そばについて見ている。	
⑳	口に物をくわえて歩行させないようにしている。	
㉑	子どもは保育士を後追いすることがあるので注意している。	
㉒	敷居や段差のある所を歩く時は、つまずかないように注意している。	
㉓	子どもの腕を保育士や年上の子どもが強く引っ張ることがないようにしている。	
㉔	子どもが直接触れて火傷をするような暖房器具を使用していない。	
㉕	ビニール袋やゴム風船は、子どもの手の届かない所にしまっている。	
㉖	バケツや子ども用プールに水を溜めおくことはない。	
㉗	沐浴中の子どもから目を離すことはない。	
㉘	ボール遊びでは勢いあまって転倒することがあるので、周囲のおもちゃなどに注意している。	
㉙	バギーに乗せる時は、深く腰掛けさせ、安全ベルトを使用し、そばから離れないようにしている。	
㉚	ウサギや小動物の小屋には、手を入れないように注意している。	

第 2 部　保育と事故防止

〈1歳児クラス用・事故防止チェックリスト〉

記入日　　年　　月　　日

記入者氏名（　　　　　　）

	要　項	チェック
①	子どもの遊んでいる位置を確認している。	
②	遊具の安全を確認している。	
③	すべり台やブランコに乗る時はそばについている。	
④	おもちゃを持ったり、カバンをかけたまま、すべり台で遊ばせることはない。	
⑤	すべり台に多くの子が集まり、押し合いなどしないように注意している。	
⑥	揺れているブランコには近付かないように注意している。	
⑦	子どもが敷居や段差のある所を歩く時は、つまずかないように注意している。	
⑧	階段や玄関などの段差のある所に、子どもが一人で行かないように注意している。	
⑨	階段を上り下りする時は、子どもの下側を歩くか、手をつないでいる。	
⑩	子どもが大きな物や重い物を持って移動する時は、付き添うようにしている。	
⑪	子どもの腕を強く引っ張らないように注意している。	
⑫	肘内障を起こしやすい子どもを、職員全員が把握している。	
⑬	子ども同士が手をつないでいる時、引っ張りあい肘内障になることがあるので注意している。	
⑭	手に怪我をしていたり、ふさがっている時は、バランスをとりにくく転びやすいので注意している。	
⑮	室内・室外で角や鋭い部分にはガードがしてある。	
⑯	椅子に立ちあがったり、椅子をおもちゃにしたりして遊ぶことはない。	
⑰	ロッカーや棚は倒れない物を使用している。	
⑱	ドアを開閉する時、子どもの手や足の位置を確認している。	
⑲	ドアのちょうつがいに手を入れないように注意している。	
⑳	子どもが引き出しやドアを開け閉めして遊んでいることはない。	
㉑	室内は整理整頓し、使用した物はすぐに収納場所に片付けている。	
㉒	ハサミやカッターなどの刃物は、使用したら必ず片付けている。	
㉓	口の中に入ってしまう小さなおもちゃを机の上に置いていない。	
㉔	食べ物の硬さや大きさ、量などを考えて食べさせている。	
㉕	ビニール袋などは、子どもの手の届かない所にしまっている。	
㉖	子どもが鼻や耳に小物を入れて遊ばないように注意している。	
㉗	フォーク・歯ブラシなどをくわえて走り回ることがないようにしている。	
㉘	極端なふざけは注意している。	
㉙	子どもが直接触れて火傷をするような暖房器具を使用していない。	
㉚	床が濡れていたら直ちに拭きとるようにしている。	
㉛	トイレのレバーを操作する時は、手助けをしている。	
㉜	落ち着いて便器に座るように補助している。	
㉝	公園は小さい子どもの安全に十分に配慮していないことがあるので、遊ばせる際には十分に点検している。	
㉞	砂を口に入れたり、目に誤って入ってしまうことがあるので、衛生管理には気を付けている。	
㉟	ウサギなどの小動物と遊ぶ時は、そばについて注意している。	
㊱	散歩の時は、人数確認をしている。	
㊲	道路での飛び出しに注意している。	
㊳	散歩の時は、歩く場所に積荷や看板などが出ていないか点検している。	
㊴	水遊びをする時は、必ず保育者が付き添っている。	

〈2歳児クラス用・事故防止チェックリスト〉

記入日　　年　　月　　日
記入者氏名（　　　　　　）

	要　項	チェック
①	子どもの遊んでいる位置を確認している。	
②	遊具の安全を確認している。	
③	すべり台やブランコに乗る時はそばについている。	
④	おもちゃを持ったり、カバンをかけたまま、すべり台で遊ばせることはないように注意している。	
⑤	すべり台の正しい遊び方を指導し、上でふざけあったり、逆さ登りしたりしないようにしている。	
⑥	揺れているブランコには近づかないように注意している。	
⑦	シーソーは反対側に人が乗ると、急に上がることを教えている。	
⑧	砂場では砂の汚染や量、回りの枠について注意点検をしている。	
⑨	おもちゃの取りあいや、長い物を振り回さないなど砂場での正しい遊び方を指導している。	
⑩	砂場周辺は砂で滑りやすいことを注意し、指導している。	
⑪	鉄棒の近くで遊ぶと勢いあまって衝突することがあることに注意している。	
⑫	三輪車はスピードがつくと転倒しやすいことを教え、遊ばせている。	
⑬	子どもが敷居や段差のある所を歩く時や、外遊びをする時は、つまずかないように注意している。	
⑭	子どもが大きな物や重い物を持つ時は、段差がないか床や地面の状態に注意している。	
⑮	階段や玄関などの段差のある所に、子どもが一人で行くことはない。	
⑯	階段を上り下りする時は、子どもの下側を歩くか、手をつないでいる。	
⑰	室内では衝突を起こしやすいので、人数やルールを考えて遊ばせている。	
⑱	午睡後、十分に覚醒しているか、個々の状態を十分に把握している。	
⑲	子どもの腕を強く引っ張らないように注意している。	
⑳	肘内障を起こしやすい子どもを、職員全員が把握している。	
㉑	子ども同士が手をつないでいる時、引っ張りあい肘内障になることがあるので注意している。	
㉒	手に怪我をしていたり、ふさがっている時は、バランスをとりにくく転びやすいので注意している。	
㉓	室内・室外で角や鋭い部分にはガードをしている。	
㉔	椅子に立ちあがったり、椅子をおもちゃにして遊ぶことはない。	
㉕	ロッカーや棚は倒れないものを使用している。	
㉖	マットは使用後そのままにせず、必ず片付けている。	
㉗	ドアを開閉する時、子どもの手や足の位置を確認している。	
㉘	子どもが引き出しやドアを開け閉めして遊んでいることがないように注意している。	
㉙	室内は整理整頓し、使用した物はすぐに収納場所に片付けている。	
㉚	ハサミやカッターなどの刃物は、使用したら必ず片付けている。	
㉛	フォーク、歯ブラシなどをくわえて走り回ることがないように注意している。	
㉜	口の中に入ってしまう小さなおもちゃを机の上に置くことがないように注意している。	
㉝	食べ物の硬さや大きさ、量などを考えて食べさせている。	
㉞	ビニール袋などは、子どもの手の届かない所にしまっている。	
㉟	子どもが鼻や耳に小物を入れて遊んでいないか注意している。	
㊱	先の尖った物を持っている時は、振り回したりしないよう指導している。	
㊲	子どもが直接触れて火傷をするような暖房器具を使用していない。	
㊳	床が濡れていたらすぐに拭きとるようにしている。	
㊴	水遊びをする時は、必ず保育者が付き添っている。	
㊵	バケツや子ども用プールに水を溜めておくことはない。	

第2部　保育と事故防止

㊶	ウサギなど小動物と遊ぶ時は、そばについて注意している。	
㊷	焚き火の炎は熱いことを教え、立ち入らないように指導している。	
㊸	散歩の時は人数確認をしている。	
㊹	道路の飛び出しに注意している。	
㊺	手をつないで走ると、転んだ時に手をつきにくいことを保育者は理解し、指導している。	
㊻	散歩の時、園が近づくと早く帰園しようとして、走ったり速足になると危険であることを保育者は理解している。	
㊼	公園は園の施設に比べ安全面が十分でないことを知り、慎重に対応している。	
㊽	年齢に合ったアスレチックか、雨などで滑りやすくなっていないかなどを点検して遊ばせている。	
㊾	ジュースの空き缶やタバコなどの危険な物がある時には、口にしないよう指導し、危険な物に気が付いたら片付けるようにしている。	
㊿	犬や動物は咬んだり、鳥はつつくことがあることを子どもに教え、注意している。	

〈3〜5歳児クラス用・事故防止チェックリスト〉

記入日　　年　　月　　日
記入者氏名（　　　　　　）

	要項	チェック
①	子どもの遊んでいる遊具や周りを確認している。	
②	すべり台やブランコ、ジャングルジムなど、遊具の遊び方のきまりを守らせるようにしている。	
③	おもちゃを持ったり、カバンをかけたまま、すべり台やジャングルジムで遊ぶことがないように注意している。	
④	すべり台の上でふざけたり、逆さ登りをしたりさせないようにしている。	
⑤	揺れているブランコには近付かないように注意している。	
⑥	シーソーは反対側に人が乗ると、急に上にあがることを教えている。	
⑦	登り棒の登り方、降り方を指導し、必ず付き添うようにしている（4・5歳児）。	
⑧	砂場では砂の汚染や量、回りの枠について注意点検している。	
⑨	シャベルやヘラの取りあいや、振り回さないなど、砂場での正しい遊び方を指導している。	
⑩	砂場周辺は砂で滑りやすいことを注意し、指導している。	
⑪	鉄棒の近くで遊ぶと勢いあまって衝突することがあることに注意している。	
⑫	鉄棒で遊ぶ時は、必ず横で付き添うようにしている（4・5歳児）。	
⑬	三輪車や足掛けスクーターは、スピードつくと転倒しやすいことを教え、遊ばせている。	
⑭	園庭の状況にあった遊び方を選び、保育者は子どもの行動を常に確認できる状況である。	
⑮	子どもが大きな物を持つ時は、足元の安全に気を配っている（3歳児）。	
⑯	足に合った靴を履いているか確認している（4・5歳児）。	
⑰	縄跳びのロープは使用後片付けるようにしている（5歳児）。	
⑱	フェンスや門など危険な高い所に登らないように指導している（4・5歳児）。	
⑲	室内では衝突を起こしやすいので、人数やルールを考えて遊ばせている。	
⑳	午睡後、十分に覚醒しているか、個々の状態を十分に把握している。	
㉑	子どもの腕を強く引っ張らないように注意している。	
㉒	肘内障を起こしやすい子どもを、職員全体が把握している。	
㉓	子ども同士が手をつないでいる時、引っ張りあい肘内障になることがあるので注意している。	
㉔	手に怪我をしていたり、ふさがっている時はバランスをとりにくく、転びやすいので注意している。	
㉕	室内・室外で角や鋭い部分にガードをしている（3・4歳児）。	
㉖	椅子に立ち上がったり、椅子をおもちゃにしたりして遊ぶことはない（3歳児）。椅子に立ち上がったり、揺らして遊ぶことはない（4歳児）。椅子を後ろに揺すっていたり、後ろ向きに座らないよう、正しい使用法を教えている（5歳児）。	
㉗	ロッカーや棚は倒れないものを使用している。	
㉘	マットは使用後はそのままにせず、必ず片付けている。	
㉙	室内は整理整頓を行い、使用した物はすぐに収納場所に片付けている。	
㉚	ハサミやカッターなどの刃物は、使用したら必ず片付けている（3歳児）。ハサミやピーラーなど正しい使い方をさせ、使用したら必ず片づけている（4・5歳児）。	
㉛	お箸や歯ブラシなどをくわえて走り回ることがないように注意している。	
㉜	食べ物の硬さや大きさ、量などを考えて食べさせている（3歳児）。	
㉝	給食の魚を食べる時は、骨に注意し、食べ方を指導している（4・5歳児）。	
㉞	子どもが鼻や耳にドングリや小物を入れて遊んでいないか注意している（3・4歳児）。	
㉟	調理活動中に包丁を使用する時は、常に付き添い指導を行うようにしている（5歳児）。	
㊱	先の尖った物を持っている時は、人に向けたり、振り回したりしないように指導している。	

㊲	子どもが直接触れて火傷をするような暖房器具を使用していない。	
㊳	床が濡れていたらすぐに拭き取るようにしている。	
㊴	トイレや手洗い場では走らせない。	
㊵	トイレ用の洗剤や消毒液は子どもの手の届かない所に置いている。	
㊶	水遊びをする時は、必ず保育者が付き添っている。	
㊷	ウサギなど小動物と遊ぶ時は、そばについて注意している。	
㊸	焚き火の後は熱いことを教え、立ち入らないように指導している。	
㊹	散歩の時は人数確認をしている。	
㊺	道路では飛び出しに注意している。	
㊻	歩道に危険な物がないか注意している。	
㊼	バイクのマフラーは熱いことがあるので触らせない。	
㊽	手をつないで走ると、転んだ時に手をつきにくいことを保育者は理解し、指導している。	
㊾	散歩の時、園が近づくと早く帰園しようとして走ったり速足になると危険であることを保育者が理解している。	
㊿	前を見て歩かせ、列全体スピードを考え誘導している。	
(51)	坂道は勢いがつくことを保育者は理解し、指導している（５歳児）。	
(52)	公園は園の施設に比べ安全面が十分でないことを知り、慎重に対応している。	
(53)	年齢に合ったアスレチックか、雨などで滑りやすくなっていないかなど点検して遊ばせている。	
(54)	ジュースの空き缶やタバコなど危険な物がある時は、口にしないよう指導し、危険な物に気が付いたら片づけるようにしている（３歳児）。	
(55)	石を人に向かって投げてはいけないことを指導している（４・５歳児）。	
(56)	犬や動物は咬んだり、鳥はつつくことがあることを子どもに教え、注意している。	
(57)	川や海岸では貝殻やガラスなど鋭利な物があることを考え、裸足にしてよいか慎重に判断している（４・５歳児）。	
(58)	蜂の巣がないか点検している（４・５歳）。	
(59)	蜂の嫌がることをすると刺されることを教えている（４・５歳）。	

〈事故リスク軽減のためのチェックリスト〉

記入日　　年　　月　　日

記入者氏名（　　　　　　）

【子どもの持つリスク対策】

	要　項	チェック
①	視診や家庭からの報告より子どもの日々の情緒・体調の把握を行い保育面への配慮を行っている。	
②	危険な行動への注意の喚起をしている。	
③	遊具、園庭、プールでの遊び方の指導を積極的に行っている。	
④	危険を回避するために安全教育を実施している。	
⑤	危険につながる行動については園全体で注意を喚起している。	

【保育者の持つリスク対策】

	要　項	チェック
①	保育者の事故の認識、危険予知能力の向上に努めている。	
②	子ども各人の発達段階や特徴を職員全体で把握している。	
③	子どもの行動予測を十分認識している。	
④	園舎、園庭の特徴の把握とそれらに対する配慮をしている。	
⑤	施設の使用上の連携と協力を職員間で行なっている。	
⑥	職員間で声を掛け合い危険防止の確認をしている。	
⑦	職員間の情報交換とチームワーク作りをしている。	
⑧	クラス担任はクラス全員の状況を把握している。	
⑨	子どもの状況把握のための保育者の位置の確認をしている。	
⑩	午睡時の職員の付き添いと表情の見える明るさの確保をしている。	
⑪	事故原因の分析と防止方法の検討と全職員への注意喚起をしている。	
⑫	子どもの発達に合った遊具の選択と遊び方の指導をしている。	
⑬	保育者間で園庭、プール、固定遊具等の遊び方について確認している。	
⑭	固定遊具で遊ぶ時は保育者が付き添っている。	
⑮	園外の散歩時は異常時に対応できる充分な人数が付き添っている。	
⑯	手をつなぐ相手を歩調の合う子ども同士としている。	
⑰	日案、週案、月案の指導計画に事故防止の配慮も取り上げている。	
⑱	保育カリキュラムの反省時に安全面についても話し合うようにしている。	
⑲	他児に攻撃的な面のある園児の行動については、全職員が予測して対応するようにしている。	
⑳	肘内障など起こしやすい子どもを職員全員が把握している。	
㉑	生活（活動）の切りかえをはっきり行うようにしている。	
㉒	午睡、園庭、散歩、延長保育など状況にあった人数の配置を行っている。	
㉓	クラス担任だけでなく全職員が子どもの事故防止に心がけをしている。	
㉔	発生時の連絡、通報ができるように準備している。	

【施設、設備、遊具の持つリスク対策】

	要　項	チェック
①	園舎内外の施設、設備。遊具について常に安全点検を行っている。	
②	異常発見をした際には早期に修理している。	
③	遊具の破損したものは直ちに片付けるようにしている。	
④	安全点検は毎日、職員全体で協力して行っている。	
⑤	危険な薬品や刃物、千枚通しなどは子どもの手の届かない所で管理している。	
⑥	砂場の深さ、遊具の角、室内備品の置き方や角などについて環境整備を行っている。	

第4章　園舎内外の保育

１．基本的姿勢

　園舎内外の安全については、「人命の尊重」という安全管理の理念を全職員が共通理解し、建物や施設面での安全点検、整備を怠らないことが基本です。

① 建物・構造面・園児数・職員数・地域環境などの違いによる安全への配慮を行う。
② 安全点検は、職員各自が責任個所を分担して絶えず行い、問題点のあると思われる場合は必ず園長に報告する。
③ 突発的な事故を想定（危険予知）し、それに伴う安全チェックポイントの作成をするなど、マンネリ化を防ぐ。

　また、月に一度、園内外安全点検シート及び屋外遊具安全点検表を用いて安全点検を行いましょう。これについては、事務分掌表における安全点検係が行う必要があります。

〈屋内安全点検シート〉

点検日時実施	平成　　年　　月　　日	点検担当者（2名以上）			
	午前／午後　　時　　分〜　　時　　分				

不具合があれば、欄内に✓印と数字を書き入れ、備考欄に記入する。

	項　　目	0歳児	1歳児	2歳児	3歳児	4歳児	5歳児	職員室	休憩室	園長室
保育室	教材や遊具、玩具が散乱していないか									
	教材や遊具、玩具の傷み補修の必要な物はないか									
	ナイフ、はさみ、劇薬などは安全な場所に保管してあるか									
	電器コードが邪魔だったり、劣化したりしていないか									
	コンセント、照明など電気器具は安全な状態であるか									
	照明はすべて正常に点灯するか									
	机、椅子は整理整頓されているか									
	机、椅子は汚れたり、劣化したりしていないか									
	空調は正常に機能しているか									
	壁、床の状態は良く保たれているか									
	ドアの状態は良く保たれているか									

	項　　目	職員用	2歳児	3歳児	4歳児	5歳児
トイレ	洗面台、鏡は清潔に保たれているか					
	洗面台、ペーパータオルホルダーはきちんと固定されているか					
	ペーパータオルの配置は適切であるか					
	手洗い洗剤や消毒液は安全な場所に保管してあるか					
	壁、床の状態は良く保たれているか					
	照明はすべて正常に点灯するか					

	項　　目	廊下1階	テラス1階	廊下2階	テラス2階	備考欄：状態とその対策
廊下・テラス	ペーパータオルの配置は適切であるか					
	手洗い洗剤や消毒液は安全な場所に保管してあるか					
	壁、床の状態は良く保たれているか					
	照明はすべて正常に点灯するか					

	項　　目	給食室	配膳室1階	配膳室2階	
給食・配膳室	洗面台、鏡は清潔に保たれているか				
	洗面台、ペーパータオルホルダーはきちんと固定されているか				
	ペーパータオルの配置は適切であるか				
	手洗い洗剤や消毒液は安全な場所に保管してあるか				
	壁、床の状態は良く保たれているか				
	照明はすべて正常に点灯するか				

第2部　保育と事故防止

〈屋外遊具安全点検シート〉

点検実施日時	平成　　年　　月　　日	点検担当者（2名以上）		
	午前／午後　　時　　分〜　　時　　分			

不具合があれば、欄内に✓印と数字を書き入れ、備考欄に記入する。

	項目	すべり台	鉄棒	ウンテイ	スプリングカー	スウィングカー	ジャングルジム
遊具	摩耗（すり減り）はないか						
	木部・プラスチック部の割れ、腐食はないか						
	金属部分の亀裂、さびはないか						
	金属、パイプ部分は鋭利な状態になっていないか						
	ビス、ボルトの緩み、脱落はないか						
	部品の欠落など、構造に欠損はないか						
	回転、上下運動の不良はないか						
	溶接箇所の不良はないか						
	部分的な安定性は保たれているか						
	全体的に安定しているか						
	身体が触れる箇所の汚れ、危険性はないか						
	塗装の剥離はないか						
	遊具周辺の地面の窪地はないか						
	遊具周辺の地面に危険物が落下していないか						
	コンクリート基礎部分は安全か						

園庭・園舎周辺	水はけ、排水不良はないか
	危険物は落下していないか
	門扉の不具合はないか
	垣根、柵の不具合はないか
	燃えやすいものが放置されていないか
	園児が一人で園外に出られるようになっていないか
	敷地周辺はきれいに保たれているか
	植樹の枝が伸びすぎていないか
	植樹の枝が折れそうになっている箇所はないか
	植樹周辺の枯れ枝、彼はがたくさん散らばっていないか

備考：緊急性のある事項及びその対応

その他の事項とその対応年月日

〈園舎内外で安全点検・整備すべき箇所及び配慮事項〉

場所	予想される状態と配慮
・玄関 ・廊下 ・テラス ・ベランダ ・足洗い場 ・プール	・玄関では段差によるつまずきの恐れがあるので、怪我をしないよう配慮をする。 ・玄関は広く、常に整理整頓し、廊下には物を置かないよう心がける。 ・戸で手を挟まないよう開閉には十分注意し、挟み防止などの工夫をする。 ・雨や冬の日は床が濡れやすいので、湿気をとる工夫をし、滑らないよう注意する。 ・コンクリート床の濡れ、凍結などで滑る恐れのある所は、人工芝、マットなどで滑り止めをする。 ・常設のプールの管理、プールサイドで走らないよう指導する。
・ホール	・広さによる開放感からむやみに走り回らないように注意する（ぶつかり防止）。電子ピアノの蓋の開閉で手を挟まないよう注意する。また。地震などの際には、転倒したり床を滑って動いたりすることを頭に入れておく。 ・非常口や窓のそばには物を置かない（避難経路の確保・転倒防止）。 ・ベランダの塀の上に物を置かない（落下物防止）。
・保育室	・椅子、机は常に整理整頓をし、机を折りたたむ場合は、落ちたり倒れたり手足を挟んだりしないよう注意する。 ・手洗い場の下が濡れないようマットを敷いたり、濡れたらこまめに拭いたりして滑るのを防ぐ。 ・棚やロッカーの上には物を重ねて乗せすぎないようにし、落下を防ぐ。 ・危険と思われる用具は、子どもの手の届かない所定の場所に整理しておく。 ・カバン掛けやタオル掛けなどのフックで、目や体を傷つけることのないよう、取り付けや使用時には十分注意する。 ・テレビ、ピアノは置き場所を考え、転倒や落下を防ぐ。 ・ピアノの蓋の開閉で手を挟まないよう注意する。また、地震などの際には、転倒したり床を滑って動いたりすること
・トイレ	・トイレはタイルが滑りやすいので、ゴムサンダルにするなど履物を工夫したり、常に水気を拭き取っておいたりして注意する。 ・常に清潔を保つように心がける。
・階段	・つまずきによる転倒が予測されるので、手すりにつかまって安全に昇り降りするよう指導する。 ・昇り降りの際に前の子との間隔に気をつけ、押さないよう指導する。 ・手すりの上に乗って下を覗かないように指導する。
・倉庫 ・配膳室 ・調理室	・原則として、子どもは入室禁止。 ・入り口に「入ってはいけない」といった表示をしたり、安全のために鍵をかけたりする。 ・子どもには、火災報知器、コンセントなどに絶対触れないよう指導する。 ・職員は、電気関係の一般的知識を心得ておくこと（危険度、回線路、アンペア、配電盤の知識など）
・園庭 ・非常階段 ・非常すべり台	・固定遊具の点検を定期的に受け、破損箇所があれば修理、修繕の対処を行う。 ・遊具の使用前には点検を行い、危険の有無を確認する。 ・落下が予想される箇所には砂、芝、土、マット、タイヤなどで衝撃を少なくするために配慮をする。 ・止水栓やアスファルトのある箇所は、挟まる、転ぶことに気をつける。 ・庭木は剪定を行い、毛虫や蜂の巣に気をつけ、その駆除を行う。 ・門扉は必ず閉めておくことを徹底する。 ・非常階段、非常用すべり台の安全性について、常日頃から確認しておく。
・医薬品 ・ガス類	・危険物の保管には十分気をつけ、一目で分かるようにして、鍵はしっかりかけて置く。 ・給湯器やガスコンロなどの火気器具の取り扱いには十分注意し、器具の固定や安全柵の取り付けなどを行う。 ・日常、子どもたちに危険物や危険箇所を知らせておき、絶対触れないことや事故の怖さを知らせておく。

第2部　保育と事故防止

第5章　日課に関すること

第1節　基本的姿勢

① 子どもの登降園は、家庭が責任を持って行うことを原則とする。平素と送迎者が代わる場合は、必ず連絡を入れることを徹底し、細心の注意を払うようにする。

② 子どもの病気や怪我などについては、園内の連絡体制を明確にし、適切な処置をする。また、二重対応にならないように、全体の把握や注意に努める。

③ 問題行動のある子は、全職員の協力を得て保育に当たり、行動観察及び一人一人に応じた安全体制に留意する。

④ 保育士・教諭は常に安全確認と確実な人員把握をしなければならない。特に生活や遊びが変わる時には、細心の注意を払うようにする。

⑤ ボタンや木の実、玉類などの異物が耳や鼻などに入らないように注意する。特に、乳児保育を行う時は、床の清掃や危険のないものが落ちていないかなどの点検をする。

⑥ 体やその他の異常が認められた場合には、本人または友だちがすぐに保育士・教諭に伝えるように日頃から指導しておく。

⑦ 不審者の侵入や異物及び毒物の混入などに備えて、日頃から職員用玄関は鍵をかけ、外来者は正面玄関より出入りするように明記するなどの注意を払う。また、それぞれが問題意識を持って過ごし、機敏に行動できるよう定期的に確認し合うようにする。

第2節　主な内容

1．登園時

① 子どもが登園するまでに、非常口の確保、遊び場の点検及び清掃など、安心して保育できる体制を整えておくようにする。

② 子どもは保護者から確実に受けとり、朝の健康観察を確実に行うとともに、常に園児の健康状態、表情や気分に細かく目を配り、出欠確認及び伝達事項を保育一覧表に記入し、伝達も的確に行う。

③ 薬が必要な場合は、必ず直接手渡しでの預かりとする。その場で与薬依頼書の記入内容と薬の確認を行い、不明な点や事故のないように、決められた場所で保管する。

④ アレルギー対応時及び離乳期の乳児については、チェック用紙に基づいた確認だけでなく、視診や保護者からの連絡事項の伝達も的確に行う。

⑤ 早番の保育士・教諭については、登園時間園児数、園児の行動、子どもの状態により、安全確保できる体制で決める。変則勤務体制となるために、役割分担を明確にし、それぞ

れが責任を持つ。
⑥　園の近くに不審な人物・車両などないか確認する（出勤時に目を配る）。
⑦　保護者などからの伝達事項がある場合は、必ずメモして担任あるいは主任に手渡す。

２．遊び

①　保育士・教諭の役割分担を明確にし、それぞれが責任を持って保育にあたり、子どもの人数、活動内容、動きの状態に合わせて、臨機応変に対応する体制を整えておく。
②　保育中に保育士・教諭がその場を緊急に離れる時は、安全の度合いを確かめ、近くにいる保育士・教諭に必ず依頼して行動する。
③　朝夕の自由遊びや複数のクラスが混在して遊ぶ場合などは、常に全体の活動を把握できる保育士・教諭がいることを確認する。
④　活動の内容や遊ぶ場所を変える時、言葉の理解や行動が遅く、一緒について行けなかったり、場所に馴染めない子もいたりするので、その都度子どもの様子を確認して危険のないようにする。

３．食事

①　お茶・汁物・ミルクなどの温度には十分に注意する。
②　熱いものの持ち運びは、保育士・教諭が行う。
③　手洗い手拭き、机や食事の扱いには十分に注意し、衛生に配慮する。
④　食事中は楽しい雰囲気で臨み、姿勢よく、落ち着いて食事が摂れるようにする。
⑤　アレルギーや偏食、食事のペースなどの把握に努め、事故や健康に十分配慮する。
⑥　箸、スプーンやフォーク、歯ブラシなどで遊んだり、口にくわえたままで動き回ったりなど、危険の把握と適切な指導をし、危ない行動につながらないように注意する。

４．午睡

①　午睡中、保育士・教諭は必ず子どものそばにいて、一人一人の健康状態に十分注意するとともに、事故のないように注意する。
②　ＳＩＤＳは０歳児だけの問題ではない。どの年齢も午睡中は目を離さず、少しでも様子がおかしい子は見逃さず、担任みんなが共通意識で対応できるようにする。連絡ノートの記入などは、子どもの近くに座り、子どもに背を向けることのないようにする。年齢に応じての午睡チェック表にチェックする。３歳未満児については必ず５分ごとにチェックをする。
③　口の中に食べ物が残っていないか、健康状態の確認も確実に行う。
④　午睡の場所は、落下物のない非常口付近を避けた安全な場所とし、適切な照度にも注意

する。遮光性の強いカーテンは使用せず、直射日光を避ける程度に調整する。
⑤ 一人一人の生活リズムや休息の必要時間を把握し、無理せずに適度の休息がとれる方法を工夫する。

5．降園時

① 降園時間帯は、子どもの気持ちも落ち着かないので、安全には十分注意し、園児の確認をする。
② 健康状態や小さな怪我、生活の様子を把握し、保護者に不安を残さないよう丁寧な伝達をする。早番等で保護者に直接伝えることができない時は、遅番保育士・教諭に確実に伝えてもらうよう依頼をする。また、遅番保育士・教諭はその内容を確実に伝達する。
③ 不安なくお迎えが待てるような遊びを設定し、通園カバンや防寒具をつけたままで動き回ったりせず、固定遊具で遊ばないなど約束を伝え、安全面に配慮する。
④ 降園は、責任の持てる人であることを確認して確実に行う。特に、保護者や平素保護者から委託を受けて送迎を行う人以外には、保護者からの連絡のある場合を除き、園児を同行させないことを徹底する。不明な点は、その場で保護者に連絡してからの対応とする。
⑤ 各クラスの保育一覧表に降園した園児、連絡事項の記入をし、伝達忘れのないように注意する。

6．長時間保育・延長保育

① 午後6時までの長時間保育では、異年齢児保育クラスでの保育であるので、安全の確保に十分な注意を払う。
② 午後6時からの延長保育では、リラックスできる雰囲気の中にも、より一層の安全に配慮する。
③ 保育一覧表の連絡事項を必ず確認する。
④ 担当保育士・教諭は、人数確認及び園児の安全と連絡に気を付け、保護者に渡すまで責任を持って保育する。

第6章　園外保育

第1節　基本的姿勢

① 保育活動のねらいを明確にする。
② 戸外では行動範囲が広くなり、予想できない事態が発生する恐れがあるので、事前調査、打ち合わせ、事故防止対策など十分検討する。
③ 必要に応じて人数の確認を怠らず行う。
④ 子ども一人一人の行動を、全員が常に把握する。
⑤ 目的、行き先などの計画は、園長の許可を得て実施する。引率は2名以上とし、職員が欠席の時や園児の状態によって、実施を見合わせる。
⑥ 事故発生時の連絡方法を密にしておく。必要時には園の携帯電話を所持する。

第2節　実施前の留意点

① 目的地の下調べをし、危険箇所などは全保育士・教諭が十分把握し検討しておく。また、慣れている場所であっても、気象条件や時期などにより変化があるので、日頃から怠ることなく、状況把握をしっかりしておく。
② 出発前には必ず人数確認を行い、子どもの状態、目的、行き先、道順、予定（所要）時間、保育士・教諭（引率）人数などを園長に報告し、所在を明らかにしておくようにする。また、都合で行き先の変更のあった時は、その都度連絡を入れる。突発的に何かが起こった時など、速やかに対処できるようにする。出発、到着時に園外保育報告ノートに記入し、詳細が分かるようにしておく。
③ 健康状態、情緒面などの子どもの状態を十分に把握するとともに、衣服、履物などについての気配りをする。
④ 安全旗、救急医薬品用具、緊急連絡簿、携帯電話、防犯ブザーや笛、着替え、ティッシュ、ビニール袋など、安全及び緊急に備えての準備をしっかりしておく。

第3節　目的地での留意点

① 当日の気象状況をしっかり把握し、あいまいな自己判断で行動しない。
② 色々な不慮の事故、災害などを想定し、もし事故があった時は、場を離れず園児を守りながら、連絡を速やかにする。
③ 目的地では常に安全に対する配慮を怠らず、全体を見ている保育士・教諭がいて、常に

全園児の行動と安全を確認する。
④ 目的地の状況、遊びの内容により、安全体制の打ち合わせ、役割分担をしっかりとするとともに、状況に応じて、保育士・教諭が臨機応変に対応できる体制を整えておく。
⑤ 保育士・教諭は、子どもがどんな遊びをしているか把握し、安全に十分注意する。
⑥ 園外保育先のトイレは、変質者に注意し、必ず保育士・教諭が同行する。

第4節　集団歩行に関しての留意点

① 列は短くし、適当な間隔をとる。
② なるべく歩道のある所を歩く。少し遠くても横断歩道を選ぶなど、交通ルールを守り安全歩行に気を付ける。
③ 二人ずつ手をつないでいる時は、道路条件に応じて手を離したりし、異年齢の場合は大きい子が車道側になるように手をつなぎ、小さい子に合わせて歩くようにする。
④ 障がい児や年少児が、突発的に列から飛び出したり、野良犬など物的条件で列が乱れたりするなどを予測して、保育士・教諭は絶えず気配りと安全確認をする。
⑤ 保育士・教諭の正しい歩行態度と実施指導で、園児に交通安全の習慣づけを十分に行う。

1．集団歩行の役割

①先頭保育士・教諭
　目的地までの先々の状態に見通しを持って、安全経路を選ぶ。交通の実施指導をしながら誘導する。常に、後に続く全体の安全を確認する。

②中間保育士・教諭
　適当な間隔に位置して、必要に応じて移動しながら適切な安全指導をする。道路を横断する場合は、安全旗をあげ、左右確認の指導と歩行の安全をしっかり監視する。

③後尾保育士・教諭
　最後尾に位置し、全園児の安全確認に努める。中間保育士・教諭がいない時には、後尾保育士・教諭は、中間保育士・教諭の役割もする。

第5節　園外保育の行き先

①児童公園
　事前に固定遊具の安全確認をする。ガラス片、空き瓶など危険物の除去に努める。年齢、発達に合った遊具を選ぶ。危険を伴う遊具、箇所には、保育士・教諭が必ず付き添う。危険な箇所で遊ばないように働きかけ、園児自身にも気付かせていく。

②公的建物や神社・仏閣・教会、川堤防（土手）、田畑、森林等

　ガラス片、空き瓶など危険物の除去に努める。危険を伴う箇所には、保育士・教諭が必ず付き添う。危険な箇所で遊ばないように働きかけ、園児自身にも気付かせていく。

③その他

　踏み切り横断時は、十分注意を払う。

第6節　交通機関利用時の留意点

① 交通マナー及び公共物を大切にする。他の人の迷惑にならないようにするなど、場に応じたマナーを日頃から培っておく。
② 乗り物酔いをする子を把握し、配慮する。
③ 交通機関を利用する時は、車中での保育士・教諭の役割分担を明確にする。
④ 乗り降りの際の人数確認、特に降りる時は危険が大きいので、降りる場所の判断、安全な場所の確保を必ずしておく。
⑤ 保育士・教諭が一番先に降りて、全員の安全確認をする。
⑥ 運転手など乗務員への挨拶を必ずする。同乗者への挨拶など、日頃出合うことが少ない機会であるから、大切な学びの時間とするよう心がける。保育士・教諭は一人の社会人としての見本となるよう心がける。
⑦ 保育士・教諭は、浮き足立つ子どもの気持ちを予測して、座り方や言葉の使い方などに十分な注意を心がけ、事前の学習にも心がけること。

第7節　日帰り園外保育における準備・チェック・注意事項

事前準備

〈場所決め〉
（　　年　　月　　日）
【チェック項目】
☐交通手段・費用
☐時間
☐危険物・危険個所の確認
☐トイレの場所
☐休憩所の場所
☐近隣の医療機関

園内での打ち合わせ

〈園内での打ち合わせ〉
（　　年　　月　　日）
【チェック項目】
☐園児の人数
☐行程
☐バスの運行について
☐職員の配置
☐持ち物
☐注意事項

持ち物チェック項目

☐行程表
☐園児名簿
☐医療用品（職員個人ですぐ出せるもの、救急箱）
　☐絆創膏
　☐ガーゼ
　☐消毒液
　☐湿布薬
　☐体温計
　☐テーピング
　☐包帯
　☐毛抜き
　☐綿棒
　☐ハサミ

☐ハンカチ
☐タオル
☐水
☐ティッシュペーパー
☐ビニール袋
☐カメラ・ビデオ
☐連絡ツール（携帯電話、小銭等）
☐笛
☐拡声器

出発前の園児のチェック

体調は……　☐熱はないか、具合が悪い子がいないかを確認
服装は……　☐通気性のよい帽子をかぶる
　　　　　　☐涼しい時、暑い時は着脱しやすい、動きやすい上着を携行
　　　　　　☐靴は履き慣れたものにする
排泄は……　☐出掛ける前に排泄を済ませる

遠出の時は……
　少し遠出をする時は、事前に「いつ、どこへ」行くのかを、保護者に知らせる。また、園外保育の当日は、体調や機嫌などについて気になる点は、保護者から報告してもらうようにする

現地での注意事項

☐危険な場所（下見時以外の場所を再度確認）
☐園児たちに行ってはいけない場所をわかりやすいく説明する
☐トイレに行かせる時の誘導の仕方をあらかじめ決定する
☐ゴミの処理の仕方を前もって説明する
☐職員配置の決定
☐怪我や事故、急な天候の変化などが起きた時の体制
☐園に戻る時間に変更が起きた時の体制

第7章 危険を伴う遊びについて

第1節 基本的姿勢

① 危険を伴う遊びについては、危険な理由を知らせるとともに、予測される喧嘩や遊びは、絶対に許してはいけない。しかし、すべてを制止するのではなく、自主性や創造性が育つように制止の方法や安全な行動への誘導を常に心がける。

② 遊具の破損による事故は、大きな事故につながるので、構造・材質・機能など、要点を捉えて定期的に点検し、問題点を発見した時は、速やかに適切な処置、対策をとる。

③ 危険を招くような長い髪や爪、安全ピン、紐やレースがついている服、長すぎるズボン、足にあっていない靴などは避けるなど、常に子どもの服装に気を配る。

第2節 主な内容

①回廊
・走らないように言葉かけをする。
・追い越す時は、子ども同士が声をかけるように、言葉かけをする。

②すべり台
・階段を登る時に体に手を添えて、落ちないようにする。
・すべらず上で止まっている子には声をかけたり、保育士・教諭が一緒にすべって降りたりする。
・手を添えてすべるように声をかける。
・すべり台を下から登らないように、みんなで遊ぶ時の注意を繰り返し伝える。
・下に他児がいないことを確認してからすべるように配慮する。
・上の踊り場で遊んだり、ふざけたりしないように注意して見守る。
・衝突しないように、前の子どもがすべり終えてからすべるように声をかける。
・夏期は熱くなるので注意する。
・順番を守り、押したりしないように指導する。

③ウンテイ
・順番を守り、押したり急がせたりしないように声をかける。
・身体を安定させてから次の動作に移るように指導する。
・一方通行を徹底する。

④砂場
・猫の糞や危険なものがないか確認する。週一回は消毒をする。

第2部　保育と事故防止

- ・砂場で使う遊具は、みんなで順番に使えるように声をかける。
- ・近くの他児の顔や頭に砂がかからないよう、注意して遊ぶように声をかける。

⑤三輪車・スクーター

- ・順番を守って使用できるように声をかける。
- ・固定遊具、大型遊具へ持ち込むことは、絶対にしないように注意を喚起する。

⑥ボール・縄（紐）・カラーフープ・竹馬

- ・常に周りの人や物に対して注意して使う習慣をつけるよう指導する。
- ・縄や紐などは、背中・首・腰などを締めつける恐れがあるので、注意して遊ぶよう指導する。また、高い所へは持っていかないようにする。
- ・年齢や遊びに応じた長さ・大きさ・硬さ・材質を使用するよう注意する。

⑦どろんこ・水遊び

- ・砂の中の危険なものや不衛生なものを取り除く。
- ・事前に健康状態を把握しておくようにする。
- ・他児が嫌がることは無理やりしないよう、注意喚起する。
- ・どろんこ遊び後は、体を清潔にする。
- ・周りの人に対して、注意して遊ぶよう声をかける。

⑧プール遊び

- ・家庭と連絡をとり、健康状態を十分把握しておくようにする。
- ・深い所でも50cm位とし、園児の年齢や経験によって水位を変動させる。
- ・保育士・教諭は必ず一緒にいて、絶えず園児の観察をする。
- ・約束事を必ず守るよう指導する。
- ・プールの側や床など、濡れるとすべりやすくなるので環境を工夫する。

⑨リズム遊び・集団遊び・自由遊びなど

- ・床が濡れていないか、物を置いてなく広々としているかなど、環境を整えてから遊び始める。
- ・衝突や転倒は避けにくいが、とっさの時は素早く対応できるよう、身のこなし方を培っておくようにする。

⑩用具（はさみ・パンチ・ホッチキスなど）を使った遊び

- ・子どもの能力に応じて、用具の正しい使い方を個々にしっかり指導する。
- ・使う場所、置き場所を決めておき、持ったまま動き回らないように指導する。

⑪室内遊具

- ・多人数にならないよう気をつける。
- ・清潔に努め、汚れた手や不衛生な手足で遊ばないように指導する。

けが・事故報告書

平成　　年　　月　　日（　　）

時間	誰が (ケガをした人)	誰と	どこで	どのような状況で・どのようなケガか	処置の内容	記入者 (処置者)	報告者 (園・副園長・主事・保護者)	報告者名	園長
時　分						目撃／ビデオ	園・副・主事／保護者		
時　分						目撃／ビデオ	園・副・主事／保護者		
時　分						目撃／ビデオ	園・副・主事／保護者		
時　分						目撃／ビデオ	園・副・主事／保護者		
時　分						目撃／ビデオ	園・副・主事／保護者		
時　分						目撃／ビデオ	園・副・主事／保護者		
時　分						目撃／ビデオ	園・副・主事／保護者		

第3部

衛生管理・応急処置・健康管理

第1章　衛生管理

　感染症の広がりを防ぎ、安全で快適な保育環境を保つためには、日頃からの清掃や衛生管理が重要です。職員間で情報を共有するようにしましょう。そして、職員は日常的に手洗いの習慣を付け、子どもの手本になることが大切です。

第1節　正しい手洗いの方法（30秒以上流水で行う）

　手指に存在する細菌は、常在菌と一過性菌及び緑膿菌などに分類できます。常在菌は皮膚組織に定住しており、皮膚表皮のみならず皮脂腺や汗腺で増殖しています。一般には弱毒性ですが、免疫機能が低下している時には感染症を引き起こす危険性があります。

　一過性菌は皮膚表面に外界から付着する細菌であり、接触により移行することがあります。石けんと流水で20〜30秒間のもみ洗いでほとんど取り除くことができます。

　手洗いには目的に応じて「流水のみ」「流水と石けんや消毒薬」「消毒薬のみ」の手洗いがあります。日常生活における食事の前やトイレの後などは、市販の石けんでもかなりの除菌効果が得られますが、病原微生物の汚染や易感染患者などに接する時などには消毒薬を使用しましょう。

　上手に手を洗うには、指間など洗い損じのないように注意して、もみ洗いの基本に従って少なくとも10〜20秒間行い、手洗い後にはタオルなどからの逆汚染を防ぐことが大切です。

① 液体石けんを泡だて、手のひらをよくこする。
② 手の甲を伸ばすようにこする。
③ 指先、爪の間を洗う。
④ 両指を合体し指の間を洗う。
⑤ 親指を反対の手でにぎり、ねじり洗いをする。
⑥ 手首を洗った後、最後によくすすぎ手を拭く。
⑦ タオルは個別の清潔なものを使用する（1日2回以上交換する）。もしくは、エアードライヤーでしっかり乾かす。

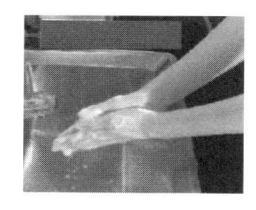

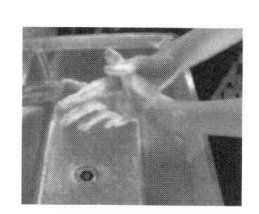

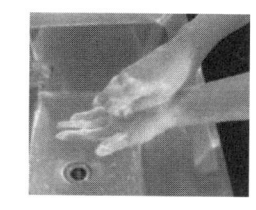

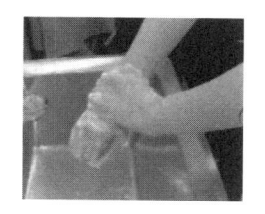

第3部　衛生管理・応急処置・健康管理

第2節　施設内外の衛生管理チェック

〈保育室の衛生管理チェック〉

	要項	チェック
①	季節に合わせ適切な室温（夏季26〜28℃・冬季20〜23℃）、湿度（約60％）の保持と換気	
②	冷暖房器、加湿器、除湿器等の清掃の実施	
③	床、棚、窓、テラスの清掃	
④	蛇口、水切り籠や排水口の清掃	
⑤	歯ブラシの適切な消毒（熱湯、日光、薬液）と保管（歯ブラシが接触しないよう、個別に保管する）	
⑥	個人専用の歯ブラシやタオル、コップなどの日用品を使用	
⑦	遊具等の衛生管理（直接口に触れる乳児の遊具は、その都度湯等で洗い流し、干す。また、午前・午後と遊具の交換を行う。その他の遊具は適宜、水（湯）洗いや水（湯）拭きを行う）	
⑧	ドアノブや手すり、照明のスイッチ（押しボタン）等は水拭きの後のアルコール消毒	

〈食事・おやつの衛生管理チェック〉

	要項	チェック
①	給食室の衛生管理の徹底	
②	衛生的な配膳、下膳	
③	手洗いの励行（個別タオル又はペーパータオルで手を拭く）	
④	テーブル等の衛生管理（清潔な台布巾で水（湯）拭きをする。必要に応じて消毒液で拭く）	
⑤	食後のテーブル、床等の清掃の徹底	
⑥	専用のスプーン、コップなどの食器の使用	

〈調乳室の衛生管理チェック〉

	要項	チェック
①	調乳マニュアルの作成と実行	
②	室内の清掃	
③	入室時の白衣（エプロン）の着用及び手洗い	
④	調乳器具の消毒と保管	
⑤	ミルクの衛生的な保管と使用開始日の記入	

（参考）「児童福祉施設における食事の提供ガイド」
http://www.mhlw.go.jp/shingi/2010/03/s0331-10a.html 18

〈おむつ交換の衛生管理チェック〉

	要項	チェック
①	糞便処理の手順の徹底	
②	交換場所の特定（手洗い場がある場所を設定し、食事の場等との交差を避ける）	
③	交換後の手洗いの徹底	
④	使用後のおむつの衛生管理（蓋つきの容器に保管）及び保管場所の消毒	

〈トイレの衛生管理チェック〉

	要項	チェック
①	毎日の清掃と消毒（便器、ドア、ドアノブ、蛇口や水まわり、床、窓、棚、トイレ用サンダル等）	
②	ドアノブや手すり、照明のスイッチ（押しボタン）等は水拭きの後、アルコール消毒を行うとよい	
③	トイレ使用後の手拭きは、個別タオル又はペーパータオルを使用	
④	汚物槽の清掃及び消毒	

〈寝具の衛生管理チェック〉

要 項	チェック
① 衛生的な寝具の使用	
② 個別の寝具にふとんカバーをかけて使用	
③ ふとんカバーの定期的な洗濯	
④ 定期的なふとん乾燥	
⑤ 尿、糞便、嘔吐物等で汚れた場合の消毒（熱消毒等を行う）	

〈園庭の衛生管理チェック〉

要 項	チェック
① 安全点検表の活用等による安全・衛生管理の徹底	
② 動物の糞、尿等の速やかな除去	
③ 砂場の衛生管理（日光消毒、消毒、ゴミや異物の除去等）	
④ 樹木、雑草、害虫、水溜り等の駆除や消毒	
⑤ 小動物の飼育施設の清潔管理及び飼育後の手洗いの徹底	

〈プールの衛生管理チェック〉

要 項	チェック
① 年少児が利用することの多い簡易用ミニプールも含めて、水質管理の徹底（遊離残留塩素濃度が 0.4mg /L から 1.0 mg /L に保てるように毎時間水質検査を行い、濃度が低下している場合は消毒剤を追加するなど、適切に消毒する）	
② プール遊びの前のシャワーとお尻洗いの徹底	
③ 排泄が自立していない乳幼児には、個別のたらいを用意する（共用しない）などのプール遊びへの配慮	
④ プール遊び後のうがい、シャワーの徹底	

第3節　職員の衛生管理

① 清潔な服装と頭髪にする。

② 爪は短く切る。

③ 日々の体調管理を怠らない。

④ 発熱・咳・下痢・嘔吐がある場合には医療機関で速やかに受診し、周りへの感染対策を徹底させる。

⑤ 保育中及び保育前後の手洗いを徹底する。

⑥ 感染源となりうる物（尿・糞便・吐物・血液等）の安全な処理を徹底する。

⑦ 下痢・嘔吐の症状があったり、化膿創がある職員が食物を取り扱うことを禁止する。

⑧ 咳等の呼吸器症状を認める場合にはマスクを着用する。

⑨ 予防接種歴、罹患歴を把握する（感受性者かどうかの確認）。

第4節　消毒薬の種類と使い方

消毒液は、感染症予防に効果がありますが、使用方法を誤ると有害になることもあります。消毒液の種類に合わせて、用途や希釈等正しい使用方法を守りましょう。

① 消毒剤は子どもの手の届かない所に保管する（直射日光を避ける）。

第3部　衛生管理・応急処置・健康管理

② 消毒液は使用時に希釈し、毎日交換する。
③ 消毒を行う時は子どもを別室に移動させ、消毒を行う者はマスク・手袋を使用する。
④ 希釈するものについては、濃度、消毒時間を守り使用する。
⑤ 血液や嘔吐物、下痢便等の有機物は汚れを十分に取り除いてから、消毒を行う。
⑥ 使用時には換気を十分に行う。

〈消毒液の種類と使い方〉

薬品名	次亜塩素酸ナトリウム	逆性石けん	消毒用アルコール
適応対策	衣類・歯ブラシ・遊具・哺乳瓶	手指・トイレのドアノブ	手指・遊具・便器・トイレのドアノブ
消毒の濃度	＊塩素濃度6％の薬液が一般に市販されている。通常、それを200～300倍に薄めて使用。 ＊汚れを落した後、薬液に10分間浸し、水洗いする。	通常100～300倍の希釈液	原液（70～80％）
留意点	＊漂白作用がある。 ＊金属には使えない。	＊一般の石けんと同時に使うと効果がなくなる。	＊手荒れに注意。 ＊ゴム製品・合成樹脂等は変質するので長時間浸さない。 ＊手洗い後、アルコールを含ませた脱脂綿やウェットティッシュで拭き自然乾燥させる。
有効な病原体	多くの細菌・真菌・ウイルス（HIV・B型肝炎ウイルスを含む）・MRSA	多くの細菌・真菌	多くの細菌・真菌・ウイルス（HIVを含む）・結核菌・MRSA
無効な病原菌	結核菌・一部の真菌	結核菌・大部分のウイルス	ノロウイルス・B型肝炎ウイルス
その他	糞便・汚物で汚れたら、よく拭き取り、300倍希釈液で拭く。	逆性石けん液は、毎日作りかえる。	

（「2012年改訂版　保育所における感染症対策ガイドライン」より作成）

消毒薬の種類と使用法

対象	消毒薬	使用濃度	使用方法
握り玩具	消毒エタノール	0.1～0.2％	清拭
遊具　大型ブロックなどの大型遊具　ブロックなど数が多いもの	塩化ベンザルコミウム（オスバン）	0.05～0.1％	清拭 清拭できないもの） 5分間以上浸し、その後水洗い。ザルやシートの上に広げて天日で乾かす。
シーツなど			水洗い後洗濯し、ビニールに入れて返却。家庭で再度洗濯後日光消毒。
壁や床など	塩化ベンザルコミウム（オスバン）	0.1～0.2％	清拭
ドアノブ・水道ノブ（水栓）	消毒用エタノール		清拭
手、指	消毒用エタノール（手指消毒器）	0.1％	手洗いの後に水分をしっかり取り、消毒液を擦り込む。

1．嘔吐物・下痢便の取り扱いと消毒

① 嘔吐した場合、子どもに近付かないように声をかける。
② 使い捨ての布などで拭き取る。
③ 拭き取った嘔物及び布は、ビニール袋に入れて、再度消毒液を入れてしっかり口を結び捨てる。
④ 逆性石けん水で拭く。
⑤ 感染症が流行っている時期は、次亜塩素酸ナトリウム液で拭く。
⑥ 消毒に使用した雑巾もビニール袋に入れて、再度消毒液を入れてしっかり口を結び捨てる。
⑦ 園児の衣類などが汚れた場合は、すみやかに着替えさせる。汚れた衣類は汚れを水洗いし、ビニール袋に入れてしっかり口を結び、持ち帰らせる。
⑧ 職員が汚れた場合もすみやかに着替える。
⑨ 作業中に触った所があれば、その部分も消毒する。
⑩ 手洗いマニュアルにそって、手洗いをしっかりする。

2．血液の取り扱い

① 鼻血など血液を取り扱う場合は、汚れたティッシュなどは必ずビニール袋に入れしっかり口を結び見えないようにして、園児の手の届かない所に捨てる。
② 衣類についた場合、水で汚れを落し、ビニール袋に入れ、しっかり口を結び持ち帰らす。
③ 作業後は、正しい手洗い方法にそってしっかり手を洗う。

3．おもちゃ・遊具等の消毒の仕方

〈おもちゃ・遊具等の消毒の仕方〉

	普段の取り扱い	消毒方法
ぬいぐるみ・衣類	＊定期的に洗濯 ＊週１回程度の日光消毒 ＊汚れたら随時洗濯	糞便・嘔吐物で汚れたら、汚れを落とし、塩素濃度６％の次亜塩素酸ナトリウム系消毒液を300倍に希釈した液に10分間浸し水洗いする。 ＊汚れがひどい場合は処分する。
洗える物	＊定期的に流水で洗い日光消毒 ・乳児がなめたりする物は毎日洗う ・乳児クラス週１回程度 ・幼児クラス３ヶ月に１回程度	嘔吐物で汚れた物は、塩素濃度６％の次亜塩素酸ナトリウム系消毒液を300倍に希釈した液に浸し日光消毒する。
洗えない物	＊定期的に湯拭きまたは日光消毒 ・乳児がなめたりする物は毎日拭く ・乳児クラス週１回程度 ・幼児クラス３ヶ月に１回程度	嘔吐物で汚れたらよく拭き取り、塩素濃度６％の次亜塩素酸ナトリウム系消毒液を300倍に希釈した液で拭き、日光消毒する。塩素分やアルコール分は揮発する。

（「2012年改訂版　保育所における感染症対策ガイドライン」より作成）

第3部　衛生管理・応急処置・健康管理

第2章　感染症

　ウイルスや細菌などの病原体が人や動物などの宿主の体内に侵入し、発育・増殖することを「感染」といい、その結果、何らかの臨床症状が現れた状態を「感染症」といいます。病原体が体内に侵入してから症状が現れるまでにはある一定の期間があり、これを「潜伏期間」といいます。潜伏期間は病原体によって異なり、乳幼児がかかりやすい感染症の潜伏期間を知っておくことが必要です。

　感染症が発生するには、その原因となる「病原体」、その病原体が宿主に伝播される「感染経路」、そして病原体の伝播を受けた「宿主に感受性」が存在することが必要です。病原体、感染経路、感受性宿主を、感染症成立のための三大要因といいます。乳幼児期の感染症の場合は、これらに加えて宿主である乳幼児の年齢等の要因が病態に大きな影響を与えます。子どもの命と健康を守る保育園や幼稚園においては、全職員が感染症成立の三大要因、潜伏期間や症状について熟知することが必要です。

　また、子どもは、病気にかかりながら免疫力を付けていきます。風邪程度の軽症なものから重症化した場合は、命に関わるような怖いものまで色々あります。保育園・幼稚園は毎日長時間にわたり生活をする場所で、集団での遊びなど濃厚な接触の機会が多く、飛沫感染や接触感染への対応が非常に難しい状況にあり、発症した場合には、その流行の規模を最小限にすることが大事です。そのためには、乳幼児の特性や感染症に対する正しい知識を理解し適切な対応をすることが必要になってきます。とりわけ、乳児は床をはったり、手に触れるものを何でもなめます。しかも、正しいマスクの付け方や適切な手洗いの仕方、物品の衛生的な取り扱いなどの基本的な衛生対策が、十分にできない年齢です。

　さらに、1歳未満の乳児には、生理学的特性として、以下があげられます。
① 母親の胎盤を通してもらっていた免疫が生後数ケ月以降に減り始めるので、感染症にかかりやすい。
② 成人と比べると鼻道や後鼻孔が狭く、気道も細いため、風邪などで粘膜が腫れると息苦しくなりやすい。
③ 年長児や成人と比べ、体内の水分量が多く、一日に必要とする体重当たりの水分量が多く、発熱・嘔吐・下痢などによって体内の水分を失ったり、咳や鼻水等の呼吸器症状のために哺乳量や水分補給が低下すると脱水症状になりやすい。

1．感染経路
① 空気感染：感染している人が咳くしゃみをした時に、口から病原体が飛びだし、病原体が空気中に広がり近くだけでなく遠くにいた人も吸い込んで感染する。
② 飛沫感染：感染している人が咳くしゃみをした時のしぶきと一緒に病原体が飛びだし、

近くにいる人が吸い込むことで感染する。1〜2m飛ぶ。

③　接触感染：感染した人に触れることで感染する直接接触と、汚染されたものを触って感染が広がる間接接触がある。

④　経口感染：口に入ったもので感染する。

⑤　糞口感染：便の中に排出されたウイルスが口に入って感染する。

第1節　主な感染症

次頁からは、感染症の一覧表です。

第3部　衛生管理・応急処置・健康管理

感染症名	病原体	潜伏期間	感染経路	症　　状	診　断	治療方法	予防方法	感染期間	登園の目安	園において留意すべき事項
麻しん（はしか）	麻しんウイルス	8～12日（7～18日）	空気感染 飛沫感染 接触感染	①カタル期：38℃以上の高熱、咳、鼻汁、結膜充血、目やにがみられる。熱が一時下がる頃、コプリック斑と呼ばれる小斑点が頬粘膜に出現する。感染力はこの時期が最も強い。②発しん期：一時下降した熱が再び高くなり、耳後部から発しんが現れて下方に広がっていく。発しんは赤みが強く、少し盛り上がっている。融合傾向があるが、健康皮膚面を残す。③回復期：解熱し、発しんは出現した順に色素沈着を残して消退する。＜合併症＞中耳炎、肺炎、熱性けいれん、脳炎	臨床診断後、抗体検査を行う。更に診断確定のため、保健所をとおしてウイルス遺伝子検査等を行う。	対症療法	麻しん風しん混合ワクチン（定期接種／緊急接種）、麻しん弱毒生ワクチン。1歳になったらなるべく早く原則として麻しん風しん混合ワクチンを接種する。小学校就学前の1年間（5歳児クラス）に2回目の麻しん風しん混合ワクチン接種を行う。	発熱出現1～2日前から発しん出現後の4日間	解熱した後3日を経過するまで（病状により感染力が強いと認められたときは長期に及ぶこともある）	・入園前の健康状況調査において、麻しんワクチン接種歴、麻しん既往歴を母子健康手帳で確認し、1歳以上の未接種、未罹患児にはワクチン接種を勧奨する。入園後にワクチン接種状況を再度確認し、未接種であれば、ワクチン接種を勧奨する。 ・麻しんの感染力は非常に強く1人でも発症したら、すぐに入所児童の予防接種歴、罹患歴を確認し、ワクチン未接種で、未罹患児には、主治医と相談するよう指導する。 ・接触後72時間以内にワクチンを接種することで発症の予防、症状の軽減が期待できる（緊急接種）。対象は6か月以上の子ども。 ・接触後4日以上経過し、6日以内であれば、筋注用ガンマグロブリン投与で発症予防する方法もある。 ・児童福祉施設等における麻しん対策については、「学校における麻しん対策ガイドライン」（国立感染症研究所感染症情報センター作成）を参考にする。（http://idsc.nih.go.jp/disease/measles/guideline/school_200803.pdf）
風しん（三日はしか）	風しんウイルス	16～18日（通常14～23日）	飛沫感染 接触感染	発熱、発しん、リンパ節腫脹。発熱の程度は一般に軽い。発しんは淡紅色の斑状丘疹で、顔面から始まり、頭部、体幹、四肢へと拡がり、約3日で消える。リンパ節腫脹は有痛性で頸部、耳介後部、後頭部に出現する。＜合併症＞関節炎	臨床的診断、ウイルス分離、血清学的診断	対症療法	麻しん風しん混合ワクチン（定期接種）、風しん弱毒生ワクチン。1歳になったらなるべく早く原則として、麻しん風しん混合ワクチンを接種する。小学校就学前の1年間（5歳児クラス）に2回目の麻しん風しん混合ワクチン接種を行う。	発しん出現前7日から発しん出現後7日間まで（ただし解熱すると急速に感染力は低下する。）	発しんが消失するまで	・妊娠前半期の妊婦が風しんにかかると、白内障、先天性心疾患、難聴等の先天異常の子どもが生まれる（先天性風しん症候群）可能性があるため、1人でも発生した場合は、送迎時に注意を促す。 ・保育所職員は、感染リスクが高いのであらかじめワクチンで免疫をつけておく。 ・平常時から麻しん風しんワクチン接種を受けているか確認し、入所児童のワクチン接種率を上げておく。

97

感染症名	病原体	潜伏期間	感染経路	症　　状	診　　断	治療方法	予防方法	感染期間	登園の目安	園において留意すべき事項
水痘（みずぼうそう）	水痘・帯状疱疹ウイルス	14〜16日（10〜21日）	空気感染 飛沫感染 接触感染	発しんは体幹から全身、頭髪部や口腔内にも出現する。紅斑から丘疹、水疱、痂皮の順に変化する。種々の段階の発しんが同時に混在する。発しんはかゆみが強い。<合併症>皮膚の細菌感染症、肺炎、まれに血小板減少性紫斑病、脳炎を合併する。	臨床的診断、水疱中の水痘・帯状疱疹ウイルスの検出、抗原の検出、血清学的診断	アシクロビル等の抗ウイルス薬の内服	水痘弱毒生ワクチン（任意接種／緊急接種）	発しんが出現する1〜2日前からすべての発しんが痂皮化するまで	すべての発しんが痂皮化するまで	・水痘の感染力は極めて強く集団感染をおこす。・免疫力が低下している児では重症化する。・接触後72時間以内にワクチンを接種することで発症の予防、症状の軽減が期待できる（緊急接種）。・妊婦の感染により、先天性水痘症候群という先天異常や、分娩5日前〜分娩2日後に母親が水痘を発症した場合、生まれた新生児は重症水痘で死亡することがある。
流行性耳下腺炎（ムンプス、おたふくかぜ）	ムンプスウイルス	16〜18日（12〜25日）	飛沫感染 接触感染	発熱、片側ないし両側の唾液腺の有痛性腫脹（耳下腺が最も多いが顎下腺もある）耳下腺腫脹は一般に発症3日頃が最大となり6〜10日で消える。乳児や年少児では感染しても症状が現れないことがある。	対症療法	おたふくかぜ弱毒生ワクチン（任意接種）	ウイルスは耳下腺腫脹前7日まで唾液から検出耳下腺の腫脹出現3日から腫脹出現後4日間が感染力が強い。	すべての発しんが痂皮化するまで	・集団発生を起こす。好発年齢は2〜7歳。・合併症として無菌性髄膜炎、難聴（片側性が多いが両側性）、急性脳炎を起こすことがある
インフルエンザ	インフルエンザウイルスA/H1N1亜型 AH3N2亜型 B型	1〜4日 平均2日	飛沫感染 接触感染	突然の高熱が出現し、3〜4日間続く。全身症状（全身倦怠感、関節痛、筋肉痛、頭痛）を伴う。呼吸器症状（咽頭痛、鼻汁、咳嗽）いう）約1週間の経過で軽快する。	ウイルス臨床的診断、ウイルス抗原の検出（迅速診断キット）、ウイルス分離、血清学的診断	発症後48時間以内に抗ウイルス薬（オセルタミビル、ザナミビル等）の服用・吸入を開始すれば症状と罹病の軽減と罹病	インフルエンザワクチン（任意接種）シーズン前に毎年接種する。6か月以上13歳未満は2回接種による抗体上昇は、接種後5ヶ月まで持続する	症状が有る期間（発症前24時間から発病後3日程度までが最も感染力が強い）	発症した後5日を経過し、かつ解熱した後2日を経過するまで（幼児にあっては、3日を経過するまで）	・日本では毎年冬季（12月上旬〜翌年3月頃）に流行する。・飛沫感染対策として、流行期間中は、可能なものは全員が咳エチケットに努める。特に職員は厳守すること。・接触感染対策としての手洗いの励行を指導する。・消毒は発症者が直接触り唾液などのの体液が付着しているものを中心に行う。・加湿器等を用いて室内の湿度・温度を

第3部　衛生管理・応急処置・健康管理

疾患名	病原体	潜伏期間	感染経路	症状	診断	治療	ワクチン	感染期間	主な症状（登園のめやす）	備考
咽頭結膜熱（プール熱）	アデノウイルス3、4、7、11型	2〜14日	飛沫感染接触感染プールでの目の結膜からの感染もある	39℃前後の発熱、咽頭炎（咽頭発赤、咽頭痛）頭痛、食欲不振が3〜7日続く。眼症状として結膜炎（結膜充血）、涙が多くなる、まぶしがる、眼脂	臨床診断迅速診断キット（アデノウイルス抗原）	対症療法	ワクチンなし	咽頭から2週間、糞便から数週間排泄される。（急性期の最初の数日間が最も感染性あり）	主な症状（発熱、咽頭発赤、眼の充血）が消失してから2日を経過するまで	・発生は年間を通じてであるが、夏季に流行がみられる。 ・手袋や手洗い等の接触感染予防、タオルの共用は避ける。 ・プールの塩素消毒そのものではないが、状況によってはプールを一時的に閉鎖する。 ・感染者は気道、結膜、糞便、おむつ等からウイルスを排泄しているので、おむつの中にウイルスを排泄しないよう注意（治った後も便の中にウイルスが30日間程度排出される） ・職員の手を介して感染が広がらないように、特におむつ交換後の流水・石けんによる手洗いは厳重に行う。
百日咳	百日咳菌	7〜10日（5〜12日）	鼻咽頭や気道からの分泌物による飛沫感染、接触感染	感冒様症状からはじまる。次第に咳が強くなり、1〜2週間で特有な咳発作になる（コンコンと咳き込んだ後にヒューという笛を吹くような音を立てて息を吸う）。咳は夜間に悪化する。合併症がない限り発熱は少ない。	確定のための抗体検査での抗体検査は特にワクチン接種者の場合評価が難しい	除菌にはマクロライド系抗菌薬（エリスロマイシン14日間）	DPTワクチン（定期接種）生後3か月になったらDPTワクチンを開始する。2012年11月1日以降は、DPT・不活化ポリオ（IPV）4種混合ワクチンが定期接種として使用開始。発症者の家族や濃	感染力は感染初期（咳が出現してから2週間以内）が最も強い。抗菌薬を投与しないと約3週間排菌が続く。抗菌薬治療開始後7日で感染力はなくなる。	特有な咳が消失するまで又は5日間の適正な抗菌性物質製剤による治療を終了するまで	・咳が出ている子にはマスクの着用を促す。 ・生後6か月以内、特に早産児とワクチン未接種者の百日咳は合併症の発現率や致死率が高いので特に注意する。 ・成人の長引く咳の一部が百日咳であることが最近注目されている。小児のような特徴的な咳発作がないので注意する。 ・乳児早期では典型的な症状は出現

（上段の疾患についての備考欄）
・園児たちが過ごしやすい環境に保つ。
・送迎者が罹患している時は、送迎を控えてもらう。どうしても送迎せざるを得ない場合は、必ずマスクを着用してもらう。
・咽頭拭い液や鼻汁からウイルス抗原を検出する（ただし発熱出現後約半日以上経過しないと正しく判定できないことが多い）。
・抗ウイルス薬を服用した場合、解熱は早いが、ウイルスの排泄は続く。対症療法として用いる解熱剤は、アセトアミノフェンを使用する。
・抗ウイルス薬の服用に際しては、服用後の見守りを丁寧に行う。

（下段の疾患、インフルエンザ関連の備考）
らといってインフルエンザに罹患しないということはない。乳幼児の場合、成人と比較してワクチンの効果は低い。

感染症名	病原体	潜伏期間	感染経路	症状	診断	治療方法	予防方法	感染期間	登園の目安	園において留意すべき事項
				り。発熱はない。<合併症>肺炎、脳症			厚接触者にはエリスロマイシンの予防投与をする場合もある			せず、無呼吸発作からチアノーゼ、けいれん、呼吸停止となることがある。
結核	結核菌（Mycobacterium tuberculosis）	2年以内 特に6ヶ月以内に多い。初期結核後、数十年後に症状が出現することもある。	空気感染 飛沫感染 経口・接触 経胎盤感染もある 感染源は喀痰（かくたん）の塗抹検査で結核菌陽性の肺結核の患者	初期結核 栗粒結核 二次性肺結核 結核性髄膜炎 乳幼児では、重症結核の栗粒結核、結核性髄膜炎になる可能性がある。 栗粒結核 リンパ節などの病変が進行して菌が血液を介して散布されると、感染は全身に及び、肺では栗粒様の多数の小病変が生じる。症状は発熱、咳、呼吸困難、チアノーゼなど。 結核性髄膜炎 結核菌が血行性に脳・脊髄を覆う髄膜に到達して発病する最重症型。高熱、頭痛、嘔吐、意識障害、痙攣、死亡例もある。後遺症の恐れもある。	喀痰（あるいは胃液）の塗抹培養検査、ツベルクリン反応、インターフェロンγ放出試験（クオンティフェロン検査）	抗結核薬	BCGワクチン	喀痰の塗抹検査が陽性の間	医師により感染のおそれがなくなったと認められるまで（異なった日の喀痰の塗抹検査の結果が連続して3回陰性となるまで）	・成人結核患者（家人が多い）から感染する場合が大半である。 ・1人でも発生したら保健所、嘱託医等と協議する。 ・排菌がなければ集団生活を制限する必要はない。

第3部 衛生管理・応急処置・健康管理

疾患名	病原体	潜伏期間	感染経路	症状	検査	治療	予防	病原体排出期間	登園のめやす	備考
腸管出血性大腸菌感染症	腸管出血性大腸菌（ベロ毒素を産生する大腸菌）O157、O26等	3〜4日（1〜8日）	経口感染、接触感染、生肉（特に牛肉）、水、生牛乳、野菜等を介して経口感染もある。患者や保菌者の便からの二次感染もある。	激しい腹痛、頻回の水様便、さらに血便。発熱は軽度＜合併症＞溶血性尿毒症症候群、脳症（3歳以下での発症が多い。）	便培養	脱水の治療（水分補給・補液）抗菌薬療法（慎重に利用）	食品の十分な加熱、手洗いの徹底	便中に菌が排泄されている間	症状が治まり、かつ、抗菌薬による治療終了し、48時間あけて連続2回の検便によっていずれも菌陰性が確認されたもの	・衛生的な食材の取扱いと十分な加熱調理。・接触感染対策としての手洗いの励行。・プールで集団発生が起こることがある。低年齢児の簡易プールには十分注意する（塩素消毒基準を厳守する）。・乳幼児では重症化しやすい。・患者発生時には速やかに保健所に届け、保健所の指示に従い消毒を徹底する。・乏尿や出血傾向、意識障害等、溶血性尿毒症症候群の合併を示唆するので速やかに医療機関を受診する。・無症状病原体保有者の場合、排泄症状が確立している5歳以上の小児は出席停止の必要性はない。
流行性角結膜炎（はやり目）	アデノウイルス 8、19、37型	2〜14日	接触感染、飛沫感染、流涙や眼脂で汚染されたタオルから感染することが多い。	流涙、結膜充血、眼脂、耳前リンパ節の腫脹と圧痛を認める。角膜に傷が残ると、後遺症として視力障害を残す可能性がある。	迅速抗原検査、ウイルス分離	対症療法	ワクチンはない	発症後2週間	医師において感染の恐れがないと認められるまで（結膜炎の症状が消失してから）	・集団発生することがある。・手洗い励行、洗面器具やタオルの共用をしない。・ウイルスは1ヶ月ほど排泄されるので、登園してからも手洗いを励行する。
急性出血性結膜炎	エンテロウイルス	1〜3日	飛沫感染、接触感染、経口（糞口）感染	急性結膜炎で結膜出血が特徴	臨床診断	対症療法	眼脂、分泌物にふれない	ウイルス排出は呼吸器から1〜2週間、便からは数週間から数ヶ月	医師において感染の恐れがないと認められるまで	・洗面器具やタオルの共用を避ける。・ウイルスは1ヶ月程度、便中に排出されるので登園しても手洗いを励行する。

感染症名	病原体	潜伏期間	感染経路	症　状	診　断	治療方法	予防方法	感染期間	登園の目安	園において留意すべき事項
帯状疱疹	神経節に潜伏していた水痘・帯状疱疹ウイルスの再活性化による。	不定	接触感染　水痘が形成されている間は感染力が強い	小水疱が神経の支配領域にそった形で片側性に現れる。正中は越えない。神経痛、刺激感を訴える。小児では掻痒を訴える場合が多い。小児期に帯状疱疹になった子は、胎児期や1歳未満の低年齢罹患例が多い。	臨床的診断	抗ウイルス薬（アシクロビル等）	細胞性免疫を高める作用有り（水痘ワクチン）帯状疱疹の予防は効果作用に含まれていないため現在臨床治験中	すべての発しんが痂皮化するまで	すべての発しんが痂皮化するまで	・水痘に対して免疫のない児が帯状疱疹の患者に接触すると、水痘を発症する。・保育所職員は発しんがすべて痂皮化するまで保育を控える。
溶連菌感染症	A群溶血性レンサ球菌	2～5日　膿痂疹（とびひ）では7～10日	飛沫感染　接触感染	上気道感染では突然の発熱、咽頭痛を発症しばしば嘔吐を伴う。ときには猩紅そう様の発しんがりんごの大の発しんが出現する。感染後数週間してリウマチ熱や急性糸球体腎炎を合併することがある。	抗原の検出、細菌培養、血清学的診断	抗菌薬の内服（ペニシリン等10日間）症状が治まっても決められた期間抗菌薬を飲み続ける。	発病していないヒトに予防的に抗菌薬を内服させることは推奨されない。	抗菌薬内服後24時間が経過するまで	抗菌薬内服後24～48時間経過していること。但し、治療の継続は必要	・乳幼児では、咽頭に特異的な変化を認めることは少ない。・膿痂疹は水疱から始まり、痂皮へとすすむ。子どもに多くみられるが成人に感染することもある。
感染性胃腸炎（ロタウイルス感染症・	ロタウイルス、ノロウイルス、アデノウイルス等	ロタウイルスは1～3日　ノロウイルスは12～48時間後	経口（糞口）感染、接触感染、食品媒介感染　吐物の感染力は高く、乾燥してエアロゾル化した吐	嘔気／嘔吐、下痢（乳幼児は、黄色よりに白色調であることが多い）発熱、合併症として、脱水、けいれん、脳症、肝炎、	ロタウイルスは便の迅速抗原検査、ノロウイルスは迅速抗原検査遺伝子検査	対症療法　脱水に対する治療（水分・電解質の補給）、制吐剤、整腸剤	ロタウイルスに対してはワクチンがある。	症状の有る時期が主なウイルス排泄期間	嘔吐・下痢等の症状が治まり、普段の食事ができること	・冬に流行する乳幼児の胃腸炎を始めどがウイルス性である。・ロタウイルスは3歳未満の乳幼児が中心で、ノロウイルスはすべての年齢層で患者がみられる。・ウイルス量が少量でも感染するので、集団発生に注意する。・症状が消失した後もウイルスの排泄は2～3週間ほど続くので、便などの取扱いに注意する。

第3部　衛生管理・応急処置・健康管理

	潜伏期間	感染経路	症状	検査	治療	予防	感染期間	登園の目安	ポイント
(ノロウイルス感染症)		物から空気感染もある							・ノロウイルス感染症では嘔吐物にもウイルスが含まれる。嘔吐物の適切な処理が重要である。 ・食器等は、熱湯（1分以上）や0.05-0.1%次亜塩素酸ナトリウムを用いて洗浄。 ・食品は85度、1分以上の加熱が有効。
RSウイルス感染症	4〜6日（2〜8日）	飛沫感染 接触感染 環境表面でかなり長い時間生存できる。	発熱、鼻汁、咳嗽（がいそう）、喘鳴、呼吸困難<br〈合併症〉 乳児期早期では細気管支炎、肺炎で入院が必要となる場合が多い。 生涯にわたって感染と発病を繰り返すが、特に乳児期の初感染では呼吸状態の悪化によって重症化することが少なくない。	抗原迅速診断キット 鼻汁中からRSウイルス抗原の検出	対症療法 重症例には酸素投与、補液、呼吸管理	ハイリスク児にはRSウイルスに対するモノクロナール抗体（パリビズマブ）を流行期に定期的に注射し、発症予防または軽症化を図る。	通常3〜8日間（乳児では3〜4週）	重篤な呼吸器症状が消失し全身状態が良いこと	・毎年冬季に流行する。9月頃から流行し、初春まで続くとされてきたが、近年では夏季より流行が始まるようになってきている。 ・非常に感染力が強く、施設内感染に注意が必要。 ・生後6か月未満の児は重症化しやすい。 ・ハイリスク児（早産児、先天性心疾患、慢性肺疾患を有する児）では重症化する。 ・一度の感染では終生免疫を獲得できず再感染する。 ・年長児や成人の感染者は、症状は軽くても感染源となりうる。保育所職員がかぜ症状のある場合には、分泌物の処理に気を付け、手洗いをこまめに行う。 ・特に0・1歳児クラスでは、発症した園児から感染した職員が、自分が感染しているとの自覚がないまま他の園児に感染を広げてしまう可能性が高いと考えられるため、園内で患者が発生している場合は0歳児クラス、1歳児クラスの職員は勤務時間中はマスクの装着を厳守して咳エチケットに努め、また手洗い等の手指衛生を徹底する。

感染症名	病原体	潜伏期間	感染経路	症状	診断	治療方法	予防方法	感染期間	登園の目安	園において留意すべき事項
A型肝炎	A型肝炎ウイルス	15〜50日（平均28日）	糞口感染（家族・室内）食品媒介感染（生の貝類等）	急激な発熱、全身倦怠感、食欲不振、悪心、嘔吐で始まる。数日後に解熱するが、3〜4日後に黄疸が出現する。完全に治癒するまでには1〜2ヶ月を要することが多い。	IgM型HAV抗体の検出	対症療法	A型肝炎ワクチン（16歳以上）濃厚接触者には免疫グロブリンやワクチンを予防的に投与	発症1〜2週間前が最も排出量が多い。	肝機能が正常であること	・集団発生しやすい。 ・低年齢の乳幼児では不顕性感染のまま糞便中にウイルスを排泄していることが多い。 ・黄疸発現後1週間を過ぎれば感染性は低下する。
マイコプラズマ肺炎	肺炎マイコプラズマ	2〜3週間（1〜4週間）	飛沫感染	咳、発熱、頭痛などの風邪症状がゆっくりと進行し、特に咳は徐々に激しくなる。しつこい咳が3〜4週間持続する場合もある。中耳炎、鼓膜炎、発疹を伴うこともあり重症例では呼吸困難になることもある。	血清学的診断 マイコプラズマ特異的IgM抗体の検出等	抗菌薬療法。幼児にはマクロライド系が第1選択であるが、近年マクロライド系抗菌薬耐性のマイコプラズマが増加。	ワクチンはない	臨床症状発現時がピークで、その後4〜6週間続く。	発熱や激しい咳が治まっていること（症状が改善し全身状態が良い）	・肺炎は、学童期、青年期に多いが、乳幼児では典型的な経過をとらない。
手足口病	エンテロウイルス71型、コクサッキーウイルスA16、A6、A10型等	3〜6日	飛沫感染 糞口感染（経口）接触感染	水疱性の発しんが口腔粘膜及び四肢末端（手掌、足底、足背）に現れる。水疱は痂皮形成せずに治癒する場合が多い。発熱は軽度であり、口内炎がひどくて、食事がとれないこと	臨床的診断	対症療法	ワクチンはない	唾液へのウイルスの排泄は通常1週間未満、糞便への排泄は発症から数週間持続する。	発熱がなく（解熱後1日以上経過し）、普段の食事ができること 流行の阻止を狙っての登園停止はウイルスの排出期間も	・夏季（7月がピーク）に流行する。 ・回復後もウイルスは、呼吸器から1〜2週間、糞便から2〜4週間にわたって排泄されるので、おむつ等の排泄物の取扱いに注意する。 ・遊具は個人別にする。 ・手洗いを励行する。 ・エンテロウイルスは無菌性髄膜炎の原因の90％を占め、稀に脳炎を伴った重症になることがある。

第3部　衛生管理・応急処置・健康管理

ヘルパンギーナ	コクサッキーウイルスA群	3〜6日	飛沫感染 接触感染 糞口感染（経口）	突然の高熱（1〜3日間続く）、咽頭痛、口蓋垂付近に水疱疹や潰瘍形成。咽頭痛がひどく食事、飲水ができないことがある。 <合併症>熱性痙攣、脱水症	臨床的診断	対症療法	ワクチンはない	唾液へのウイルスの排泄は通常1週間未満。糞便への排泄は発症から数週間持続する。	発熱がなく（解熱後1日以上経過し）、普段の食事ができること	・1〜4歳児に好発。 ・6〜8月にかけて多発する。 ・回復後もウイルスは、呼吸器から1〜2週間、糞便から2〜4週間にわたって排泄されるので、おむつ等の排泄物の取扱いに注意する。 ・コクサッキーA6型の手足口病では、爪が剥離する症状が後で見られることがある。
伝染性紅斑（リンゴ病）	ヒトパルボウイルスB19	4〜14日（〜21日）	飛沫感染	軽いかぜ症状を示した後、頬が赤くなったり手足に網目状の紅斑が出現する。発しんが治っても、直射日光にあたったり、入浴することで発しんが再発することがある。稀に妊婦の罹患により流産や胎児水腫が起こることがある。 <合併症>関節炎、溶血性貧血、紫斑（しはん）病	臨床的診断 血清学的診断	対症療法	ワクチンはない	かぜ症状が発現してから顔に発しんが出現するまで	発しんが出現した頃にはすでに感染力は消失しているので、全身状態が良いこと	・幼児、学童期に好発。 ・保育所で流行中は、妊婦はなるべく避けるか、マスクを装着する。 ・発症前にもっとも感染力が強いので対策が難しい疾患である。
単純ヘルペス感染症	単純ヘルペスウイルス	2日〜2週間	接触感染（水疱内にあるウイルス）	歯肉口内炎、口周囲の水疱、歯肉が腫れ、出血しやすく、口内痛も強い。治癒後は潜伏感染し、体調が悪い時に再燃する。	臨床的診断	アシクロビル等の内服、静注、軟膏	ワクチンはない	水疱を形成している間	発熱がなく、よだれが止まり、普段の食事ができること（歯肉口内炎のみであればマスクがあれば個人別にする）	・免疫不全の児、重症湿疹のある児との接触は避ける。 ・アトピー性皮膚炎などに単純ヘルペスウイルスが感染すると、カポジ水痘様発疹症を起こすことがある。これは、水痘とは全く別の疾患である。 ・遊具は個人別にする。

感染症名	病原体	潜伏期間	感染経路	症　状	診　断	治療方法	予防方法	感染期間	登園の目安	園において留意すべき事項
				ウイルスの再活性化が起こり、口角、口唇部の皮膚粘膜移行部に水疱を形成する（口唇ヘルペス）。					ク着用で登園可能）	
突発性発しん	ヒトヘルペスウイルス6及び7型	約10日	飛沫感染 経口感染 接触感染	38℃以上の高熱（生まれて初めてこの高熱である場合が多い）が3～4日間続いた後、解熱とともに体幹部を中心に鮮紅色の発しんが出現する。軟便になることがある。咳や鼻汁はみられず、発熱のわりに機嫌がよく、哺乳もできることが多い。<合併症>熱性けいれん、脳炎、肝炎、血小板減少性紫斑病等	臨床的診断	対症療法	驚異的な予防方法は確立されていない ワクチンはない	感染力は弱いが、発熱中は感染力がある。	解熱後1日以上経過し、全身状態が良いこと	・生後6か月～24か月の児が罹患することが多い。 ・中には2回罹患する小児もいる。1回目はヒトヘルペスウイルス6、2回目はヒトヘルペスウイルス7が原因の突発疹が多い。 ・施設内で通常流行することはない。 ・既感染の人の唾液からウイルスが検出される
伝染性膿痂疹（とびひ）	黄色ブドウ球菌、A群溶血性レンサ球菌	2～10日 長期の場合もある	接触感染	湿疹や虫刺された痕を掻爬した部に細菌感染を起こし、びらんや水疱病変を形成する。掻痒感を伴い、病巣は掻過部に広がる。アトピー性皮膚炎が有る場合には重症になることがある。	臨床的診断	経口抗菌薬と外用薬が処方されることがある。	皮膚の清潔保持	効果的治療開始後24時間まで	皮疹が乾燥しているか、湿潤部位が被覆できる程度のものであること	・夏に好発する。 ・子どもの爪は短く切り、掻爬による感染の拡大を防ぐ。 ・手指を介して原因菌が周囲に拡大するため、十分に手を洗う習慣をつける。 ・湿潤部位はガーゼで被覆し、他の児が接触しないようにする。皮膚の接触が多い集団保育では、浸出液の多い時期には出席を控える方が望ましい。 ・市販の絆創膏は浸出液の皮膚の吸収が不十分なため同部の皮膚にかゆみを生じ、感染を拡大することがある。 ・治癒するまではプールは禁止する。

第3部 衛生管理・応急処置・健康管理

名称	潜伏期間	感染経路	症状	診断	治療	感染力のある期間	登園の目安	備考
アタマジラミ	10〜14日 成虫まで2週間	接触感染（頭髪から頭髪への直接接触、衣服や帽子、櫛、寝具を介する感染）	小児では多くが無症状であるが、吸血部分にかゆみを訴えることがある。	頭髪の中に虫体を確認するかが毛髪に付着している卵を見つける。卵はフケと間違われることもあるが、フケと違って容易には動かない。	駆除薬（スミスリンパウダー）の使用駆除薬は効果が弱いため、孵化期間を考慮して3〜4日おきに3〜4回繰り返す。	産卵から最初の若虫が孵化するまでの期間は10日から14日である。	駆除を開始していること	シャンプーを使い毎日洗髪する。タオル、くし、帽子などの共用を避け、衣類、シーツ、枕カバー等を熱湯（55℃、10分間で死滅）で洗う。又は熱処理（アイロン、クリーニング）	・保育施設では頭を近づけて遊ぶことが多く、午睡などで伝播の機会が多い。・家族内でも伝播するので、家族同時に駆除することが重要。・感染拡大予防法として、炎症症状の強い場合や化膿した部位が広い場合は傷に直接さわらないよう指導する。
伝染性軟属腫（ミズイボ） 伝染性軟属腫ウイルス（イボの白い内容物中にウイルスがいる。）	2〜7週間 時に6ヶ月まで	接触感染 皮膚の接触やタオル等を介しての感染。	直径1〜3mmの半球状丘疹で、表面は平滑で中心部に臍窩を有する。四肢、体幹等に数個〜数十個が集族してみられることが多い。自然治癒もあるが、数カ月かかる場合がある。自然消失を待つ間に他へ伝播することが多い。アトピー性皮膚炎等、皮膚に病変があると感染しやすい。	臨床診断 特徴的な皮疹より診断可能	自然消失を待つ方法もあるが、摘除は最も確実で簡便な方法であるが、子どもには恐怖と疼痛を伴う。	不明	掻きこわし傷から滲出液が出ているときは被覆すること	直接接触を避ける。ワクチンはない	・幼児期に好発する。・プールや浴槽内の水を介して感染はしないが、ビート板や浮き輪、タオル等の共用は避ける。プールの後はシャワーで体をよく流す。・かき壊さないよう気をつける

感染症名	病原体	潜伏期間	感染経路	症状	診断	治療方法	予防方法	感染期間	登園の目安	園において留意すべき事項
B型肝炎	B型肝炎ウイルス(HBV)	急性感染では45～160日(平均90日)	母子など垂直感染 父子や集団生活での水平感染 歯ブラシ等の共用によるや水平感染 性行為感染 最近、成人になっても慢性化率の高い遺伝子型AのB型肝炎ウイルスが海外から入ってきて国内で広がっている。	乳幼児期の感染は無症候性に経過することが多いが、持続感染に移行しやすい。 急性肝炎の場合全身倦怠感、発熱、食欲不振、黄疸など。 慢性肝炎では、自覚症状は少ない	血液中のHBs抗原・抗体とHBe抗原・抗体検査 ウイルスの定量検査	急性肝炎に対は症療法 慢性肝炎にはインターフェロン療法 最近は抗ウイルス剤の使用も行われる。	B型肝炎ワクチン 平成24年11月現在、厚生科学審議会感染症分科会予防接種部会では、任意接種の7つのワクチンのうち、B型肝炎ワクチンは広く接種することが望ましいと提言を出しているが、B型肝炎ワクチンもその7つの中に含まれている。 世界保健機構(WHO)ではすべての子どもにワクチン接種を推奨している。	HBs抗原、HBe抗原陽性の期間を含めのB型肝炎ウイルスが検出される期間	急性肝炎の場合、症状が消失し、全身状態が良いこと。 キャリア、慢性肝炎の場合、登園に制限はない。	・新生児期を含め4歳頃までに感染を受けるとキャリア化する頻度が高い(キャリアとはHBs抗原陽性の慢性HBV感染者のこと) ・HBV母子感染予防対策事業(HBsヒト免疫グロブリンとB型肝炎ワクチン)が開始され母子感染による感染は激減した。 ・母子感染だけではなく、父子感染や集団生活での感染等、水平感染の報告もある。 ・入園してくる乳幼児がキャリアであるか否かを事前に知ることは困難である。 一般に、血液・滲出液に触れることは、感染リスクが高い。このため、血液・滲出液に触れるときは使い捨て手袋を着用し、血液・滲出液が目や口に入らないように気をつける。特に、職員が手に傷を負っている場合、傷のある皮膚や粘膜で直接的な接触をしないよう、傷を覆うようにする。 ※体液(尿、唾液など)に、傷のある皮膚で触れることで感染するリスクも考えられるので、同様の対応を心掛けることが望ましい。 ※職員が手に傷を負っている場合は、自分の血液・滲出液することも、すべての人に一般的な感染対策を講じ、集団生活の場で他人のウイルスから感染する、あるいは感染させることのないよう配慮する。 ・キャリアの子どもが非常に攻撃的で、噛みつきや出血性疾患を起こすリスクが高い場合は、主治医、施設長、保育者が個別にリスクを評価して対応する。

(「2012年改訂版 保育所における感染症対策ガイドライン」より作成)

第2節　症状別対応とケア

1．発熱

〈保育可能なケース〉

＊前日38℃を超える熱が出ていない。
・熱が37.5℃以下で元気があり機嫌がよく、顔色がよい。
・食事や水分が摂れている。
・発熱を伴う発疹が出ていない。
・排尿の回数が減っていない。
・咳や鼻水を認めるが増悪していない。
・24時間以内に解熱剤を使っていない。
・24時間以内に38℃以上の熱が出ていない。

〈園を休むのが望ましいケース〉

＊発熱期間と同日の回復期間が必要
・朝から37.5℃を超えた熱とともに元気がなく機嫌が悪い。食欲がなく、朝食・水分が摂れていない。
・24時間以内に解熱剤を使用している。
・24時間以内に38℃以上の熱が出ていた。

＊1歳以下の乳児（上記にプラスして）
・平熱より1℃以上高い時（38℃以上ある時）。

〈保護者への連絡が必要なケース〉

＊38℃以上の発熱がある。
・元気がなく機嫌が悪い。
・咳で眠れず目覚める。
・排尿回数がいつもより減っている。
・食欲がなく水分が摂れない。
注）熱性痙攣の既往児は医師の指示に従う。

〈至急受診する必要があるケース〉

＊38℃以上の発熱の有無に関わらず、
・顔色が悪く苦しそうな時。
・小鼻がピクピクして呼吸が速い時。
・意識がはっきりしない時。
・頻繁な嘔吐や下痢がある時。
・不機嫌でぐったりしている時。

・痙攣が5分以上治まらない時。
・3ヶ月未満児で、38℃以上の発熱がある時。

〈対応・ケア〉

＊発熱とともにポツポツとしたものが身体に出てきたり、感染症の疑いがある時は早めに受診する。

・経口補水液（OS－1・アクラライト）・湯ざまし・お茶などで水分補給をする。
・熱が上がって暑がる時は、薄着にし涼しくする。氷枕などを使ったり、小さい赤ちゃんには水枕などで冷やす。
・手足が冷たい時、寒気がある時は部屋の温度や服の調節をして温かくする。微熱の時は水分を補給して、静かに過ごす。30分後くらいに様子を見て再度熱を測る。
・吐き気がなく熱だけであれば、本人が飲みたいだけ水分を与える。
・汗をかいたら体を拭き着替えをする。
・高熱の時は、嫌がらなければ、首の付け根・脇の下・足の付け根を冷やす。

〈0～1歳児の特徴〉

突然の発熱では、突発性発疹の可能性がある。時には熱性痙攣を起こすことがある。発熱時は目を離さず注意深く観察する。発熱時、耳をよく触る時は中耳炎の可能性があるので耳鼻科を受診する。

〈熱性痙攣既往歴がある場合〉

・入園時に保護者から痙攣が起こった時の状況や、前駆症状について聞いておくようにする。
・解熱していても、発熱後24時間は自宅で様子をみる。
・発熱及び痙攣時の連絡・対応等を主治医から指導内容を確認する。（例：37.5℃以上、保護者への連絡先、病院等）
・室温：（夏）26～28℃（冬）20～23℃
・湿度：高め
・換気：1時間に1回
・外気温との差：2～5℃

2．下痢

〈保育可能なケース〉

・感染の恐れがないと診断された時。
・24時間以内に2回以上の水様便がない時。
・食事・水分を摂っても下痢がない時。
・発熱を伴わない時。

・排尿がある時。

〈園を休むのが望ましいケース〉
　・24時間以内に2回以上の水様便がある時。
　・食事や水分を摂ると下痢がある時（一日に4回以上の下痢）。
　・下痢に伴い体温がいつもより高めである時。
　・朝、排尿がない時。
　・機嫌が悪く、元気がない時。
　・顔色が悪くぐったりしている時。

〈保護者への連絡が必要なケース〉
　・食事や水分を摂ると刺激で下痢をする時。
　・腹痛を伴う下痢がある時。
　・水様便が2回以上みられる時。

〈至急受診する必要があるケース〉
　・元気がなく、ぐったりしている時。
　・下痢の他に機嫌が悪く食欲がなく、発熱や嘔吐・腹痛を伴う時。
　・脱水症状と思われる時（下痢と一緒に嘔吐、水分が摂れない、唇や舌が乾いている、尿が半日以上でなくて量が少なく色が濃い時。
　・米のとぎ汁のような水様便が数回出ている時。
　・血液や粘液、黒っぽい便の時。

〈対応・ケア〉
　・感染予防のため、適切な便処理を行う。
　・繰り返す下痢・発熱、嘔吐等他の症状を伴う時は、別室で保育する。
　・嘔吐や吐き気がなければ下痢で水分が失われるので、経口補水液（OS－1・アクアライト）・湯ざまし・お茶などを少量ずつ頻回に与える。
　・食事の量を少なめにし、乳製品は控え消化の良いものにする。
　・お尻がただれやすいので清潔にする。
　・診察を受ける時は、診療機関によっては便の一部を持っていくと、診断の目安になるのでよい（便の付いた紙おむつでも可）。
　・下痢便は刺激が強く、おしりがただれやすいので清潔にする。入浴ができない場合は、おしりだけでもお湯で洗う。
　・弱酸性の石けんをよく泡立て、こすらず、あてるように洗う。
　・洗った後は、柔らかいタオルでそっと押さえながら拭く。

〈感染予防のため適切な便処理と手洗いを〉
- 液体石けんで30秒以上手洗いをしっかりと行う。
- 便が飛び散らないように、オムツ交換は決めた場所で行う。
- 使い捨てのオムツ交換シート（新聞紙でも可）を敷き一回ずつ取り替える。
- 処理する場合は必ず手袋をはめる。激しい下痢の時は、使い捨てマスク・使い捨てエプロンを使用する。
- 汚れた紙おむつはビニール袋に入れ、しっかりビニール袋の口をしばる。
- オムツ交換時に使用した手袋・オムツ交換シートはビニール袋に入れ、しっかりとビニール袋の口をしばる。
- 処理に使用したものは、毎回しっかり密閉して、回収日まで屋外に出す。
- 便の処理後は手洗い・うがいをする。
- 下痢便で汚染された衣類は大きな感染源になる。園では洗わずに家庭に返す。
- そのまま洗濯機で他の衣類と一緒に洗うと洗濯漕内が汚染される。マスクと手袋をした上で、バケツを用いて周りに飛び散らないように水洗いし、汚水はトイレに流す。そして、0.1％塩素系消毒液に30〜60分間浸すか、85℃以上で1分間以上になるように熱湯消毒してから洗濯機で洗う。

〈ノロウィルスに対する消毒効果〉
  ＊塩素系と表示されているものが消毒効果がある。
  ＊アルコール性製剤や酸素系と表示があるものは消毒効果はない。

〈1％の塩素系消毒液の作り方〉
① 家庭用塩素系漂白剤を水で薄めて作る。
② 用意するものは、500mℓペットボトル、塩素系漂白剤（約5％）、ゴムまたはビニール手袋。
③ ペットボトルに少量の水を入れる。
④ こぼさないように漂白剤10cc（ペットボトルのキャップ2杯）を入れ、その後水をいっぱい入れる。
⑤ ペットボトルの蓋をしっかりと閉め、よく振る。
⑥ 作った消毒液は時間の経過とともに効果が減少してくので、作り置きせずに使い切る。

〈下痢の時の食事〉
- 消化吸収の良い、おかゆ、野菜スープ、煮込みうどん等少量ずつゆっくり食べさせる。経口補水液（OS-1・アクアライト）・湯ざまし・お茶などの水分補給（医師の指示により使用する）。
- 下痢の時に控えたい食べ物は、脂っこい料理や糖分を多く含む料理やお菓子や香辛料の多い料理や食物繊維を多く含む食事（ジュース・アイスクリーム・牛乳・ヨーグル

第3部　衛生管理・応急処置・健康管理

ト・肉・脂肪分の多い魚・芋・ごぼう・海草・豆類・乾物・カステラ）。

3．嘔吐

〈保育可能なケース〉

・感染の恐れがないと診断された時。
・24時間以内に2回以上の嘔吐がない時。
・発熱を伴わない時。
・水分摂取ができ食欲がある時。
・機嫌がよく元気である時。
・顔色が良い時。

〈園を休むのが望ましいケース〉

・24時間以内に2回以上の嘔吐がある時。
・嘔吐に伴い体温がいつもより高めである時。
・食欲がなく水分も欲しがらない時。
・機嫌が悪く、元気がない時。
・顔色が悪く、ぐったりしている時。

〈保護者への連絡が必要なケース〉

・咳を伴わない嘔吐がある時。
・元気がなく機嫌、顔色が悪い時。
・2回以上の嘔吐があり、水を飲んでも吐く時。
・吐き気がとまらない時。
・お腹を痛がる時。
・下痢を伴う時。

〈至急受診する必要があるケース〉

・嘔吐の回数が多く顔色が悪い時。
・元気がなく、ぐったりしている時。
・水分を摂取できない時。
・血液やコーヒーかすのようなものを吐いた時。
・頻回の下痢や血液の混じった便が出た時。
・発熱・腹痛の症状がある時。
・脱水症状と思われる時（尿が半日以上出ない、落ちくぼんで見える目、唇や舌が乾いている）。

〈対応・ケア〉

・何をきっかけに吐いたのか（咳で吐いたのか、吐き気があったのかなど）確認する。

・感染症が疑われる時は、他児を別の部屋に移動させる。
・口の中に嘔吐物が残っていれば見えているものを丁寧に取り除く。
・うがいのできる子どもは、うがいをして口をきれいにする。
・次の嘔吐がないか様子をみる。嘔吐を繰り返す場合は脱水症状に注意する）。
・寝かせる場合は、嘔吐物が気管に入らないように体を横向きに寝かせる。
・30分程度後に、吐き気がなければ様子を見ながら水分を少量ずつ与える。
注）頭を打った後に嘔吐を繰り返したり、意識がぼんやりしている時は、横向きに寝かせて大至急脳外科のある病院へ受診する。強い衝撃が加わった場合は、頸椎保護も行う。

〈嘔吐物の処理方法〉
① 窓を開け、部屋の換気をする。
② 嘔吐物を拭きとる（処理する場合は必ず手袋をはめる）。嘔吐物を布やペーパータオルなどで外側から内側に向けて静かに拭き取る。
③ 嘔吐の場所を消毒する。嘔吐物が付着していた床とその周囲を塩素系消毒液をしみこませた布やペーパータオル等で覆うか、浸すように広めに拭く。塩素系消毒液は金属を腐食させる性質があるので10分程度たったら水拭きする。
④ マスク、エプロン、ゴム手袋・雑巾など処理に使用したものは、ビニール袋に入れ、塩素系消毒液をしみこむ程度に入れて捨てる。
④ 処理後手洗い、うがいをして状況により着替える。汚れた衣類はそのまま洗濯機で他の衣類と一緒に洗うと洗濯漕内全体も汚れてしまう。マスクと手袋をしたうえで、バケツを用いて水洗いして嘔吐物を十分落としてから、0.1％塩素系消毒液に30〜60分浸すか85℃以上で1分間以上になるように熱湯消毒し、洗濯機で洗う。
⑤ 汚れた衣類は感染予防のため、園では洗わずに、ビニール袋に入れて返す。

4．咳
〈保育可能なケース〉
＊前日38℃を超える熱がでていない時。
・喘鳴や呼吸困難がない時。
・続く咳がない時。
・呼吸が速くない時。
・37.5℃以上の熱を伴っていない時。
・機嫌がよく元気である時。
・朝食や水分が摂れている時。

第3部　衛生管理・応急処置・健康管理

〈園を休むのが望ましいケース〉

＊前日に発熱がなくても、
- 夜間しばしば咳のために起きる時。
- 喘鳴や呼吸困難がある時。
- 呼吸が速い時。
- 37.5℃以上の熱を伴っている時。
- 元気がなく機嫌が悪い時。
- 食欲がなく朝食・水分が摂れていない時。
- 少し動いただけで咳がでる時。

〈保護者への連絡が必要なケース〉

＊38℃以上の発熱がある。
- 咳があり眠れない。
- ゼイゼイ、ヒューヒュー音があり眠れない。
- 少し動いただけでも咳がでる。
- 咳とともに嘔吐が数回ある。

〈至急受診する必要があるケース〉

＊38℃以上の発熱に伴い、
- ゼイゼイ・ヒューヒュー音がして苦しそうな時。
- 朝は熱がなかったが、発熱を伴い息づかいが荒くなった時。
- 水分が摂取できない時。
- 犬の遠吠えのような咳が出る時。
- 顔色が悪く、ぐったりしている時。

＊元気だった子どもが突然咳こみ、呼吸が苦しそうになった時。

〈対応・ケア〉

- 気管に入らないように上半身を起こして、少量ずつ湯ざまし、お茶など少しずつ与え、水分補給をする。柑橘系の飲み物は、咳を誘発することがあるのでできれば避ける。
- 咳込んだら前かがみの姿勢をとり、背中をさすったり、やさしくトントンとたたくと、少し楽になる。
- 乳児は顔を向き合わせて立て抱きにして、背中をさするか、やさしくトントンとたたく。
- 部屋の換気・湿度・温度の調節をする。目安として夏は26〜28℃、冬20〜23℃、湿度は50〜60％。気候の変化や乾燥により、体調が変わるので注意する。
- 静かに過ごすようにし、呼吸を整える。
- 横になる時は、上半身を少し高くすると寝やすい（45度くらい）。

〈呼吸が苦しい時の観察ポイント〉
- 呼吸が速い（多呼吸）。
- 息を吸う時に比べて、吐く時が2倍近く長くなる（呼気の延長）。
- 肩を上下させる（肩呼吸）。
- 胸や喉が呼吸のたびに引っ込む（陥没呼吸）。
- 呼吸のたびに、ゼーゼー息苦しそうにしている。
- 息苦しくて横になることができない（起座呼吸）。
- 小走りしている時に、咳込む。
- 小鼻をピクピクさせる呼吸（鼻翼呼吸）。

〈正常な呼吸数〉

新生児：40～50回/分

乳　児：30～40回/分

幼　児：20～30回/分

5．発疹

〈保育可能なケース〉
- 受診の結果、感染の恐れがないと診断された時。

〈園を休むのが望ましいケース〉
- 発熱とともに発疹のある時。
- 今までになかった発疹が出て感染症が疑われ、医師より登園を控えるよう指示された時。
- 口内炎のため食事や水分が摂れない時。
- とびひ（顔等で患部を覆えない時。浸出液が多く他児への感染の恐れがある時。痒が強く手で患部を掻いてしまう時）。

〈保護者への連絡や受診が必要なケース〉

＊発疹が時間とともに増えた時。
- 発熱してから数日後に熱がやや下がるが、24時間以内に再び発熱し赤い発しんが全身に出てきた。熱は1週間くらい続く（麻しん）。
- 微熱程度の熱が出た後に、手の平、足の裏、口の中に水疱が出る。膝やおしりに出ることもある（手足口病）。
- 38℃以上の熱が3～4日続き下がった後、全身に赤い発しんが出てきた（突発性発しん）。
- 発熱と同時に発しんが出てきた（風しん、溶連菌感染症）。
- 微熱と両頬にりんごのような紅斑が出てきた（伝染性紅斑）。

第3部　衛生管理・応急処置・健康管理

・水疱状の発しんがある。発熱や痒みは個人差がある（水痘）。

＊その他の発疹等を伴う病気
・蕁麻疹・アセモ・カンジダ症・疥癬・鵞口瘡（口内炎）・エンテロウイルス感染症・薬疹。
・食物摂取後に発しんが出現し、その後消化器や呼吸器に症状が出現してきた場合は至急受診が必要。

〈対応・ケア〉
・体温が高くなり、汗をかくと痒みが増すので部屋の環境や寝具に気を付ける。目安として、夏の室温は26〜28℃、冬の室温は20〜23℃、湿度は50〜60％。
・爪は短くやすり等を使って角を丸くする。皮膚を傷つけないように心がける。
・木綿等の皮膚に刺激の少ない下着や服を着るようにする。
・口内炎がある時は、痛みで食欲が落ちるので食事に気を付ける。

〈口内炎がある時はこんな食材を〉
・バナナ・おかゆやパンがゆ・うどん・ヨーグルト・豆腐・ゼリー等つるんとして飲み込みやすいものが食べやすい。少量でも高エネルギーのものを何回かに分けて食べる。
・酸味の強い物・固い物・塩味の強い物・熱すぎるものは控える。

〈発しんの観察〉
・時間と共に増えていかないか。
・出ている場所は（どこから出始めて、どうひろがったか）。
・発疹の形は（盛り上がっているか、どんな形か）。
・痒がるか。
・痛がるか。
・他の症状はないか。

6．インフルエンザ

　感染している人が咳やくしゃみをした際に、口から飛ぶ飛沫を近くにいる人が吸い込むことで感染します。また、感染源である人に触れたり、汚染されたものを介したりすることで伝播します。

　感染した時の症状は、突然の高熱が出現し、3〜4日続く。全身症状（全身焦燥感・関節痛・筋肉痛・頭痛）を伴い、呼吸器症状（咽頭痛・鼻汁）がありますが、約1週間の経過で軽快する。肺炎・中耳炎・熱性けいれん・脳症を併発する可能性があるので、注意が必要です。

　予防方法としては、外出後の手洗いやうがい、加湿器を用いた適度な温度・湿度の保持、十分な休養とバランスのとれた栄養摂取、流行時には不要不急の外出を控える等が主な予防法です。なお、ワクチン接種の効果は、年齢が低いほど低く、乳児への接種の有効性は認め

られません。1歳から6歳未満の幼児への有効性は、おおむね20〜30％程度と報告されています。このため、ワクチン接種をしても罹患する場合があり、常に子どもの健康観察と上記の予防を行うことが必要です。

〈インフルエンザ患者が職員に出た場合〉
- インフルエンザを罹患した職員は、家族全員の外出を控える。また、最低1週間は出勤停止。もしくは、解熱した翌日から2〜5日間の出勤停止。
- 家族からインフルエンザが出た時も、同様に出勤停止とする。
- 完治するまでは、職場復帰しない。
- 園長は、保健所にインフルエンザが出たことを報告する。
- 全職員はマスク着用する。冬季の流行期以外の場合は、全職員は予防接種をすること。
- 貼り紙、掲示板などで保護者への注意喚起を促す。その際、「当園の職員がインフルエンザになりました」といった文面でお知らせをする。
- 他職員でインフルエンザ症状のあるものは、直ちに病院受診をする。その際は、病院にインフルエンザに感染している可能性のあることを電話で伝え、病院側の指示に従って受診する。必ずマスクを着用して病院内に入る。
- 冬季以外での流行の兆しがある場合は、緊急のお知らせを保護者全員に配布する様にし、注意喚起する。この時は、1週間に1回程度、事実に基づいた経過を貼り紙にて知らせるようにする。
- 感染の危険がなくなった時期には、終息宣言を出す。同時に、保健所に終息したことを報告する。

〈インフルエンザ患者が園児に出た場合〉
- 掲示板、貼り紙などで保護者への注意喚起を促す。同時に、園長は保健所にインフルエンザが出たことを報告する。
- 毎日の罹患数を掲示板で知らせる。
- 保育中に37.5℃以上発熱した場合は、お迎えをお願いするようにし、翌日はお休みしてもらい、子どもの様子を見てもらうようにする。
- インフルエンザを発症した園児は、処方された薬を5日間は飲みきってもらい、解熱した翌日から2日以上は登園を控えてもらう。
- インフルエンザ流行時期において、登園している園児が発熱した場合は、保護者が迎えに来るまで、担任と共に園長室（あるいは休憩室）に、他の園児と隔離する。
- きょうだい児には、登園を控えてもらう。また、掲示板や張り紙等で保護者に注意喚起を促す。
- 冬季以外での流行の兆しがある場合は、緊急のお知らせを保護者全員に配布するようにし、注意喚起する。この時は、1週間に1回程度、経過を掲示にて知らせるようにし、

第3部　衛生管理・応急処置・健康管理

感染の危険がなくなった時期には、終息宣言を出す。同時に、保健所に終息したことを報告する。

〈新型インフルエンザについて〉

新型インフルエンザとは、冬季に流行する季節性インフルエンザとは異なる遺伝子のインフルエンザウイルスが、人から人に感染する能力を持つことによって発症するインフルエンザです。このインフルエンザに対しては、一般に免疫をもっていないため、通常のインフルエンザに比べると、感染が拡大しやすく、世界的な大流行（パンデミック）となり、大きな健康被害と社会的影響をもたらすことが懸念されています。

このため、国において平成17年にWHO世界インフルエンザ事前対策計画に準じた新型インフルエンザ対策行動計画を策定し、その後、平成20年4月に「感染症の予防及び感染症の患者に対する医療に関する法律」（平成10年10月2日法律第114号）及び「検疫法」（昭和26年6月6日法律第201号）の一部を改正し、水際対策など新型インフルエンザ対策の強化が図られました。さらに、平成21年2月には、行動計画の抜本的な改定が行われ、「新型インフルエンザ対策行動計画」及び「新型インフルエンザ対策ガイドライン」が示されています。

現在の行動計画及びガイドラインは、強毒性の鳥インフルエンザ（H5N1）を念頭に策定されていることから、平成21年にメキシコ等で発生し、同年5月に国内での発生が確認された新型インフルエンザ（A/H1N1）の対策については、行動計画をそのまま適用するのではなく、ウィルスの特徴を踏まえた対策を講じることとし、平成21年5月22日の「基本的対処方針」及び平成21年10月1日に改定された「医療の確保、検疫、学校・保育施設等の臨時休業の要請等に関する運用指針」により、その対策が図られています。

今後の新型インフルエンザへの対策については、季節性インフルエンザと同様、本ガイドラインを参考に予防の徹底を図りながら、国や自治体からの情報を正確に収集し、冷静かつ適切に行わなければなりません。各保育園・幼稚園において、国や自治体のガイドラインや運用指針等に基づき、子どもと保護者への対応を十分に考慮し、感染症発生時における臨時休園等を含む緊急時の対応について、保護者に協力を求めておくことが必要です。その際、それぞれの保護者の就労状況や家庭の状況を十分に考慮し、適切に助言し、対応します。また、地域の発生状況の把握のため、普段から関係機関と連絡、連携を密にし、情報交換できるようにしておくことが大切です。

7．腸管出血性大腸菌感染症（O-157、O-26、O-111等）

腸管出血性大腸菌の感染は、飲食物を介した経口感染であり、菌に汚染された飲食物を摂取したり、患者の糞便に含まれる大腸菌が、直接又は間接的に口から入ったりすることによって感染します。

感染した時の症状は、激しい腹痛とともに、頻回の水様便や血便の症状があります。発熱は軽度ですが、溶血性尿毒症症候群、脳症（3歳以下での発症が多い）を併発する可能性がありますので、注意が必要です。

　予防方法は、食品の十分な加熱と手洗いの徹底を行うことです。プールで集団発生が起こることがあるため、特に、低年齢児の簡易プールには十分注意し、塩素消毒基準の厳守が求められます。患者発生時には速やかに保健所に届け、保健所の指示に従い消毒を徹底します。症状が治まり、かつ、抗菌薬による治療が終了し、48時間あけて連続2回の検便によっていずれも菌陰性が確認されるまで、登園を避けるよう保護者に依頼します。

8．ノロウィルス胃腸炎

　ノロウィルスは、乳幼児から高齢者にいたる幅広い年齢層の急性胃腸炎の病原ウィルスで、特に冬季に流行します。ノロウィルスは、非常に感染力が強く、100個以下という少量のウィルスでも、人に感染し発病するといわれています。患者の嘔吐物や糞便には、1g当たり100万から10億個ものウィルスが含まれていると言われ、不十分な汚物処理で、容易に集団感染を引き起こします。

　感染経路としては、ノロウィルスで汚染された飲料水や食物（生カキ・サラダ等）からの感染があり、ウィルス性食中毒の集団発生の原因となります。また、感染者の嘔吐物や糞便で汚染されたものからも、感染します。患者の嘔吐物等が乾燥すると、ウィルスが空中を漂い、鼻腔や口に入って感染することもあります。

　潜伏期間は12〜72時間で、嘔吐・下痢・腹痛・発熱等の症状が出ます。通常3日以内に回復しますが、症状消失後も10日間程度糞便中にウィルスは排泄されます。また、感染後、嘔吐、下痢等の症状がなくてもウィルスは排泄されていることがあるので、流行時には特に注意が必要です。痙攣・肝炎、まれに脳症を併発する可能性があるので、注意が必要です。

　消毒方法としては、ノロウィルスは、物理化学的抵抗性が非常に強いため感染症、食中毒の予防を困難にしています。逆性石けんやアルコールの消毒効果は十分ではなく、85℃で1分間以上の加熱又は次亜塩素酸ナトリウムによる消毒が有効です。次亜塩素酸ナトリウムの濃度は、有機物の少ない時は0.02％、嘔吐物や糞便では0.1％以上が必要です。次亜塩素酸ナトリウムには金属腐食性があるため、金属を消毒する際は使用を避け、加熱消毒にします。また、次亜塩素酸ナトリウムは、揮発性で、塩素ガスが発生するため、窓を開けて換気します。

　保育園・幼稚園における感染拡大防止策は、ノロウィルスの流行期（晩秋から初春にかけて）に嘔吐・下痢を呈した場合は、ノロウィルス胃腸炎を疑う必要があります。このような症状の子どもは、速やかに別室で保育します。また、嘔吐物や下痢便の処理の際には、できる限り子どもを遠ざけます。

　嘔吐・下痢等の症状が治まり、普段の食事ができるまで登園を避けるよう保護者に依頼し

ます。症状回復後も感染力を有していることや、回復に時間を要する感染症であることにも十分留意することが必要です。

医師の診断を受け、保護者が記入する登園届が必要な感染症

感染症名	感染しやすい期間	登園の目安
溶連菌感染症	適切な抗菌治療を開始する前と開始後1日間	抗菌薬内服後24〜48時間経過していること
マイコプラズマ肺炎	適切な抗菌治療を開始する前と開始後数日間	発熱や激しい咳が治まっていること
手足口病	手足や口腔内に水疱・潰瘍が発症した数日間	発熱がなく、口の中を痛がらずに普通の食事が摂れること
伝染性紅斑（りんご病）	発しん出現前の1週間	全身状態が良いこと
ウイルス性胃腸炎（ノロ・ロタ・アデノウイルス）	症状のある間と症状消失後1週間（量は減少していくが数週間ウイルスを排出しているので注意が必要）	嘔吐・下痢等の症状が治まり、普段の食事が摂れること
ヘルパンギーナ	急性期の数日間（便の中に1ヶ月程度ウイルスを排泄しているので注意が必要）	発熱がなく、口の中を痛がらずに普通の食事が摂れること
RSウイルス感染症	咳やゼロゼロなどの呼吸器症状のある間	咳やゼロゼロ等の呼吸器症状が消失し、全身状態が良いこと
帯状疱しん	水疱を形成している間	全ての発しんがかさぶたになってから
突発性発しん		解熱後1日以上経過し全身状態が良いこと（発疹が出ている間はかなり機嫌が悪い）

医師が記入した登園許可書が必要な感染症

感染症名	感染しやすい期間	登園の目安
麻しん（はしか）	発症1日前から発しん出現後の4日後まで	解熱後3日を経過してから
インフルエンザ	症状がある期間（発症後24時間から発症後3日程度までが最も感染力が強い）	症状が出た後5日を経過し、かつ熱が下がった後3日経過するまで
風しん	発しん出現の前7日から後7日間くらい	発しんが消失してから
水痘（みずぼうそう）	発しん出現1〜2日前から痂皮形成まで	全ての発しんが痂皮化してから
流行性耳下腺炎症（おたふくかぜ）	発症3日前から耳下腺腫脹後4日	耳下腺・顎下腺・舌下腺の腫脹が出現した後5日を経過し、かつ全身状態が良好になるまで
結核		医師により感染の恐れがないと認めるまで
咽頭結膜熱（プール熱）	発熱・充血等症状が出現した数日間	主な症状が消え2日経過してから
流行性角結膜炎	充血・目ヤニ等症状が出現した数日間	感染力が非常に強いため結膜炎の症状が消失してから
百日咳	抗菌薬を服用しない場合、咳出現後3週間を経過するまで	特有の咳が消失するまでまたは5日まの適正な抗菌性物質製剤による治療を終了するまで
腸管出血性大腸菌感染症（O157・O26・O111等）		症状が始まりかつ抗菌薬による治療が終了し、48時間をあけて連続2回の検便によって、いずれも菌陰性が確認された者
急性出血性結膜炎	ウイルスが呼吸器から1〜2週間、便から数週間〜数ヶ月排出される	医師により感染の恐れがないと認めるまで
髄膜炎菌性髄膜炎		医師により感染の恐れがないと認めるまで

登園届（案）

○○○○園園長殿

　　　　　　　　　　　　　　　児童名＿＿＿＿＿＿＿＿＿＿

病　名（　　　　　　　　　　）と診断され、
　年　月　日、医療機関□□□□において、病状が回復し、
集団生活に支障がない状態と判断されましたので登園いたします。

　　　　　　　　　　　　　　　　　　　　年　月　日
　　　　　　　　　　　　　　　保護者名＿＿＿＿＿＿＿　印

※医師の診断を必ず受けていること、及び全身状態が良好なことが条件

登園許可書（案）

○○○○園園長殿

　　　　　　　　　　　　　　　児童名＿＿＿＿＿＿＿＿＿＿

病　名（　　　　　　　　　　　　）

　年　月　日から症状も回復し集団生活に支障がない状態になったので、
登園可能と判断します。

　　　　　　　　　　　　　　　　　　　　年　月　日
　　　　　　　　　　　　　　　医療機関＿＿＿＿＿＿＿＿＿＿
　　　　　　　　　　　　　　　　　　　　年　月　日
　　　　　　　　　　　　　　　医師名＿＿＿＿＿＿＿　印

＊厚生労働省感染症対策ガイドラインを参考に作成。
＊園により書式が異なることがあるので確認してください。

第3節　予防接種

1．予防接種の大切さ

　予防接種の目的は、「ワクチンであらかじめウイルスや細菌によって起こる感染症の免疫をつくり、病気にかかる心配が少なくなったり、重症化しにくくすること」です。ワクチンで防げる病気を VPD（Vaccine Preventable Diseases）といいます。

　毎年、多くの子どもがワクチンで予防できるはずの VPD に感染して苦しんだり、後遺症を持ったり、命を落としています。健康な赤ちゃんは、病気になりながら自分で免疫をつくっていく力を持っています。けれども、まだ体力もなく体の働きも未熟な状態で、高い熱・のどの痛み・下痢などの辛い症状を乗り越えるのは、子どもだけでなく、看病する大人にとっても大変なことです。

　集団の中で生活するようになると、どうしても病気にかかる機会が多くなります。予防接種を受けておくと、病気が長引いて重症になることを防いだり、病気にかかりにくくする効果が期待できます。

　赤ちゃんが母親からもらった免疫は、百日咳や水ぼうそう（水痘）は生後3ヶ月頃、はしかやおたふくかぜ（流行性耳下腺炎）は生後8ヶ月頃までに失われてしまうと言われています。保育園で流行がおきると、0歳のお子さんでも感染する可能性があります。また、ワクチンによって効果のある期間が異なるため、子どもだけでなく大人がかかった時に重症化する病気もあります。特に妊娠中の方は、おなかの赤ちゃんへの影響に注意が必要になります。

2．定期接種と任意接種の違い

ⅰ）定期接種

　日本では、病気の重さや社会的重要性を考え、子どもたちにできるだけ受けてもらいたい予防接種の種類が法律（予防接種法）で決められています。これが「定期接種」です。予防接種の意義を理解し、受けるように努めてほしい予防接種です（努力義務）。公費で全額助成されます。

ⅱ）任意接種

　定期接種以外の予防接種、あるいは定期接種で決められた一定期間の範囲外に行う予防接種です。任意接種は受けなくてもよいと誤解されやすいですが、子どもたちにできるだけ受けてもらいたいことに変わりはありません。自治体によって、公費助成の内容・金額に違いがあります。

第3章　与薬について

　日本保育園保健協議会の定める基本的な考え方は、「保育園に登園する子どもたちは、ほとんど集団生活に支障がない健康状態にあり、通常業務として保育園で薬を扱うことはない」とあります。

保育園と薬（日本保育園保健協議会の定める基本的な考え方より）

　家庭における子どもの健康管理は保護者の責任であります。保育園における病弱等の子どもの保育については、その子どもの症状・安静度・処方内容等の情報を保護者からの「連絡票」等によって把握し、健康管理に支障がないようにします。

　保育園へ登園する子どもたちは、ほとんど集団生活に支障がない健康状態にあり、通常業務として保育園で薬を扱うことはありません。だだし、医師の指示により保育時間内にどうしても必要な薬は、その限りではありません。

　なお、保育園において薬を扱う場合には、園内の健康安全委員会などで検討し。慎重に扱う必要があります。

保育所保育指針・解説書（与薬の留意点）

　保育所において薬を与える場合は、医師の指示に基づいた薬に限定します。その際には、保護者に医師名、薬の種類、内服方法等を具体的に記載した与薬依頼表を持参してもらいます。

　保育保健の基礎知識（第7章5.外用薬の使い方）の中には、「吸入薬・座薬・点眼薬は吸収の早い薬剤です。ことに吸入薬は薬によっては、医療関係者以外の使用は制限されることがあります。座薬・点眼薬も保育中に使用しないことが基本です。やむを得ず保育中に使用するときは主治医や保護者にその都度連絡します。」とあります。

　また、座薬については、下記のようになっています。

　「座薬　解熱鎮痛剤、下痢、痔用剤、抗痙攣剤などを使用場所に適した形として紡錘型、球形などに固めたもので、体温により徐々に溶けて有効成分が胃を追加せず、刺激なしに吸収されます。この利便性から薬の内服を拒んだり、あるいは機能不全の老人に対して有効です。ただし、保育園の座薬使用は医療行為とみなされていますから決して無断で使用しないこと、やむを得ず使用する時は必ず保護者の連絡帳に従って行うようにしましょう」

---

① 園では基本的には与薬を行うことはできない。保護者が子どもを受診した際は、「保育中の与薬ができない」旨を医師に伝えるよう、周知徹底を図る。但し、朝夕2回の処方や、朝・帰宅後・寝る前の内服で対応できることもある。

② 医師の指示で治療上やむを得ず、保育中に与薬が必要な場合は、各園の書式や預かり方に従って行う。

　＊その都度医療機関を受診して処方された薬に限る。

　＊市販薬や以前に処方された薬は、与薬できない。

　＊与薬の仕方（特に塗り薬）などは、保護者が責任を持って確認し、きちんと園に伝える。

　＊本来、子どもに与薬する役割は保護者であるということを、保護者も園も認識する。

　＊家庭と園で連携をとって子どもたちの健康管理をしていけるように、受診の際は症状や

第3部　衛生管理・応急処置・健康管理

診断・処方された薬などについて、園で飲まなくても、なるべく詳しく正確に、園に伝えるよう、保護者に周知徹底する。

1．保護者からの依頼について

保育園・幼稚園が保護者からの薬を預かる時は、次の事項を確認します。

① 薬とともに所定の「与薬依頼書」が添付されていること。なお「薬剤情報提供書」がある場合にはそれも添付されていること。
② 所定の「与薬依頼書」、あるいは「薬剤情報提供書には処方内容・調剤した医療機関名（医師名）、調剤薬局名が明示されていること。
③ 園児の氏名が薬の容器・薬袋などに明示されていること。
④ 処方内容・服薬方法（回数・時間等）などが明示されていること。
⑤ 医師から伝えられている病名または具体的な症状が「与薬依頼書」に記載されていること。
⑥ 1回分の薬と薬名情報とを一緒に手渡しで受けること。
⑦ 上記に事項が確認できれば、園長が受付印を押し、各クラスで「与薬依頼書」などを保存すること。

2．薬の取り扱いについて

薬の取り扱いに当たっては、安全を期するために以下の注意事項を守らなければなりません。

① 薬は子どもの手の届かない安全な場所に、各人の薬が明らかに識別できるようにして保管すること。
② 薬の使用が「熱の高い時」「咳がでる時」「発作が起こった時」などのように、症状の判断を必要とする場合は、その都度保護者に連絡すること。
③ 薬を与えた時刻及び服薬の状況等（安全に飲めたか、あるいは吐いてしまったか等）は、その都度「与薬依頼書」に記載してサインすること。
④ 座薬の取り扱いについては、原則として行わないが、やむを得ない場合は、医師からの具体的な文書による指示を必要とする。なお使用に当たっては、その都度子どもの保護者に連絡すること。ただし、その座薬が初めての場合は対応できない。

3．受け方手順

① 保護者に「与薬依頼書」を記入してもらい、1回分の薬と薬名情報とを一緒に、手渡しで受ける。「薬剤情報提供書」がある時は、一緒に受ける。「与薬依頼書」に依頼日時、病名、病院名、薬の内容、量と種類などが正しく記入されているか、薬を手に取り確認し、

保育者が受け取り、園長が受付印を押す。受付印のないものは無効である。

② 水薬は、1回分ずつを容器に移して持参してもらう。容器は、空の薬容器や未使用の小さな調味料入れがよい。小さな調味料入れに取り分ける時には、スポイト式の場合は簡単に移し入れられるが、口の大きな容器の時は小皿などの器に移し、吸い込むようにするとよいことを保護者に知らせる。小児科受診してから直接に登園してきた時には、「水薬は、1回分をお預かりします」と話して、事務室で取り分けてもらう。園で小さな水薬入れを準備しておく。粉薬の場合は、1包ずつ名前を書いてもらう。粉薬を「1/2包飲ませてください」と言われても受けない。その場合は、保護者が半分に分け、袋に入れたものを受ける。

③ 「与薬依頼書」と薬を、園用のチャック式の保管袋に入れる。

④ 与薬方法や期間が異なる時は、それぞれ別の「与薬依頼書」に記入してもらう。同時刻に2つの異なる薬を受ける時は、1枚でよい。

⑤ 冷暗所か冷蔵庫へ保管することが指定された薬については、ビニール袋を別にして冷蔵庫内「薬入れ箱」に入れる。

⑥ 与薬後は、薬を飲ませた保育者が「与薬依頼書」に押印する。

⑦ 塗り薬は、長期にわたっての使用が予測できる。用法などを詳しく尋ね、双方の理解の上で、1日ごとに塗り薬を預かる。2週間を超え、月をまたがる場合には、新たに与薬依頼書を提出してもらう。

⑧ 与薬依頼を受けないのに、カバン等に薬が入っていたら、基本的には飲ませない。しかし、保護者より連絡が入り、「飲ませて欲しい」と依頼があれば受け、事後ではあるが、与薬依頼書の記入をお願いする。ただし、事前に主任・園長に必ず相談をする。

4．与薬の際の注意事項

① 「薬剤情報提供書」をもらっている場合は、一緒に持参してもらい、薬の内容を把握する。処方内容が不明な薬は受け付けない。

② 園では、解熱剤などの座薬やホクナリン（1.5cm^2の貼るタイプの咳止め）、点鼻薬、点耳薬は受け付けない。

③ 同じ薬が1週間続く場合は、症状はどうか、このまま続けても良いものか保護者と話し、主治医に相談してもらう。断言的な言い方をしてトラブルになることのないように事前に主任・園長と打ち合わせをする。

④ 「一応預けておくので、先生が必要と思ったら飲ませてください」と言われた場合は、受けない。保育者は判断できないので、その都度保護者に園での子どもの様子を話し、決めてもらう。

⑤ 早退した子どもの薬を預かったまま返し忘れた時は、すぐ連絡を入れる。「申し訳あ

第3部　衛生管理・応急処置・健康管理

りません。薬をお預かりしたままでした。お届けしましょうか、いかがでしょうか？」と必ず尋ねるようにし、「家庭にもあるはずだから」とそのままにしておかない。塗り薬も同様である。返し忘れた薬は、届けることを原則とする。

⑥　病院受診を前日にし、後日必ず与薬があると思われる場合で、朝忙しい保護者には、事前に「与薬依頼書」を渡し、記入してきてもらう方法を知らせる。

⑦　ミルクに混ぜて飲ませてくださいと言われた場合、主治医が指示した特別な場合を除き、ミルクに混ぜることはしない。「ミルクに混ぜるとミルクの味が変わり、飲まなくなることがありますので、別に飲ませますね」と伝える（乳糖不耐症と診断された時の薬などはミルクに混ぜることがある）。

⑧　保育者が二重、あるいは間違えて飲ませてしまった場合はすぐに処方医に連絡をし、ミスしたことを報告して処置についての指示を仰ぐ。同時に園児には水分を十分に取らせ、体内に入ってしまった薬の成分を少しでも薄めるように努める。処方医に指示を受けたら速やかに従い保護者への連絡をする。

⑨　与薬時間がずれてしまった場合はどれだけずれたかを記録し、保護者にその時間を伝える。

⑩　保育者は、通常よく用いられる薬の名称と薬効について、基礎的な知識を習得し、保育の専門職としての正しい対応ができるようにしておく。

5．与薬の仕方

①　手を石けんで洗い、アルコール消毒をする。
②　コップ、スプーンを用意する。
③　必ず「与薬依頼書」を手に取り、再度名前と飲む時間を確認する。
④　「○○ちゃんの薬を飲ませます」と声に出して、他の保育者に知らせる。
⑤　子どもに「お薬飲みましょうね」と声をかける。乳児にも言うこと。
⑥　乳児の場合は、日頃接している保育者が、保育室で手早く飲ませるとよい。

水薬（キャップ式）
①　0　歳　児：1回の分量をコップに移し、スプーンで飲ませる。
②　1歳以上児：1回の分量をコップに移し、飲ませる。飲み終わった後、1さじ位水を飲ませる。

水薬（スポイト式）
①　スポイトを取り出し、スポイト内の薬を全部その容器に戻し、薬の全体量を確認する。
②　スポイトで1回の分量をとる。
　　0〜1歳児：スプーンに少しずつ移して飲ませる。
　　2〜3歳児：「薬を飲もうね」と知らせて、スポイトを口に入れ、少しずつ飲ませる。

　　　　　　　　　　　飲み終わった後、1さじ位水を飲ませる。

粉　薬
〈0歳児〉
　＊保育者は、石けんで手を丁寧に洗う。
　＊粉薬を小皿に入れ、スプーンで白湯を粉薬の全体が湿る程度に入れる。
　＊人差し指に粉薬をつけて頬の内側につけ、飲み終わった後1さじ位水を飲ませる（ミルクに混ぜない。混ぜると味が変化するため、ミルクを飲まなくなることがある）。

〈1歳児〉
　＊スプーンと白湯を入れたコップを用意する。
　＊白湯をスプーン1/3位すくって、粉薬を入れる（粉が溶ける程度）。
　＊2～3回に分けて飲ませた後、1さじ位水を飲ませる。

〈2歳児以上〉
　＊コップに水を入れる。
　＊水を1口飲ませ、口内を湿らせる。
　＊「あーん」と口を開けさせ、粉薬を舌の上にのせ、再度水を飲ませる（量が多い時には2～3回に分ける）。

〈粉薬をどうしても嫌がる子には〉
　小皿などに粉薬を移し、水を1、2滴たらしペースト状に練る。スプーンの裏に練った薬をとり、頬の内側につけ、水を飲ませる。

目薬
　＊ティッシュを用意する。
　＊3歳未満児においては、子どもを仰向けに寝かせて保育者の股で子どもの頭が動かないように挟み、両腕を太ももで軽く抑える
　＊点眼する直前に目薬のキャップを外し、手から離さない。
　＊素早く点眼し、直ちにキャップをする。子どもを抱き上げ、流れてきた目薬をティッシュで拭く。目には触れない。
　＊子どもが目をこすらないように玩具を持たせたり、遊びに誘ったりする。

与薬依頼書（案）

○○○○園　園長殿	年　　　月　　　日
保　護　者　名	
園　　児　　名	
依　頼　希　望　日	年　　月　　日～　　年　　月　　日
病　　　　　名	①てんかん等神経系　②喘息等呼吸器系　③眼科系 ④耳鼻科系　⑤歯口系　⑥皮膚科系　⑦その他
病　　院　　名	TEL
薬　　　　　名	内服薬（①粉　　②水薬）　　　外用薬（①点眼薬　②軟膏）
服　用　時　間	①食前　②食後　③食間（10時・15時）　④その他
保　管　方　法	①冷蔵保存　②室温保存　③暗所保存　④その他
服　用　方　法	①そのまま　②水に溶く　③その他

（注意事項）

　与薬は、本来医療行為となっています。園で薬を飲んだり、使用したりしなくてもよいように、かかりつけの先生にお願いしてください。病気や薬によっては、どうしても園での与薬が必要なものもあると思いますので、保護者の皆さまの就労の手助けをするために、園長の許可のもとに行うものです。以下の項目を遵守できる方のみお引き受けいたします。

＊薬のことで問い合わせが必要なことが起こった場合を想定し、病院名とその電話番号を必ずお書きください。

＊現在、処方されている医師の処方薬に限ります。

＊市販の薬・座薬・解熱剤はお預かりできません。

＊薬は処方された薬袋に1日分だけ入れてください。1包の薬にお子様の名前、飲ませる時刻を必ず書いてください。

＊担任に必ず手渡ししてください。

＊薬・書類に不備がある場合は、与薬できませんのでご了承ください。

＊間違いを防ぎ、子どもの健康を回復するために確実に与薬したいと思います。以上のお約束は最低限です。必ずお守りください。重ねてお願いいたします。

保護者	園長
印	印

第4章　応急処置

第1節　心肺蘇生法

　事故後に名前を呼んでも返事をしないといことは、意識がないということです。意識がなくなると、全身の筋肉がダランとし、顎や首の筋肉も緩んで、舌が引っ込み、気道をふさいでしまいます。

　気道を確保するためには、固い所に仰向けに寝かせ、片方の手で顎を持ち上げるようにし、もう片方の手で頭を後に反らせるようにします。

　そして、子どもの口元に顔を近づけて呼吸をしているかどうかを確認し、呼吸がないようだったら人工呼吸をし、心臓の鼓動がないようだったら心臓マッサージをしなければなりません。心肺蘇生とは、人工呼吸を1回、心臓マッサージを5回行います。これを心臓が動きだすまで繰り返し行うことです。子どもの心停止はほとんどが呼吸停止が原因です。

1．人工呼吸の仕方

① 人工呼吸をする前に、口の中に異物が入っていないかを確認し、異物があれば取り除く。

② 3歳未満の子どもの場合は、気道を確保したまま口と鼻を一緒に覆い、1分間に約20回息を吹き込む。吹き込む力は、子どもの胸が軽く動く程度。

③ 3歳以上の子どもの場合は、気道を確保したまま鼻をつまみ、口から1分間に15～20回息を吹き込む。吹き込む力は、子どもの胸が軽く動く程度。

2．心臓マッサージの仕方

① 脈をとる場合は、首や足の付け根など大きな動脈に触れるか、心臓部に耳を押しあて鼓動を聞くのが一番分かりやすい。

② 固い床の上で行う。

③ 1歳未満の場合は、左右の乳首を結んだ線の中心から、指1本下の部位がマッサージをする場所で、人差し指と中指の2本で、真っ直ぐ上から胸が2cmほどへこむぐらいの力で、1分間に100～120回ぐらいの目安で押す。

④ 1歳以上の場合は、胸骨の下端（みぞおちの直上）から指2本ぐらい上の場所に、掌の下の方で真っ直ぐに上から約3cmぐらいへこむぐらいの力で、1分間に100回の目安で押す。

第3部　衛生管理・応急処置・健康管理

対象	心臓マッサージと人工呼吸の組み合わせ	一回の組み合わせ	
		心臓マッサージ	人工呼吸
小児 （1歳以上〜8歳未満）	5：1	約100回/分の速さで5回	吹き込みに1〜1.5秒かけて1回
乳児 （1歳未満）		少なくとも100回/分の速さで5回	
新生児 （生後28日未満）	3：1	約120回/分の速さで3回	吹き込みに1秒かけて1回

心臓マッサージと人工呼吸の組み合わせが心肺蘇生法です。
救急隊が到着するまで、循環のサインが確認できるまで続けます。

3．窒息

① 口の中に見える物は、指でかきだす。
② 無理矢理に奥まで指を入れない。
③ 息がしにくそうな時は、膝の上にうつ伏せに抱いて、肩甲骨の間を4〜5回たたいて吐きださせる。
④ 逆さにしてもいい。
⑤ 3歳以上の子どもの場合は、子どもの背中側から両手を回してみぞおちの前で両手を組んで、勢いよく両手を絞って子どもの脇腹を圧迫して異物を出させる（ハイムリッヒ法）。
⑥ 呼吸が止まっていたら、心臓蘇生をしながら、救急車を呼ぶ。

i）乳児の窒息事故の予防

＊寝返りができるようになるまでは、うつ伏せ寝にはしない。
＊ふかふかの布団に寝かせない。ベッドの回りにガーゼやタオルなど置かない。
＊授乳後は抱いて、しっかり排気（げっぷ）をさせる。すぐに寝かせないで、少し落ち着くまで見る。
＊吐乳しやすい乳児は、顔を横向けに寝かせる。又は、しばらくトットトッターなどで上半身を斜めにして寝かせる。
＊離乳食の形状は、そしゃくの発達に合わせる。りんごなどの硬い果物は、のどに詰まらせやすく危険なので、発達に合わせ刻んだり、スライスしたりする。
＊目覚めている時も、睡眠中も、呼吸の状態・顔色・姿勢などを10分おきにチェックする。
＊幼児と一緒に保育をする時は、必ず保育者がそばにつき、乳児の上に乗ったり、顔の上にハンカチなどの布をかぶせたりされることのないようにする。

第2節　アナフィラキシーショック

1．アナフィラキシーとは

　アレルギー反応が短い時間で全身に激しく現れることを「アナフィラキシー」と言います。アナフィラキシーの原因は、食べ物が最も多いですが、蜂などの昆虫や薬物なども原因のひとつです。このアナフィラキシーによって、血圧の低下や意識障害などを引き起こし、場合によっては生命を脅かす危険な状態になることを「アナフィラキシーショック」と言います。

　アナフィラキシーの特徴のひとつは、短時間で症状があらわれることですが、アレルゲンや患者によって差があります。一般的には、蜂毒や薬物は直接体内に入るので早く症状が出る傾向があります。食べ物は消化・吸収されるまでに時間がかかるため時間がかかることが多いです。ちなみに、アナフィラキシーショックで心停止に至ったまでの平均時間は、薬物で5分、蜂毒で15分、食べ物で30分といわれています。

2．アナフィラキシー症状が起こった時の対応

　アナフィラキシー症状は、多様で全身にあらゆる症状が出現する可能性があります。しかし、頻度には差があり、皮膚症状が最も多く90％程度の患者に認められ、以下、粘膜、呼吸器、消化器症状の順で合併しやすい傾向があります。アナフィラキシーの重症度は、その症状によって3段階のグレードに分け、その段階に合わせて対応を考えるとよい。

〈グレード1〉

　各症状はいずれも部分的で軽い症状で慌てる必要はありません。症状の進行に注意を払いつつ、安静にして経過を追う。誤食した時用の処方薬がある場合は内服させる。

〈グレード2〉

　全身性の皮膚及び強い粘膜症状に加え、呼吸器症状や消化器症状が増悪してくる。医療機関を受診する必要があり、必要に応じて処方された「エピペン」があれば、注射することを考慮する。

〈グレード3〉

　強いアナフィラキシー症状といえる。プレショック状態（ショック状態の一歩手前）もしくはショック状態と考え、緊急に医療機関を受診する必要がある。救急の現場に子どもに処方された「エピペン」があれば速やかに注射する必要がある。

第3部　衛生管理・応急処置・健康管理

アナフィラキシー事故発生時の緊急対応（モデル）

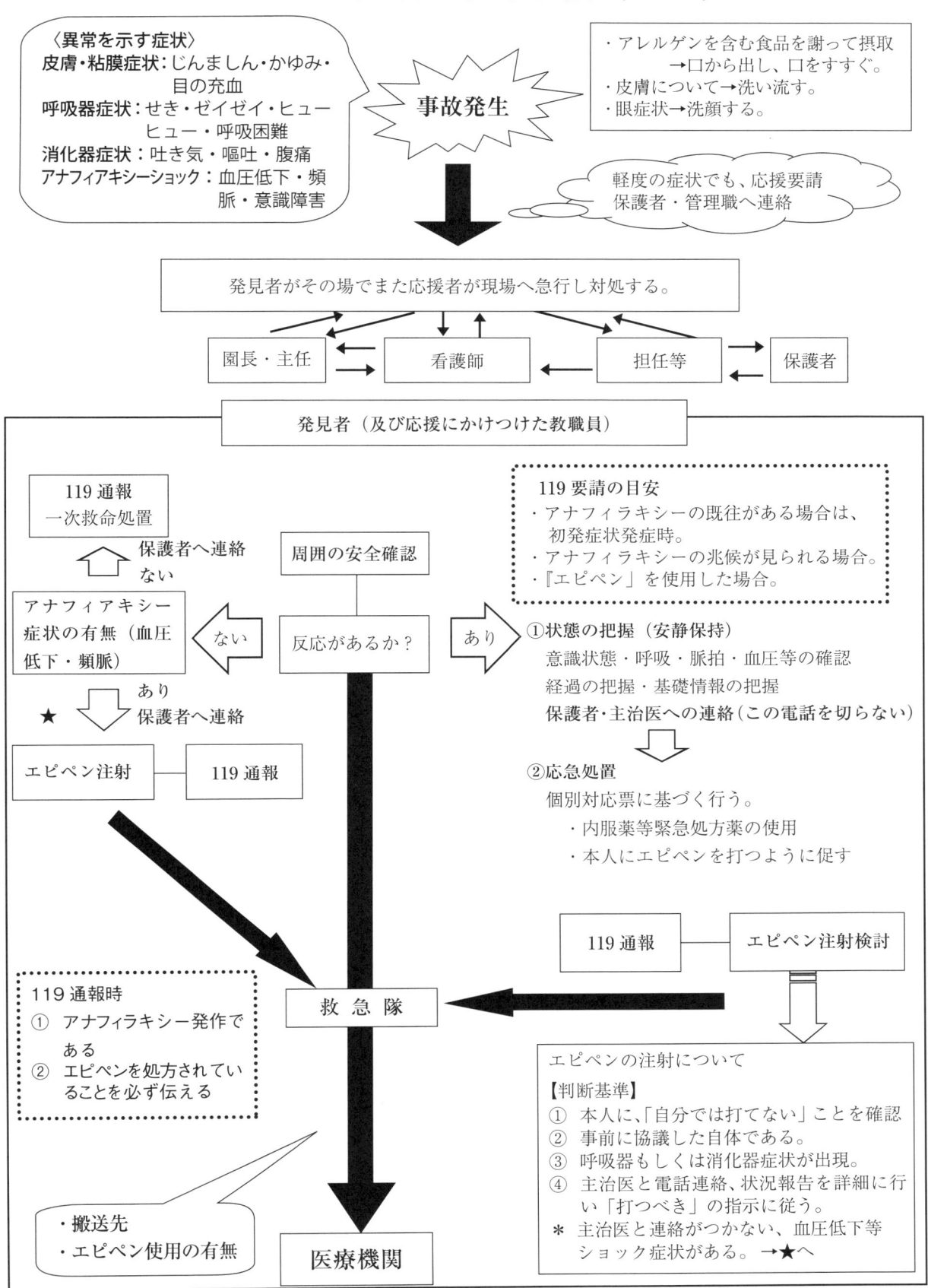

〈異常を示す症状〉
皮膚・粘膜症状：じんましん・かゆみ・目の充血
呼吸器症状：せき・ゼイゼイ・ヒューヒュー・呼吸困難
消化器症状：吐き気・嘔吐・腹痛
アナフィラキシーショック：血圧低下・頻脈・意識障害

事故発生

- アレルゲンを含む食品を誤って摂取
　→口から出し、口をすすぐ。
- 皮膚について→洗い流す。
- 眼症状→洗顔する。

軽度の症状でも、応援要請
保護者・管理職へ連絡

発見者がその場でまた応援者が現場へ急行し対処する。

園長・主任　←→　看護師　←→　担任等　←→　保護者

発見者（及び応援にかけつけた教職員）

119 要請の目安
- アナフィラキシーの既往がある場合は、初発症状発症時。
- アナフィラキシーの兆候が見られる場合。
- 『エピペン』を使用した場合。

119 通報
一次救命処置

保護者へ連絡

アナフィラキシー症状の有無（血圧低下・頻脈）

周囲の安全確認

反応があるか？

ない　／　あり

★　あり　保護者へ連絡

エピペン注射　―　119 通報

①状態の把握（安静保持）
意識状態・呼吸・脈拍・血圧等の確認
経過の把握・基礎情報の把握
保護者・主治医への連絡（この電話を切らない）

②応急処置
個別対応票に基づく行う。
- 内服薬等緊急処方薬の使用
- 本人にエピペンを打つように促す

119 通報　―　エピペン注射検討

救急隊

119 通報時
① アナフィラキシー発作である
② エピペンを処方されていることを必ず伝える

エピペンの注射について
【判断基準】
① 本人に、「自分では打てない」ことを確認
② 事前に協議した自体である。
③ 呼吸器もしくは消化器症状が出現。
④ 主治医と電話連絡、状況報告を詳細に行い「打つべき」の指示に従う。
＊主治医と連絡がつかない、血圧低下等ショック症状がある。→★へ

- 搬送先
- エピペン使用の有無

医療機関

3．エピペンの使用

　平成21年7月6日、文部科学省スポーツ・青少年学校健康教育課長より医政局医事課長宛の「医師法第17条の解釈について」の照会により「アナフィラキシーショックで生命が危険な状態にある児童生徒に対し、救命の場に居合わせた教職員が、アドレナリン自己注射薬を自ら注射できない本人に代わって注射することは、反復継続する意図がないものと認められるため医師法第17条によって禁止されている医師の免許を有しない者による医業に当たらず、医師法違反にならない」との見解が出されました。

　保育園や幼稚園においても、子どもや保護者自らが「エピペン」を管理、注射することが基本ですが、低年齢の子どもが自ら管理、注射することは困難なため、救急処置が間に合わない場合等の緊急時には、その場にいる保育者が注射することが必要な場合もありえます。

　子どもや保護者が持参した「エピペン」を園で一時的に預かる場合、保護者との面接時に、緊急時の対応について十分に確認し合い、緊急時個別対応票等を作成し、その内容についても定期的に確認してください。

　保育園・幼稚園での「エピペン」の管理運用においては、職員全員が、

＊「エピペン」の保管場所を知っていること。

＊「エピペン」の注射するタイミングと方法を知っていること。

＊「エピペン」や緊急時対応に必要な書類一式の保管場所を知っていること。

＊「エピペン0.15mg」は体重15kg以上の子どもを対象として処方されています。

＊投与のタイミングは、ショック症状に陥ってからではなく、その前段階（プレショック症状）で投与できた方が効果的です。具体的には、呼吸器症状として頻発する咳、喘鳴（ゼーゼー）や呼吸困難（呼吸がしにくいような状態）などが該当します。

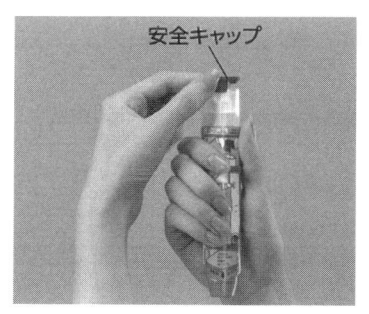

安全キャップをはずす

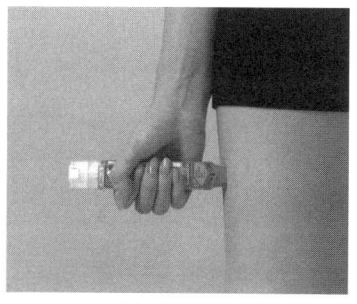

ももに対して90度に

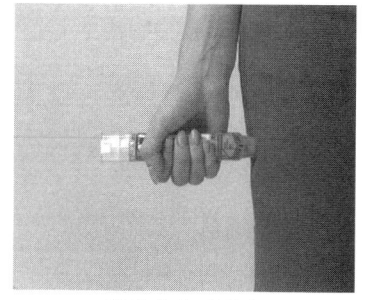

服の上からでも

写真：ファイザー㈱ホームページより

第３部　衛生管理・応急処置・健康管理

第３節　乳幼児が起こしやすい事故

１．誤飲

財団法人日本中毒情報センターが『中毒110番』を開設していますので、緊急時には、誤飲について電話で問い合わせすれば、アドバイスを受けられます。

http://www.j-poison-ic.or.jp/homepage.nsf

〈問い合わせ先〉

（財）日本中毒情報センター
○中毒110番
大阪　　　　　0990-50-2499　ダイヤルQ2　年中無休24時間対応
つくば　　　　0990-52-9899　ダイヤルQ2　年中無休9〜21時
　　　　※公衆電話・携帯電話・PHSからはかからない。
　　　　※通話料と情報料（1件315円）がかかる。
○タバコ専用電話
　　　　　　072-726-9922　無料　年中無休24時間対応　テープによる情報提供

※以上の電話番号でかかりにくい場合（利用者が多くて）は、119番か病院、医院に電話するか、受診した方が良い。

ⅰ）誤飲の予防方法

① 乾燥した豆類（ピーナツ、大豆）は、5歳までは食べさせない。節分の行事で豆をまいても、食べさせない。代わりに、お手玉や紙玉で遊ぶ。家庭でも気を付けるように、保護者に知らせる。

② 餅は、給食では使用しない。

③ 0歳児のいる室内に、直径32mm以下の小さなものを置かない。

④ お手玉の破れかけているものや、鈴・大豆などが入っている玩具の接着部分が取れかけているものなどを、保育室に置かない。玩具の安全チェックを定期的に行い、気付いたらすぐに取り除く（どんぐり・ビーズ・コイン・ビー玉など）。

⑤ コインや棒落としで遊ぶ時には、数を数えて出し、遊び終わったら、数が揃っているかを確認してから片付ける。

⑥ 風船が割れた時のゴムの残り、糸くず、輪ゴム、アルミホイル、ビニール袋の切れ端などは、全て拾う。掃除機をかけ、部屋に危険なものがないかをよく見る。乳児室は最低、掃除機を朝・夕方の2回かける。

⑦ 棚やタオル掛けのテプラテープ、ビニールテープなど、はがれかけていないか定期的に見る。

⑧ 衣服のボタンなど取れかけていないか、注意してみる。取れかけそうなボタンの服は、着用させない。

⑨　押しピンは、使わない。
⑩　薬品や洗剤類は、保育室に置かない。０～１歳児のいる保育室には、石けんは手の届く所に置かない。
⑪　登園の時、手に何か握っていないか気をつけてみる。衣類バッグの中に、家庭から小銭や薬、ミニカーなど入れてこないように、保護者に話しておく。

誤飲の応急処置で大切なことは下記の４点です。
①どこに入ったかをチェック
　食道・気道・気管に飲み込んだかどうかは、食道に飲み込んだ場合はケロッとしている、食道に引っかかっていると嗚咽や吐き気、気道に飲み込んだ場合は咳き込み、とうい症状でチェックする。
②何を、どのくらい、いつを知る
　・何を、どの位、いつ頃誤飲して、今どんな状態かを把握することが重要。
　・気管の場合、背中をたたいたりしますが、呼吸困難があれば窒息の応急処置をとる。
③食道への誤飲（吐かせて良いもの・悪いもの）
　食道への誤飲の応急処置には、吐かせて良いもの悪いもの、飲ませて良いもの悪いものがあることを知っておく。
④吐かせてはいけないもの
　強酸性・強アルカリ性の物質（特に洗剤）、灯油、ガソリン、マニュキア徐光液など揮発性の液体
　　〈牛乳や卵白などを飲ませて吐かせた方が良いもの〉
　　　家庭用洗剤
　〈牛乳を飲ませてはいけないもの〉
　　　ナフタリンなど脂溶性の高いもの
　〈水分を飲ませて様子をみてもいいもの〉
　　　乾燥剤（シリカゲル）など
　〈様子を見ていても大丈夫なもの〉
　　　水銀体温計の水銀・クレヨン・水彩用絵具・シャンプー（少量）・石けん・マッチ・パラジクロベンゼンの防虫剤（少量）など

ⅱ）アレルゲンの誤飲
①　口の中に食べ物が残っていれば、口からすべて出させて口をすすぐ。
②　皮膚に付着した時は洗い流す。
③　触った手で目をこすって、痒みや目の赤み、腫れなどが出現した場合には、水道水で

第3部　衛生管理・応急処置・健康管理

　　目を洗う。
　④　皮膚の赤みや、じんましんなどの症状が出た場合、30分以内に症状が改善するようであれば、そのまま安静にして様子を見る。
　⑤　皮膚の症状が広がったり、咳が出たり、声が出にくい、ゼーゼーする、顔色が悪くなる、気分が悪い、嘔吐するなどの症状が見られるようであれば、直ちに医療機関を受診する。

2．火傷

火傷は広さや深さによって程度がかなり変わります。子どもは大きな火傷をするとショック状態になりやすいので、応急処置後すぐに病院受診します。
　①　熱の深部への伝達を防ぎ重症にならないために、まず冷やす。
　②　アロエなどの民間療法はしない。
　③　熱湯などで服のままやけどした場合は、20～30分、痛みがなくなるまで服の上から冷やす。
　④　冷やす方法は、流水、氷などでもいいが、市販の冷えるシートは使わない。
　⑤　服を着ているところの火傷は、服を着たまま十分冷やした後に服をハサミで切り取るか、そのまま病院へ連れて行く。
　⑥　水疱は破らないように冷やす。
　⑦　顔など流水で冷やしにくいところは、氷水で冷やしたガーゼやタオルを頻繁に替えて冷やす。
　⑧　冬の寒い時などは、身体を冷やさないように保護して、火傷したところを冷やす。
　⑨　湯たんぽやアンカなど普通に触っても火傷しない程度のものでも、長時間身体の同じ部分に当てていると低温火傷が起こる。痛みを感じないまま皮膚の深い部分まで火傷が進む。気づいた時には重症のことも多いので、病院で治療する。
　⑩　熱傷面積が少なく、赤くなってヒリヒリ感が強いが水疱が認められない軽症の場合は、よく冷やして受診させる。
　⑪　広範囲の熱傷の場合は、程度が軽く見えても受診させる。
　⑫　関節部や手などが熱傷した場合は、早めに受診させる。
　⑬　広範囲の熱傷、特に水疱ができたり、皮がむけたり、痛みがある状態は、救急車を呼ぶ。
　⑭　爆発などで、顔面や気道の熱傷した恐れがある場合は、救急車を呼ぶ。

3．溺水

　①　すぐに呼吸をしているかどうかを見る。
　②　呼吸をしていれば、水を吐かせ呼吸を楽にできるようにしてあげる。
　③　もし、呼吸をしていなければ、直ちに人工呼吸を開始し、応援や救急車を呼ぶ。

④ 呼吸が出たり、泣いたりしたら一安心。濡れている部分を拭いてあげて体が冷えないようにする。
⑤ 意識が戻れば無理に吐かせる必要はない。楽な姿勢を保ち救急車の到着を待つ。
⑥ 顔色が悪かったり、意識がない、呼吸がないような場合は、たたいたり・刺激を与えたりする。
⑦ 水に浮いていたり、水の中に沈んでいるのを発見した時は、呼吸が止まっているため、すぐに人工呼吸を始め、1〜2分間心肺蘇生を行ってから、救急車を呼ぶ。
⑧ 救急車が到達するまで、人工呼吸と心臓マッサージを繰り返し行う。

4．交通事故
① 顔色を観察し、身体全体を見回して傷がないかどうか、意識があるかどうか、声をかけながら反応をみる。
② 手足が普通通り動いているように見えても、必ず動かしながら痛がらないかをチェックする。
③ 安易に大丈夫だと思わない。
④ 交通事故の場合は必ず救急車を呼ぶ。

5．打撲
ⅰ）手足
① 傷がある場合は、消毒をして腫れの程度を観察する。
② 打撲したところを冷やす。傷がなければ冷水や冷やしたタオルで冷やす。冷温布なども使用してよい。
③ 見る見るうちに腫れがひどくなってきた時は、捻挫・骨折などの可能性があるので、病院へ連れていく。

ⅱ）腹部
① 衣類を緩め楽な姿勢をとらせる。
② 丸くなる姿勢で横向きに寝かせて、しばらく観察する。普通に歩けば問題はない。
③ 何度も吐いたり、顔色が悪かったり、痛みがひどい場合は、病院へ連れていく。

ⅲ）胸の場合
① 壁に寄りかからせるなど、呼吸が楽な姿勢をとらせる。
② 左右どちらかが痛い時は、痛い方を下にして横にする。しばらくすると痛みが和らぐ。
③ 息苦しい、咳き込みがある、血痰がでる、大きな呼吸ができないほど痛い場合は、病

院へ連れていく。

iv〕頭部

　転んだり、落ちて頭を打った時は、子どもの意識の状態をよく観察します。すぐに大声で泣き、そのあとはいつもと変わらず過ごしたら、まず安心といわれています。場合によっては、数時間から数日後に症状が出ることもあるので、その後の経過に注意し、いつもと様子が違っているような場合は診察を受けます。

〈様子を見ていていい場合〉
① すぐに泣いて、顔色も変わらず、すぐに泣き止み遊び始めた時。
② 頭皮に傷がなく、出血もしていない時。
③ コブができていない、できていても大人の親指ほどでもない時。
④ すぐに泣きだし、そのまま眠ってしまった時。
⑤ 目が覚めても吐かない時。

　打った直後は静かにさせて、コブができていたら冷たいタオルなどで患部を冷やす。その後、ベノスタジン軟膏を塗り、冷えピタを貼る。当日は入浴や激しい運動はさけて、様子を見る。

〈受診した方がいい場合〉
① すぐに泣かずに、泣くまでに数十秒以上かかった時。
② 顔色が悪く、吐き気がある場合。
③ 大人の親指以上の大きなコブができた時や皮下血腫ができブヨブヨと腫れてきた時。
④ 泣き寝入りして目が覚めた後、2〜3回以上吐いた時。
⑤ 泣き寝入りして、目が覚める時間になっても起きない時は起こして様子を見る。顔色が悪かった時。

〈救急車を呼んだほうがいい場合〉
① 打撲部分が陥没している時。
② 出血が止まらない時。
③ 名前を呼んでも反応がなく、ボーとしている時。
④ 1〜2回の嘔吐後、意識がなくなっている時。
⑤ 目の焦点が定まらない時。
⑥ 痙攣が見られた時。
⑦ 首を動かせない、腕がしびれるなど、頸部を強く打った可能性がある時。
⑧ 嘔吐が激しく何回も続く時。

〈鼻血が出た場合〉
　鼻血は頭部打撲や顔面打撲で見られるが、突然出ることもある。応急手当は、

①　椅子に少し前かがみに座らせて鼻をつまんで、少し強めに押さえておく。多くの場合は10分ぐらいで止まる。
②　止まらない時は、ガーゼや綿花を詰める。
③　鼻をぶつけて出た鼻血は、冷たいタオルなどで押さえる。
④　座れない子どもは横向きに寝かせて同じように鼻を押さえる。

仰向けに寝かせての止血や上向きかげんに座らせて背中を叩いたりする止血は、血がのどへ流れ込み、吐いたり、気道へ誤嚥したりする危険性があるため行ってはいけません。また、病院で受診した方がいいのは、次のような場合です。

＊頭部打撲後の鼻血で、うすい血液の場合（頭蓋骨が折れ髄液が漏れていることがある）。
＊20〜30分以上鼻血が止まらない場合。

6．すり傷・切り傷

子どもにとって小さな傷は日常茶飯事です。傷口の汚れは水道水などできれいに洗い流し、消毒をします。

ⅰ）口のなかを切った時

口の中は血管が多いので、小さい傷でも意外に出血が多い。反面、比較的出血は止まりやすく、傷も治りやすい場所です。
①　出血が多い時は清潔なガーゼを当てて押さえ、止血する。出血が止まれば、その後は馬油をつけて様子を見る。
②　傷が大きい時は病院へ。血液を飲み込むと嘔吐を誘うので、吐き出させる。
③　治るまで刺激の少ない薄味の食事にして、食後はうがいをさせ口の中を清潔にする。

ⅱ）大きな傷で出血が多い時

子どもは体が小さいので、大量出血すると危険性は高まります。まず止血し、同時に救急病院へ運びます。
①　傷口に清潔なガーゼを当てて上から圧迫して止血する。手足の傷の場合は、心臓より高くあげる。出血が多い場合や、長く続く場合は止血しながら救急車を呼ぶ。
②　出血がほぼ止まったら包帯を巻き、傷を保護して、病院で傷の治療を受ける。

7．ぶつけて歯が抜けた時

短時間なら再生する可能性があるので、歯周靱帯や歯根膜を残したまま保存液、または牛乳に入れて、急いで歯科に受診します。事故後早ければ早いほどよく、30分以内に治療を受けると成功率が高いといわれています。
①　ぐらぐらしている時は出血が止まるか、時間をおって歯の色が黄色から黄土色に悪く

第3部　衛生管理・応急処置・健康管理

変化しないか観察して、必要ならば早めに受診する。
② 抜けた歯は水道水で洗ったり、口の中へ入れたりすると細胞変化を起こすので、水道水は使わない。

8．捻挫、脱臼した時

子どもの手を引っ張った時、脱臼や肘内障になることが多い。繰り返し起こしやすいので気を付けます。
① 腕の場合は三角巾などで固定する。素人が無理に整復してはいけない。
② 捻挫は間接が腫れ、内出血、痛みがあるので動かさないように固定して、氷やアイスノンで冷やす。
③ 骨折などの場合もあるので、専門医の診断を受ける。

9．耳に入った異物

耳の異物は、自然に入ってしまうことがあります。また、悪ふざけで異物を詰めてしまうこともあります。自然に入ったのか故意に入れてしまったのかで、異物の内容が異なります。
① 水が入って嫌がる場合は、綿棒で優しく水を吸いとるか、柔らかいティッシュでこよりを作って優しく吸いとる。または、水が入った耳を下に向けトントン跳ねたり、反対側の側頭部を軽くたたく。
② 球形の物を入れた場合で痛がっている時は、ギリギリの大きさを無理に入れた可能性があるので、受診する。
③ 豆類は耳の中で膨張して大きくなり取れなくて痛みが出現する。ピンセットなどで取り出そうとすると、かえって奥へ押し込んでしまう可能性があるので必ず受診する。
④ 耳に入った小さな虫の場合は、部屋を暗くして懐中電灯を耳に当てると、ひとりでに出てくることがある。20〜30分行っても出てこない時は受診する。また、昆虫が耳に入ると、痛みや耳の中でガサガサするなどの耳内音が聞かれ、子どもが不機嫌になる。オリーブ油を入れて虫を殺すこともできるが、虫が死ぬまでに時間がかかるので受診した方が良い。

〈受診すべき場合〉
① 虫が入っていて取れない場合。
② 球形の物がとれない場合。
③ 耳から悪臭がしたり、分泌物が出ている場合。
④ とても痛がったり、聞こえが明らかに悪い場合。

〈救急受診をすべき場合〉
① 眠れないなどの痛みがある場合。

② 出血したり、発熱がある場合。
③ めまいや頭痛があったり、耳鳴りが強い場合。

　ボタン電池は体液と反応して、−極に強アルカリ水酸化ナトリウム、＋極に塩酸が生じるといわれ、さらに電池そのものの圧迫による血流障害や内容物のアルカリ性物質の流出で強い局所障害が起こるので、早急に受診する必要があります。

10．鼻に入った異物
鼻の異物はそのほとんどは子どもの悪ふざけからです。
① 大きい子どもの場合は、詰まっていない方の鼻の穴を押さえ、鼻を強くかませる。
② 小さな子どもの場合は、こよりで鼻をくすぐって、くしゃみをさせる。

〈受診すべき場合〉
① 異物が出てこない場合。
② 鋭利な物や球形でつかみにくい物の場合。
③ 痛みや出血、鼻閉感で息苦しいなどの症状がある場合。

〈救急受診をすべき場合〉
① 鼻出血が止まりにくい場合。
② 異臭のする鼻汁が出たり発熱がある場合。
③ 痛みが強く、息苦しくて日常生活が困難な場合。

11．目に入った異物
目に入る異物はほとんどが偶然に起こり、その種類は多種多様で生活環境に左右されます。
① 痛がって目を開けられない場合が多く、泣くことによって異物が洗い流されることがある。少し落ち着くまで泣かせておく。それでも痛がるようなら、寝かせて結膜の異物をしっかり観察する。
② まぶたを反転させて眼けん結膜を観察する。異物が見つかったら、柔らかいティッシュでこよりを作り先端を濡らしたり、柔らかい綿棒などで軽く擦るとる。
③ これらが無理な場合は、洗眼や目薬を点眼し洗い流す。
④ 異物がとれると、痛みは消え、涙も止まります。抗生剤の含まれた目薬を点眼する。

〈受診すべき場合〉
① 透明な異物など見えにく物の可能性がある場合。
② 除去できたと思っても、その後も痛がる場合。

〈救急受診をすべき場合〉
① 運動場などで石灰の混じった砂が入った可能性がる場合。
② 消毒液やトイレ洗浄剤などが入った場合。

第3部　衛生管理・応急処置・健康管理

③　転倒して眼球を強く突いたり、強く打った場合。

12. 刺さった場合

①　刺さっている皮膚を大きくつまんで注意して観察し、何がどんな刺さり方をしているかを見る。
②　つまみにくい場合は、5円玉を刺さっている部分に被せて強く押すと抜きやすくなる。
③　毛抜きやピンセットを使い、崩れて破片が残らないように注意して抜き取る。
④　抜いた跡は消毒液で消毒し、カットバンを貼る。

〈受診すべき場合〉
①　全部きれいに抜けず破片が残った場合。
②　鋭利な物が深く刺さった場合、特に土壌の釘などが深く刺さった場合。
③　痛がり方が強い場合。
④　とても汚いものが刺さった場合。
⑤　抜けないような複雑な刺さり方をした場合。

〈救急受診をすべき場合〉
①　どぶや土壌などで鋭利な物が深く刺さった場合は、破傷風の予防が必要。
②　出血や痛みが強かったり、しびれる、動かないなどの症状が見られる場合。

13. 刺された場合

①　原則的には、刺された部位は冷やすことが望ましい。
②　蜂の針には毒嚢があるので、毒嚢に注意して針を抜く。また、蜜蜂の針には逆トゲがあるのでナイフなどで削ぎ落す方がいい。
③　蜂と蚊の場合には、時にはアナフィラキシーショックが起こることがあるので、呼吸の仕方や顔、全身の蕁麻疹やミミズ腫れに注意する。
④　毒蛾や毛虫の場合は、痛みで擦らないことである。擦ると毒針が深く刺入してしまうので、セロファンテープやガムテープで優しく貼布して毒針を抜き、勢いよく流水で洗い流す。
⑤　クラゲなど海中生物の場合は、真水ではなく海水で洗い流し触手を丁寧にとる。クラゲの種類によっては、食酢が有効な場合もある。

〈受診すべき場合〉
①　刺された場所が、ひどく腫れて痛みや痒みなどが強い場合。
②　発熱、咳など全身反応が見られた場合。
③　スズメバチやムカデなど大型の虫に刺された場合。

〈救急受診をすべき場合〉
① 蜂や蚊に刺され、呼吸が荒くなったり、顔色不良、嘔吐などが見られた場合。
② 蜂に10ヶ所以上刺された場合。

14. 噛まれた場合
① 友だちに噛まれた場合は、消毒をして様子を見る。
② ペットに噛まれた場合は、丁寧に消毒し様子を見る。

〈受診すべき場合〉
○犬に噛まれた場合。

〈救急受診をすべき場合〉
① 野生動物や野放しの犬猫に噛まれた場合。
② マムシ・ハブ・ヤマカガシなど毒蛇に噛まれた場合。

15. けいれん
けいれんを初めて経験した場合、どのように対応してよいか戸惑うこともありますが、けいれんが命に係わることはないので落ち着いて行動しましょう。
① けいれんを起こした場合、まず起こし始めた時刻を確認する。
② 床や布団の上（平な所）に寝かせ、衣類で締めつけている箇所はないか確認し、あればゆるめる。
③ けいれん発作がおさまると、嘔吐することがあるので、寝かせる時は上向きでも顔は横に向ける。もしくは横向きに寝かせる。
④ 発作がおさまるまで、静かに見守る。体位を整えたら、目を離さず、手を出さないようにする。
⑤ 体温を測定する。
⑥ 保護者に連絡する。座薬の指示があれば挿入する。
⑦ 園児の様子と変化のあった時間を必ず記憶・記録すること。

〈注意事項〉
① 園児から離れず、看護師への連絡は分担して行うか電話をする。
② 看護師が不在の場合は、園長・リーダーへ連絡する。
③ けいれん発作の既往症のある児は、調乳室の冷蔵庫にけいれん止めの座薬を預かっている園児もいる。熱が37.5〜38℃以上になった場合は、保護者に連絡して、座薬の使用の相談をする。但し、薬には副反応があるため、すぐに来れるか確認してから行う。すぐに来れない場合は、挿入を見合わせる。または、保護者が来てから挿入する。
④ 看護師がいる場合は、看護師が保護者への連絡、座薬の挿入を行う。

第3部　衛生管理・応急処置・健康管理

⑤　看護師が不在の場合は、園長・主任に報告。保護者への連絡、座薬を挿入する場合は担任が行う。

16. SIDS（乳幼児突然死症候群）

以下の手順で、必要なことを行います。
①　大声で近くの人を呼ぶ。
②　直ちに蘇生を始める。
③　すぐに救急隊に連絡する。
④　両親に知らせる。
⑤　主任・副園長・園長に連絡し、援助の手配をしてもらう。
⑥　他の子どもを集めて、別の部屋に移動する。
⑦　救急隊員が到着したら、直ちに適切な場所に案内する。

〈息をしていない子どもが見つかった場合〉
①　すぐに蘇生を始める。たとえ救急隊に連絡中であっても、蘇生をやめてはいけない。
②　119番に電話する。
③　伝える内容は「子どもが呼吸をしていません。蘇生中です（子どもは施設内の子どもであることを告げ、施設の住所と電話番号を伝える）」
④　両親に電話する。
⑤　主任・副園長・園長に連絡し、援助の手配をしてもらう。
⑥　警察に電話する。伝える内容は「子どもが呼吸停止で見つかったこと、電話しているのが誰であるか（施設の名前と住所、電話番号）」
⑦　残りの子どもたちを別の場所へ連れて行き、監視のもとで遊ばせる。
⑧　警察が、施設のスタッフに質問し、口述書を取るが、それは原因不明の死亡調査に必要な手続きであることを理解する。
⑨　担当の保育者、その上司は、死亡後の事実確認がスムーズに運ぶように配慮する。
⑩　他の子どもたちが赤ちゃんの死を受け入れることができるように、子どもたちを指導する。
⑪　死についての深い配慮を持ち、明確に、そして誠意を持って、他の子どもたちやその両親に説明することが必要である。

〈亡くなった赤ちゃんの両親との接し方〉
①　保育していた赤ちゃんの死は、担当者や周囲にショックと動揺をもたらす。しかし、赤ちゃんの両親は、もっと大きな悲しみの中にある。赤ちゃんの死を悼む気持ちを両親と共有し、配慮と思いやりをもって接することが大切である。
②　担当の保育士は、赤ちゃんが亡くなる前後の様子を両親に伝える責任がある。憶測や

個人的な感情ではなく、担当として目にした具体的な様子を、できるだけ詳しく話す。SIDSか事故かわからない場合は、どちらかと断定せず、事実を述べる。隠しているような態度やおどおどした態度は、両親に疑念や誤解を抱かせ、よい関係を保つ上で好ましくない影響を残す可能性がある。

③　赤ちゃんの死に関しての時間の流れる速さは、両親と周囲の人ではだいぶ違うものである。かなり時間が経ってから、赤ちゃんの話を聞きたいといって両親が保育園を訪れた時も、亡くなった赤ちゃんの思い出を共有する立場で、丁寧に対応する。

〈日頃の保育で心がけること〉

プロフェッショナルとして、次のことに取り組みます。

①　特別な理由（医師の指示など）以外は、うつぶせ寝をやめる（仰向け寝にする）。
②　布団は顔にかからないよう、首から下に掛ける。
③　眠っている子どもは、定期的（5分毎）に顔色や呼吸の方法などをチェックし、乳児の睡眠中の見守りが十分な保育の体制かどうか確認する。
④　蘇生法ができるように学習する。
⑤　亡くなった子どもの担当保育士の罪責感は極めて強いものである。SIDSであれば、予測できない死であったことを同僚間で確認し、できるだけ早く保育士自身がカウンセリングを受けるようにする。

第5章　健康管理

第1節　健康観察のポイント

以下のことをチェックし、「いつもと違う」「なんとなく気になる」ということを感じとりましょう。

①機嫌

理由なく泣き続けたり、ちょっとしたことに激しく泣いたりなど日頃と違う様子の時は、体調が悪いために不機嫌なのかどうか原因をはっきりさせ対応する。何となく機嫌が悪い時に後から発熱することがあるのでよく観察しておく。保護者に予告する必要はないが保護者の申し出は日誌に記入しておく。

②顔色・表情

いつもより顔色が赤い、青白い場合など、見た目にもはっきりわかる場合は、熱があったり、体調をくずしていたりすることが多いので検温をする。

③熱・せきなどの症状

第3部　衛生管理・応急処置・健康管理

顔がほてっている、首筋が熱い、手が異常に熱いなどの場合はすぐに検温する。0歳児は抱いた時熱いと感じたら検温する。

せきが出ていたら、「よく眠れましたか」「激しくせき込みませんか」と尋ね、せきが続き苦しそうな時には連絡することを保護者に伝える。

④身体の動き

何となく動きがゆっくりでだるそう、声を掛けてもすぐに反応せずボーッとしている。乳児の場合は、泣き声が弱々しいなどのいつもと違う様子が見られたら、しっかりと観察する。状態に応じて保護者に連絡する。

⑤肌の異常

赤い発しんが見られる場合は、感染するものではないか小児科を受診し調べてもらう必要があるので検温をする。熱が37.5度以上ある場合は、何らかの感染する病気が考えられる。まずは登園前に小児科を受診していただき相談するよう保護者にすすめる。

すり傷や切り傷や虫さされの跡などが見られる場合は、傷の理由を把握しておく。

⑥便や尿の様子

トイレに頻繁に行く場合は、保育士・教諭も一緒について行き、下痢や便秘をしていないか、尿の量はどうかなどを調べる。異常がある時には保護者に連絡する。

⑦子どもの訴え

「眠い」「疲れた」「暑い」「寒い」「気持ち悪い」「おなかが痛い」「足が痛い」などと言う時は、子どもの訴えを聞き検温をする。前日の家庭生活で睡眠不足や遠出の外出などしていないか調べる。その時点では熱がなくても、少したってから熱が上がることが多いので、念のため激しい動きは控えるようにする。

第2節　危険予防・健康管理

1．手の引き方

① 子どもの腕を激しく無理に引っ張らない。肘内障を起こしやすい。

② 小児肘内障とは、1～4歳の子どもの手を引っ張った時に、急に肘を痛がり腕をだらりとさせ使わなくなることがある。これを小児肘内障という。「脱臼」とは異なり、肘の「とう骨頭」の輪状靭帯が骨頭からはずれる状態で、適切な整復で瞬時に治る。着替えの時、寝返りの時、自分で転んだ時、友だちとふざけあっている時などにも起こる。よって、腕をあげようとしない、物を持たない、「痛い」という時など「おかしい」と感じたら整形外科を受診する。

③ 一度起こすと繰り返すことが多いので、保育者の手の引き方が原因で初めての肘内障を園で起こすことがないように気を付ける。

④ 肘内障を起こしたのは左右どちらの腕かを全職員が知っておく。散歩の手のつなぎなどは、肘内障を起こしていない方の手をつなぐなど配慮する
⑤ 「○○ちゃん、行こうね」と優しく声をかけ、保育者の方に気持ちを向けさせ、子どもが自分から保育者の手を握るようにする。座り込んでしまい、手をつなごうとしない場合は、無理に起き上がらせようと引っ張ったりせずに、腋の下に手を入れ抱き上げる。

2．抱き方

① 首が座っていない赤ちゃんは手のひら、または腕で首を支えるようにして横抱きをする。もう片方の腕は、股に入れおしりを支えるようにすると安定し、赤ちゃんを落とすことがない。
② 首が座り左右が見回せるようになったら、縦抱きをしてもよい。腕は背中とおしりを支えるように抱き、少々動いても落とすことがないようにする。
③ 足元が見えないために、子どもを抱いたまま転ぶことがある。抱いたままで、またぐ、飛び越える、走るなどしない。
④ 抱っこは、スキンシップはもちろんのこと、赤ちゃんと顔を見合わせることになり、表情や言葉が伝わり信頼関係が作られる。

3．おんぶの仕方

① 首が座ってない赤ちゃんを絶対おんぶしない。首がしっかり座った頃からする。
② おんぶ紐を一人で使うのは難しく、赤ちゃんを落としてしまったり、紐を首にかけてしまったりすることがあるので、他の職員に後ろから介助してもらう。
③ おんぶ紐は、赤ちゃんの腋の下とおしりの下できゅっと締め、ずり落ちないようにする。
④ おんぶをしたら背中に赤ちゃんがいることを考え、狭いところに入らない、調理室に

第3部　衛生管理・応急処置・健康管理

は行かない、そのほか身をかがめるような動作はできるだけしない。赤ちゃんがぶつかったり振り回されたりして危険である。
⑤　長時間おんぶしない。眠ったままにして首がぐらぐらすることのないように、気分転換を図ったらすぐにおろす。
⑥　おんぶは保育者のぬくもりが伝わり赤ちゃんが安心する。保育者は両手が空くので、他の子どもとの触れ合いも同時にできる。

4．ベビーラックの使い方

①　まだお座りができない赤ちゃんに短時間使用する。離乳食を食べる時など、角度を適切に調整する。食事しやすくげっぷも出やすい（5・6ヶ月）角度は約60度で、お座りができるようになってきたら（7・8ヶ月）約80度が目安です。
②　一人一人の発達に合わせ、お座りが30分以上できるようになったらベビーチェアーを使用する。子どもの様子を見ながら、最初はベビーラックとベビーチェアーを併用するとよい。

5．激しく泣く時の対応

必ずそばに行って原因を調べます。「いつも泣くから」と、そのままにしておかないことです。急に激しく泣く原因は、次のようなことが考えられます。
①　突然火がついたように泣き出した時、蜂などの虫が衣類の中に入っていて刺していることがある。すぐに衣服を脱がせ、よく調べる。患部を確認し水で洗い、虫さされの薬をつける。腫れがある時は冷やすとよい。針を抜く必要があるので必ず病院受診する。
②　体を折るようにして泣き、時には嘔吐したりする時には「腸重積」などが考えられるので、すぐに保護者に連絡をとり、急いで病院へ行く。一刻を争う場合が多い。
③　泣き続け、手を耳にやるような仕草をし、縦抱きにすると泣き止むことが多い時は、「急性中耳炎」のことが多いので保護者に連絡し、耳鼻科受診を勧める。
④　ガラス破片や針、トゲなど刺さっていることがあるので、丁寧に衣服を脱がせ、縫い

目などを調べる。刺さっているものをとり、患部を流水で洗い消毒をする。細かなガラスは見えにくいので患部にガムテープを当て剥ぎ取るようにするとよい。中に刺さっている場合も考えられるので外科を受診する。完治するまで確認する。

⑤ 他の子どもがそばにいる時は、噛みつきが考えられるので、噛み跡がないか背中や腹部など全身の衣服をめくり調べる。患部をすぐ冷やす（氷をビニール袋に入れ、お絞りでくるむ）。引っかきのこともあるので、顔の場合は眼球に傷がついていないかすぐに観る。目から出血していたらすぐに眼科を受診する。目をこすらせないようにして様子を見て、いつまでも目を開けようとしない時も眼科を受診する。引っかき傷は流水などで洗う。

⑥ 排尿・排便のたびに泣く時は、オムツかぶれがひどいことが原因であることが多い。シャワーをこまめにし、軟膏（ポリベビーなど）を塗布して、護者に伝え、皮膚科受診を勧める。

6．アタマジラミが発生した時の対応

① すぐに保護者に知らせ、早期発見と駆除の徹底を図る。
② 人権問題にならないように伝え方に配慮をする。個人を責めない。「大変ですね」と共感をする。
③ 感染経路は「頭髪から頭髪へ、頭髪から衣服・寝具を介して頭髪へ」。体を寄せ合って遊び生活する場である保育園・幼稚園では、集団発生する可能性が高く、うつし合うことで、駆除にも時間がかかる。保護者の協力による一斉駆除が望ましい。

〈流行させないために保護者への徹底〉
① 寝具、帽子、手拭きタオルは、毎日持ち帰ってもらう。
② 寝具は、日光消毒し、シーツの洗濯をまめにしてもらう。
③ もし、アタマジラミが家族に発生した、又は子どもに見つかった時には、隠さずに知らせていただくように話す。

〈流行させないために保育者が徹底すること〉
① 午睡の後、布団を日光に干す。
② 押入れをオスバン液で拭いて、消毒・乾燥させる。
③ 午睡時は、頭と頭が触れないような布団の敷き方をする。
④ 午睡時、子どもの髪の生えぎわや耳の後ろを見て、アタマジラミの卵がないか調べる。

〈受け入れにあたり〉
① 保育者と一緒に、毛髪を見る。「アタマジラミが発生しているものですから、一緒に見てください」卵が見つかったらすぐに取る。全部なくなっていることを確認してから受け入れる。薬をしているが、まだ卵がある時も、一緒に取ってなくなってから受け入れる。

第3部　衛生管理・応急処置・健康管理

② もし、たくさんついている場合、「一緒に取りましょう」と言って取るが、まだ皮膚科を受診していない方は行っていただき、医師の指示を受けてもらう。卵はティッシュに包んで焼却する。もしくはトイレットペーパーにくるめて流す。

③ 「休んでください」とは決して言わない。「治る」ではなく「虫を駆除したら」どうぞと言う。保育を別室ですることは、人権問題として保護者より指摘を受けかねない。園が一体となって駆除する姿勢を示す。

④ 「園の消毒は…?」と聞かれたら「劇薬は使えませんので、丁寧に掃除機をかけ、オスバン液で消毒しています」と答える。
　・毎日、床をオスバン液で拭く。
　・オスバン液は、薄めて使う。
　・掃除機の中のゴミは、すぐ処分する。

⑤ 保護者は、被害者意識を持っている場合が多いので、「申し訳ありません。ご協力ください」という姿勢を持って話す。

ⅳ）保育者の配慮

① アマタジラミがいた子は、さりげなくまとめて同じ場所に寝かせる。差別ととられかねないので大声で言ったり、「この子はアタマジラミがいる」と、他の保護者の前で言ったりしない。「○○にいた」「○ぐみにいた」「○○からうつった」と言わない。保護者と感情的にトラブルを起こさないように気をつける。

② 「髪が短い方が駆除しやすいですね」とは言うが、「髪を切ってください」とは言ってはいけない。人権問題となる場合がある。

③ 毎月身体計測の時に、アタマジラミを調べる。卵は、毛根の根元についている。
　・襟足や耳の後ろの生えぎわにつくことが多い。太陽の下で見ると光って見える。
　・梅雨時期から初夏にかけて発生することが多いので、よく見る。

④ 出来るだけ戸外で遊ばせる。床の上に寝転ぶ機会を少なくする。

7．生活習慣病についての対応

ⅰ）肥満の判定と連携の仕方

　子どもの肥満判定には、肥満度が使われています。年齢、性別、身長から標準体重を求めて、現在の体重が何割増しかをパーセントで表したものです。幼児の場合は、肥満度15％以上が、学童の場合は肥満度20％以上を、肥満としている。更に、本人の出生からの身長と体重の記録を身体発育曲線にプロットすると、単純性肥満の中の良性か、悪性型かが分かります。まれに病気が原因である症候群性肥満（プラダーウイリー、ピックウイック症候群など）を見つけることもできます。

両性型は、生まれながらに大柄で、身体発育曲線に沿って大きくなっています。このタイプは、よく動いて好き嫌いなく食べ、血液検査をしても異常がないので、1年ごとに経過を見ればいいタイプで、いわゆる「肥満」です。

　悪性型は、例えば3歳の時期に、急に体重が増えて、身体発育曲線の曲線に沿っていない場合です。家の中でも動かず、食事は偏食が見られます。現時点で血液検査の値が悪くなくても、定期的にチェックしていく必要があるタイプです。実際は、生活習慣を改めていかないと、幼児期でもメタボリックシンドロームといわれるような状態になることがあります。これが「肥満症」です。

　医療機関へつなげる対象は、後者の「肥満症」です。まず、お子さんの身体発育曲線を作成し、保護者の方に見せます。普通ではない体重の増加は、親の意識を高めて協力を得ることができるからです。そして、医療機関を勧めるにあたっては、子どもが幸いにも健康であり、病院に行く経験があまりないので、小児科を受診するのか、予約が必要かどうか、診療時間帯などを教えるとよいでしょう。その時は嘱託医と連携を図ることです。そして、嘱託医から保護者に向けて、なぜ治療が必要かを整理して話してもらい、理解してもらえるとスムーズにいきます。この動機付けが一番重要です。園でも、地域の病院リストなどをファイルし、いつでも紹介できるようにしておくことが大切です。

ⅱ）園で取り組むこと
①食事面において
　　食事の噛み方を観察する。食事を上手に噛むには、食事を摂っている時の姿勢や食具の扱いとも関係がある。前歯で食物をまず捉えて、噛めないほどの食物を口の中に入れないことを学習させる。食べ物を口に入れてすぐに水分で流し込む食べ方をしている、子どもには、そしゃく学習のために、食間には水分を出さないようにする。自然に噛めるように指導する。

　　3歳を過ぎれば、奥歯が生え揃い、機能的には何でも噛み砕くことができるようになる。食べづらさはそれほど感じられなくなるので、好き嫌いをなるべく少なくしていくことが必要である。嫌いなものを摂る努力をさせることも、幼児期からは必要である。保育者は時には励まして、食べられたら褒めるような、根気のいる付き合い方が肥満改善につながる。

②運動面において
　　苦手とする運動は、無理にさせる必要はない。この時期は、単純に汗をかいて、友だちと楽しく遊ぶ楽しさが分かるようになるとよい。例えば、鬼ごっこ、ボールゲーム、プールでの遊びなどである。水泳は、きれいなフォームで泳ぐことを目指すよりも、水中遊びの方が楽しく、夢中になって体を動かすものである。このように園でできることは、体を使った遊びとお腹を空かせて苦手な食事も取れるようにすることなのである。

第3部　衛生管理・応急処置・健康管理

③家庭への生活指導のあり方

　園の中でも連携をとり、家庭への生活指導ができる環境なら、個別に指導を開始してみる。個人のプライバシーに踏み込むことになるので、園の中での共通理解は必要だが、他の保護者たちには情報を漏らしてはいけない。

　まず、動機付けができたら、個別の指導を行う。尋ねる要点は、家族の病歴、家族関係、生活リズム、食事と間食の内容、誰と食べているか、休日の過ごし方、自分のことは自分でさせているかなどである。聞きながら保護者の方も改善点に気付くことがある。できれば1ヶ月毎の身体計測で肥満度を求めて評価するとよい。問題点を見つけて改善に努力しても、体重が増えることがある。それは、保護者の方が問題意識を持っていないか、さらには症候性肥満を疑うことも必要である。特に、身長の伸びが身体発育曲線に沿っていない時は、早急に医療機関の受診を勧める。いずれも、保護者とまず十分なコミュニケーションをとり、説明しやすい状況をつくることから始まる。それから具体的な案を提示する。保護者は、野菜料理のおいしい作り方、簡単でバランスよく作れる食事、おやつの適量、外食の摂り方などを知りたがっている。また、子どもとの休日の過ごし方、子どもの自立に向けての接し方など、対応の仕方についてはアドバイスが必要である。集団としての取り組みは、保護者向けの勉強会や、親同士の話し合いの時間が持てるとさらによい。

　また、以下のチェックリストを活用するとよい。

チェック	食　事　編
	食事時間は15分以内ですます
	テレビを見ながら食べている
	夕食の始まりは7時を過ぎている
	食事と食事の間もだらだらとつまみ食いをする
	夜遅く帰宅した親の食事に子どもが付き合う
	朝ごはんを食べない
	休日は朝昼兼用の食事になりやすい
	食事の献立は1汁2菜ではない
	料理の盛り付けは大皿盛である
	毎食洋食ばかり、1皿料理ばかりと献立が偏る
	おやつはスナック菓子、ケーキなど脂肪や糖分が多いものばかり食べている
	おやつの食べる量や時間が決まっていない
	買い食いしている
	夕食後には必ずデザートやお菓子を食べる習慣になっている
	お菓子やジュースの買い置きがあり、自由に食べられる
	1年中アイスクリームを食べている
	水代わりにジュースやイオン飲料、牛乳を飲んでいる
	嫌いなものは残す
	外食に週1回は行く
	外食では必ずデザートを頼む
	焼肉、回転寿司屋に行き大人並に食べる
	食べ放題の店に連れて行く

チェック	生　活　編
	朝はなかなか自ら起きられない
	食後は食器を片付けない
	着る服は親が用意し着替えを手伝う
	園のカバンの用意や片付けは自分でしない
	テレビやテレビゲームの時間が長い
	外遊びに連れて行かない
	移動は車や自転車を利用し歩かない
	テレビはいつもついたままが多い
	身体を使う遊びを知らない
	夜10時以降の就寝である

8．園における虫歯予防対策

ⅰ）うがい・歯磨きの実施

　食後に口の中に残った食べかすは、通常は唾液が分泌されて徐々にきれいにしてくれます。唾液が届きにくい部位に残った食べかすは、ぶくぶくうがいでかなり取り除けますが、虫歯が関与して歯に付着した汚れ（プラーク）は、歯ブラシでしっかり磨かないと取り除けません。溝のある奥歯が生え、糖分の多い食べ物を取り始める1歳半頃には、歯ブラシを使った歯磨きが必要となるのはこのためです。

①ぶくぶくうがい

　1歳頃になると、コップから水を飲むことも上手になり、口をふくらませたり吹いたりができるようになる。2歳頃には、水をふくんでから出したり、ぶくぶくうがいもだんだんできたりするようになる。水をふくんだ後の頬の膨らませ方などを教えてあげると上達しやすい。

　園では、2歳児を目安に、食後に水を入れたコップを用意して、ぶくぶくうがいを始める。その後自分で歯磨きが出来るようになったら、磨いた後のうがいに移行していく。

②歯磨き

　3歳頃からは自分で磨けるようになるので、2歳児から園での昼食後の歯磨きの実施をし、保育者が一緒に磨いて磨き方を教えていく。危険防止のために、歯ブラシをくわえたまま立ち歩いたり、遊んだりしないよう注意する。

③虫歯菌の伝播への対応

　園での生活で、同じ玩具をなめあったりして園児同士が、また食事介助をしていて同じ食具を使ったりして、保育者から園児にと菌が伝播する機会をつくってはいけない。

　プラークは細菌の塊といえるものなので、歯ブラシを共有する、食べ物を噛み砕いて与える、などの行為は、菌の伝播を引き起こしやすくなる行為である。また、分泌されたばかりの唾液はほぼ無菌だが、口の中に貯まっているうちにプラーク中や粘膜上の菌が唾液中に移行するため、菌の感染源となりうる。周囲の人たちの口の清掃が十分行われていれ

第3部　衛生管理・応急処置・健康管理

ば、プラークも唾液中の菌も少ないため、日常生活で菌が子どもに伝播・定着するリスクは少なくなる。虫歯予防も、口を通じて子どもの心身の健康づくりをする。

ii）重症虫歯により生じた生活上の問題への対応
①重症虫歯による歯の痛みや顔の腫れなどで園での共同生活に支障が出る場合
　　食事の様子などから虫歯による痛みが疑われた場合、保護者と連携をとって歯科受診を勧める。強い痛みや顔の腫れを伴う場合は、早急な受診が必要となる。また、顔の腫れの場合は、他の感染症の疑いもあるので、重症虫歯の有無に関らず受診が必要である。ただし、外傷などと違って保育者が付き添って受診するまでの緊急性はほとんどありえないので、家庭へ連絡を取って受診してもらう方が良い（医療機関においても、処置に際して保護者の了承が必要となる）。

②重症虫歯により咀嚼や発音などの障害が見られる場合
　　虫歯が進行して、歯が崩壊して根だけの状態になったりすると、急な歯の痛みを訴えることは少なくなるが、「前歯で噛み切れない」「サ行の発音が上手くできない」「硬いものが上手く噛めない」など、子どもが生活していく上での支障が生じる。虫歯が重症化するには、虫歯発生につながる生活状況ばかりでなく、受診に積極的でない保護者の考え方や通院のための時間が避けない家庭状況、子どもが嫌がって診てもらえないなどの地域の歯科医療の状況など、様々な理由が考えられる。保護者と問題を共有しながら、対策を検討していく必要がある。もちろん、重症虫歯で上手く噛めない子どもには、食形態などに対する配慮も必要である。

　　重症虫歯になるほど、通院に回数がかかったり、治療を子どもが嫌がったりと、保護者の負担も大きくなる。歯科の嘱託医にも協力してもらい、子どもと保護者の両者を励まして受診行動を促していくことが重要である。また、いくら連絡を取っても、重症虫歯が放置されている場合、虐待の一種であるネグレクトが疑われることもある。家庭の状況や子どもの様子などを見ながら注意して対応を図る。

9．慢性疾患のある子どもへの対応
ⅰ）家族からの要望
　　厚生労働省の検討会の報告書によれば、慢性疾患のある子どもとその家族の要望は、「より良い医療」「安定した家庭」「積極的な社会参加」の3つに集約されている。詳細は、以下のホームページで見られる。

http//www.mhlw.go.jp/houdou/2002/06/h0628-1.html

ⅱ）慢性疾患児の保育

保育者は、以下の事項などを参考に、子どもへの接し方をしなければなりません。

①疾病のチェック

入園する前に診断書を取り寄せて疾病の確認を行い、保育上の注意点を把握し、必要な場合は、生活行動上の管理区分を十分記録する。

慢性疾患のある子どもの場合、通常その治療方針を決めている主治医がいる。保育する上で不明の内容は、その主治医と連絡を取り合って解決しなければならない。ただし、医師には守秘義務があるので、保護者の了解の下に行う必要がある。

初めは、疑問点を手紙に書いて保護者に手渡し、医師からの返事は、保護者を通じて行うとよい。そして、主治医との連携に関して保護者の了解を得られれば、医師と直接やりとりして医療的な意見を求めたり、また、緊急時は医療機関に電話連絡したりして、直接指示を得られるようにしておく。

② QOL の向上

慢性疾患である以上、生涯続くかもしれないし、療養が必要かもしれない。それは子どもも親も不安である。ある時は死と直面しているかもしれない。そのことを心に留めて愛情ある言動で接して、生きる喜びを与えたいものである。

医療機関で受ける検査や治療は、非常に痛かったりし、かなり辛い場合がある。しかし、病気が安定している期間は、一般的な保育がほぼ可能となっているので、その保育中こそ、生きていて良かったという実感を味合わせたいものである。慢性疾患のある子どもも、可能な範囲で生活発表会・運動会・遠足などに参加させる。

③感染症への注意

病気の寛解期には、集団生活の中で極力特別扱いしない方がよい。しかし、少しでも異変があれば、それに対応できるよう、また感染症にかからないように特に注意しなければならない。

心疾患のある子どもが肺炎にかかると、心臓に開いている穴が大きくなり、心臓の病変が悪化することがある。白血病やネフローゼ症候群の子どもが水痘にかかったり、溶血性貧血や重症心身障害児がりんご病にかかったりすると、重症化することがある。周囲に感染症の人がいることに気づいたら、極力早めに保護者に知らせる。どのような感染症がどのくらい怖いか通常、保護者は医師から聞かされて知っているので、「隔離する、迎えに来る、一時休園する、予防接種する」など、適切に対処しなければならない。

④罪悪感を抱かせない注意

慢性疾患のある子どもの親、ことに母親は、自身で罪悪感を持っていることが多い。妊娠中の生活、又は自分の育て方が悪くて子どもが病気になったのではないか、と心配している母親が多い。母親と話をする場合、そのことを念頭において、母親が弱点と思ってい

第3部　衛生管理・応急処置・健康管理

る内容に関する発言は避ける。母親のせいで発生する子どもの慢性疾患は、ほとんどないので、そのことを母親に理解させ、無用な心配をさせない配慮も大切である。

⑤健康観察

　各種の慢性疾患のある子どもでは、症状が出てきた時には病気が進行していたり、異常に対して反応が鈍かったりする場合がある。子ども一人一人の体質傾向や基礎疾患を理解した上で健康観察を行う。普段の子どもの様子と違えば、早めに保護者に連絡をする。

　また、長期的にも短期的にも体重の増減が見られるので、病気の悪化を早期に発見する意味、またその疾患の経過を知る意味で、定期的に体重を計測する。一般的に慢性疾患児は、治療しないと徐々に体重増加不良になることが多い。そして、急に体重が減ったり、逆に増えたりした場合は、急に悪化した恐れがあるので注意する。

⑥慢性疾患児の理解

　慢性疾患のある子どもとその家族への接し方を、他の保育者と話し合うなど、自分の事を気に留めて考えているかどうかは、小さな子どもでも敏感に感じ取っているもので、全職員で把握しておくようにする。

10. アトピー性皮膚炎のある子どもへの対応

ⅰ）保護者との連絡

　アトピー性皮膚炎は、乳幼児期に多く、陽地上の生活の場でかゆみを訴えたり、湿しんが悪化したりすることもあり、保護者から対応を依頼されることも多くあります。できるだけ細かく気を配ることが必要です。下の表のように保護者との間で確認しておくことが大切です。

　アトピー性皮膚炎のスキンケアの対応は、皮膚の清潔、皮膚の保湿ならびに皮膚の外用療法に分けられます。薬を使用する場合には、医師の指示の下、薬の種類、塗る部位、回数などを確認します。

　アトピー性皮膚炎を持つ子どもは、喘息や食物アレルギーなどの病気も一緒にあることがよくあります。それらの症状やアレルゲン、また、食物アレルギーの場合には、除去する食品なども確認します。動物への接触や薬・食べ物の接触で皮膚の症状が悪化することもあるので確認をすることが必要になります。

保育者との間で確認しておくこと

　○痒みが起きた時の対処法
　○緊急連絡先（自宅、勤務先、携帯電話などすぐに通じる連絡手段）
　○薬を使用する場合は、塗り方など
　○日々の体調の変化
　○アトピー性皮膚炎以外のアレルギーの有無（症状・対応・アレルゲンなど）
　○アレルゲンや除去食
　○日常生活で注意すること（動物への接触、虫さされなど市販の薬で合うもの、合わないものなど）
　○参加できない行事

ⅱ）外用療法

　アトピー性皮膚炎においては、皮膚症状の改善と保護を目的として、外用剤（塗り薬）が用いられます。皮膚の炎症を抑える薬として、ステロイド外用剤があります。その他、皮膚の保湿、保護を目的とした、一般的な保湿用の外用剤があります。

　外用剤を用いる回数は、1日2回（起床時など朝と夕、あるいは入浴後）を基本とします。したがって、外用剤は主に家庭での使用と考えた方がよいが、保湿剤などは医師の指示の下、園においても適宜使用してよいでしょう。

ⅲ）アトピー性皮膚炎の合併症とその対応

　アトピー性皮膚炎の場合、合併症として皮膚の感染症にかかりやすくなります。いつものアトピー性皮膚炎の症状と明らかに違う皮膚の異常に気づいたら医師の受診を勧めます。

①とびひ（伝染性膿痂疹）

　　夏に乳幼児によく見られる。はじめは水疱として生じ、膿が周囲に次々と飛び火していき、皮膚が乾いた状態になって治っていく。黄色ブドウ球菌や溶血性連鎖球菌のような細菌の感染により起こる。シャワーなどで患部を清潔にした後、ガーゼで患部を保護する。

②いぼ（伝染性軟属腫）

　　幼児に多く見られる。直系1～5mm程度の半球状に盛り上がった小さなイボ。色は淡い紅色で、中央が凹んでへそ状になっているのが特徴である。湿疹のあるところにできることが多く、痒みのためにひっかくことによって、更に周囲に広がっていく。

　　少し時間はかかるが、自然に治癒することが知られている。わざわざ痛みを伴う切除を行う必要はない。皮膚の清潔に気をつける。ウィルスによる病気のため、ステロイド外用剤で悪化する。水イボの部分にはステロイド外用剤は塗らないようにする。

③純ヘルペス

　　単純ヘルペスウィルスにより起こる。口唇や口の周囲に小水疱、赤みができ、痛みを伴う。1週間程度で治癒するが、再発を繰り返す場合もある。風邪をひいたり、疲労が重なったりすると再発しやすくなるので、注意が必要である。

11．園内における生活面での配慮

①汗をかいた後の対応

　　園庭での外遊びなどで汗をかいた後、そのままにしておくと痒みが増し、ひっかくことで湿疹がひどくなる。汗をかいた後はタオルでよく拭く。着替えの下着を多めに持って来てもらうようにする。

②砂場遊び

　　砂場遊びは子どもが大好きな遊びであるが、汚れにより湿疹の悪化要因ともなる。遊ん

第3部　衛生管理・応急処置・健康管理

だ後はよく手を洗い、拭くようにする。

③プール遊び

　症状が強い時は、夏の強い日差しの中でのプール遊びは控える。プールの後はシャワーでよく体を洗い流すようにする。

④日光浴

　日光浴で太陽の日差しを浴びることは、健康な体をつくる上で大切である。しかし、アトピー性皮膚炎が全身に広がっている場合には、あまり皮膚を露出しないようにする。また、長時間の強い日差しは避けるようにする。

⑤虫よけ剤

　虫よけ剤は普通に使用して構わないが、念のため保護者に確認する。あまり、頻繁に用いないようにする。

⑥日焼け止め

　日焼け止めクリームなどの使用はアトピー性皮膚炎でない子どもと同様で構わないが、できればあまり使用せず、皮膚を露出しないような服装をする。

12．体調の悪い子どもを保育する時

熱があっても保育を希望する場合（※ 37.5℃の発熱が基準）

① 病院に行っていない時は、「お熱が高いようですので、病院に行かれた方がよろしいと思いますが」と告げ、まず病院へ行ってもらい、医師に「園での集団生活が可能かどうか」を確認してもらう。

② 病院で「休みなさい」と指示されても、どうしても都合がつかず、保育を希望したいと申し出があった時、「園長に相談してみますのでしばらくお待ちください」と言う。近くに祖父母のいらっしゃる方、単身家庭の方、仕事を始めたばかりの方など、家庭の状況により個別の対応をする。

③ 感染症の疑いのある場合は「他の子どもさんにうつるものですから」と丁寧に話し、休んでいただく。

④ 園長と相談し受け入れる時は、「熱が高くなったり様子が変わったりすればすぐに電話を入れます。連絡先は職場でよろしいでしょうか」と確認をする。保育日誌に、熱があっても親の申し出で保育したことを記録しておくようにする。

ⅰ）保育の配慮

① 定期的に（10時・12時・15時・17時）検温をして、保育日誌などに経過を記入する。昼寝の後に熱が上がることが多い。

② 体調の悪い子どもを保育していることを全職員が知っておくようにする。他の保育者

が、戸外遊びをさせてしまうことがないように気をつける。
③　与薬依頼がある場合は、時間通りに服用させ、水分補給をこまめにする。
④　食事量を観察し、食欲がない時には、スープや果物など口当たりのよいもの（本人が食べたがるもの）を勧める。
⑤　できるだけ安静に過ごせるようにし、静かな場所でゆったりと過ごさせる。
⑥　戸外遊びや水遊びは特に体力を消耗しやすいので、保護者と連携をとり、控えた方がよいことを話す。

ⅱ）翌日への引継ぎ
①　熱の変化、誰が何時に電話をしたかなどの経過や、迎えの時の保護者の気になる表情や会話を記録する。例えば、熱が続いているにもかかわらず休ませない。とびひが広がっていても病院に行こうとしないなどがある。
②　翌日に自分が病気の園児の受け入れをするつもりで、「発しんが増えていないか」「病院受診しているか」などのポイントを、保育一覧表やクラスのホワイトボードなどで引き継いでおくようにする。
③　保護者との対応で特別に配慮が必要な場合は、翌朝、誰が何時頃にその子どもを受け入れるかを決め、園長・主任と対応を確認しておくようにする。

13. 健康診断の受け方

①　嘱託医が月1回、園児の健康状態を検診してくださっている。どんな些細な健康発達相談でも受けてくださるので、子どもの発達状態や健康状態で日頃から気になることはこの機会に尋ねるようにする。
②　保護者や地域の方にも園だよりなどで知らせ、育児相談の機会として利用するようにする。
③　健康診断には、主任や看護師が介助につき、スムーズにできるようにする。準備や記録など担当を決め責任をもって行うようにする。
④　健康診断事前調査票を受診3日前に保護者に配布し、受診の日はその調査票の内容を嘱託医に告げるようにする。

ⅰ）準備
舌圧子、懐中電灯、お盆、手洗い用洗面器、消毒液（オスバン液）、タオル、健康診断記録用紙
　・0歳児：オムツを交換しておく。
　・1歳児：保育者が抱いて診てもらう。
　・2歳児以上：側で看護師が介助し、保育者も側で付き添う。

第3部　衛生管理・応急処置・健康管理

ⅱ）手順

① 相談事項を忘れないようにその都度「園児健康診断票」に記録しておく。前日に主任が各クラスを回り、再度要相談園児の把握をする。
② 当日朝、○○病院に電話して、「本日の健康診断よろしくお願い致します」と伝える。
③ 先生がみえる前には、全ての準備を整え玄関にスリッパを揃えておく。部屋の電灯をつけ明るくする。
④ お見えになったら玄関に出迎え、「いらっしゃいませ、お世話になります」と丁寧にあいさつする。
⑤ 主任保育者・看護師がつき、年齢の小さな子どもから順に健診を受ける。熟睡している子は、無理に起こさず時間をずらして診ていただくようにする。0歳児はオムツ交換台で寝かせて、股関節などを診てもらうようにする。
⑥ 健診終了後、洗面所で手を洗い消毒（オスバン液）していただくようにする。
⑦ 事務室で気になる子どもの症状や流行している病気などについて尋ねる。お茶を差し上げる。
⑧ お帰りの際は、外に出て門扉を開けて丁寧に送る。
⑨ 健診結果をまとめる。

ⅲ）子どもに身につけさせたいこと

① 嘱託医とのやりとりの中で、自分の身体の仕組みや健康状態に関心をもつようにする。
② 順番に受診する、静かに待つなどのルールを身につける。特に聴診器を当てている時は音を立てないことを知らせる。
③ 家族、保育者以外に自分を見守っている人の存在を知る。

ⅳ）健康診断の結果について

①当日に児童票・健康診断票に記入する

〈児童票に「異常あり」と記入するもの〉

＊経過を見たり手術をしたりしなければならない病気。入園当初から分かっている股関節脱臼、陰嚢水腫、臍ヘルニア、そけいヘルニアなど。
＊嘱託医師が小児科を受診した方が良いと診断したもの。「喘鳴がある」、「心音が気になる」など。

〈気になるが児童票には記入しないもの〉

＊怪我や感染症などは園長に報告し決める。すぐ治癒するものは「異常なし」。
＊かかりつけの医師の診断と嘱託医の診断が違う場合は、園長に相談する（保護者を混乱させることは伝えない場合もある）。

＊発達の遅れが気になる。個人差の範囲であれば「異常なし」なので経過を見ていく（首の座り、歩行の遅れ、言葉の遅れなど）。

②全職員に結果を伝達する
③保護者に伝える

＊発達の遅れなどの心配は、園長に相談し、伝えるタイミング、話し方を検討する。
　・低身長
　・肥満度
　・身体の傷等
「個人差が大きいので何とも言えないのですが、周囲の子どもに比べて、少し首の座りが遅いようです。念のために専門の病院で診ていただいたらいかがでしょうか」というような言い方を参考にする。

＊股関節脱臼や病院での再診を必要とするような病気の疑いがある場合は、どのように伝えるかを園長に相談する。

＊「安心のためにも一度検査を受けられたらいかがでしょうか」

＊病院に通い経過観察中であれば、特に、嘱託医師の診断は伝えない。

＊結果異常ない場合は何も通知しないことを保護者へ事前に伝えておく。
　・歯科検診結果：異常のある時のみ結果表を配布し、受診を勧める。
　・眼科健診結果：異常のある時のみ結果表を配布し、専門医の受診を勧める。
　・耳鼻科健診結果：異常のある時のみ結果表を配布し、専門医の受診を勧める。
　・ぎょう虫検査結果：異常がある時のみ通知し、陽性児は家族揃って駆虫剤を飲んでもらう。
　・尿健診結果：異常のある時のみ通知し、再検査を受けてもらう。

④指導を受け保育に反映

＊はいはいをしない。
　保育園において積極的に腹ばいで遊ばせ、ハイハイの要領を知らせる。

＊肥満である。
　家庭と連携をとり食事内容と運動のバランスを考える。原因が食事の時は、しばらく食事内容を書き出し、検討対応する。

＊やせている。
　一口でも多く食べられるような食事の工夫。家庭への栄養価の高い食品の紹介する。

＊便秘気味。
　保護者に、繊維質の食品を紹介する。保育園ではヨーグルトの摂取を多くする。水分を十分に摂るようにすすめる。

＊湿疹（あせも）が出ている。

第3部　衛生管理・応急処置・健康管理

汗をかいた後は、シャワーをする。着替えを徹底し経過を見る。保護者には吸湿性のある綿のシャツを用意してもらう。

＊虫さされがある。

爪を切り、かきむしらないようにする。汁が出ているようであったら、消毒してガーゼで覆うようにする。

14. 救急用具〜園に常備しているもの例〜

① 決められた薬品棚に保管する。

② 使ったら必ず元の場所に戻す。

③ 有効期限を見ながら入れ替え、補充をする。

消毒薬

薬品名	内　容
マキロン	消毒、切り傷、すり傷
オキシドール	消毒
消毒用アルコール	玩具消毒、手指、机の消毒
ヒビテン	手指、床、机の消毒
オスバン液	嘔吐物や便などの床、シラミが発生した時及び感染症が流行している時の床や畳の消毒、トイレの便座（トイレ掃除の後
次亜塩素酸ナトリウム液	ミルトン、キッチンハイター、キッチン泡ハイターなどを利用する（すべてのウィルス・細菌に有効）

外用薬

薬品名	内　容
ヒルドイド軟膏	噛みつき、打ち身跡
オロナイン軟膏	ひっかき傷、すり傷
クロマイーP軟膏	化膿止め、爪先の傷など治りにくいところに
抗ヒスタミン軟膏　小児用ムヒ	虫さされ、じんましん
ポリベビー	虫さされ、オムツかぶれ
白色ワセリン	肌荒れ
ベビーオイル	沐浴前の汚れを浮かせる、保護
パテックス（湿布）	打ち身、こぶ

薬品以外のもの

品　名	内　容
綿棒	耳垂れを拭くなど
滅菌ガーゼ	大きな傷、出血を止める
脱脂綿、カット綿	
伸縮包帯・アミ包帯	傷の手当て
サージカルテープ	ガーゼを止める
カットバン（絆創膏）	
電子体温計	腋下（予測式、実測式）
熱吸収皮膚低下シート	発熱（特別な場合のみ）
らく飲み（洗眼用）	目にごみが入った時洗い流す（未満児用）
マスク	調理の予備として
ピンセット	
とげ抜き	
爪切り	乳児用と幼児用を用意
はさみ	ガーゼを切る
副木	（運動会用に持参）骨折疑い時の固定
体重計	身体計測用
身長計	身体計測用
メジャー	身体計測用
ペンライト	健康診断時使用

散歩時の緊急セット

＊滅菌ガーゼ　＊とげ抜き　＊洗浄綿　＊絆創膏　＊抗ヒスタミン剤
＊三角巾　＊小銭　＊携帯電話　＊おんぶひも　＊着替え
＊タオル　＊靴下　＊おむつ　＊保育園の所在地を明記したもの

第4部

防災・安全管理

第1章　防災気象情報

第1節　各種気象情報

　わが国では、台風や低気圧、前線などによる大雨・大雪、暴風・高波・高潮などによって毎年のように風水害、土砂災害などが発生しています。気象庁発表の防災気象情報は都道府県の防災部局等を通じて市町村へ、また、テレビ・ラジオ等のマスメディアを通して私たちのもとへ届けられています。

　気象庁は、災害が起こる恐れのある時に「注意報」を、重大な災害が起こる恐れのある時に「警報」を発表し、警戒を呼びかけています。その種類は下表の通り、7種類の警報と16種類の注意報ですが、警報や注意報に先立って住民に注意を呼びかけたり、警報や注意報を補完するために「気象情報」を発表しています。気象情報は、警報や注意報と一体のものとして発表され、防災上極めて重要な情報です。警報や注意報が発表された時は、気象情報にも気をつけることが大切です。

警報と注意報の種類

大雨警報	洪水警報	大雪警報	暴風警報	暴風雪警報	波浪警報	高潮警報
大雨注意報	洪水注意報	大雪注意報	強風注意報	風雪注意報	波浪注意報	高潮注意報
濃霧注意報	雷注意報	乾燥注意報	雪崩注意報	着氷注意報	着雪注意報	融雪注意報
霜注意報	低温注意報					

1．台風情報

　台風が日本に近づくと、各地の気象台では台風に関する情報などを発表し、マスコミが一斉に台風の動きを伝えます。それらの情報を有効に利用し、災害を防止・軽減するためには台風に関する正しい知識が不可欠です。

ｉ）台風に伴う風の特性

　台風は巨大な空気の渦巻きになっており、地上付近では上から見て反時計回りに強い風が吹き込んでいます。そのため、進行方向に向かって右側では、台風自身の風と台風を移動させる周りの風が同じ方向に吹くため風が強くなります。逆に左側では台風自身の風が逆になるので、右側に比べると風速がいくぶん小さくなります。

　また、台風が接近して来る時は、進路によって風向きの変化が異なります。西側または北側を台風の中心が通過する場合、「東→南→西」と時計回りに風向きが変化します。逆に、東側や南側を台風の中心が通過する場合は、「東→北→西」と反時計回りに変化します。周りに建物などがあると、風向きがはっきりと変化するとは限りませんが、風向きの変化は台風に備える際の参考にしてください。

第4部　防災・安全管理

　そして、台風の眼に入ると風は急に弱くなり、時には青空が見えることもあります。しかし、眼が通過した後は風向きが反対の強い風が吹き返します。

　台風の風は陸上の地形に影響を受け、入り江や海峡・岬・谷筋・山の尾根などでは風が強く吹きます。また、建物があるとビル風と呼ばれる強風や乱流が発生します。道路上では橋の上やトンネルの出口で強風にあおられるなど、局地的に風が強くなることもあります。

　台風が接近すると、沖縄、九州、関東から四国の太平洋沿岸では竜巻が発生することがあります。また、台風が日本海に進んだ場合には、南よりの風が山を越えて日本海側に吹き下りるフェーン現象が発生し、火災が発生した場合には延焼しやすくなります。

ⅱ）台風に伴う雨の特性

　台風は、垂直に発達した積乱雲が眼の周りを取り巻いており、そこでは猛烈な暴風雨となっています。この眼の外は濃密な積乱雲が占めており、激しい雨が連続的に降っています。さらに外側200〜600kmのところには帯状の降雨帯があり、断続的に激しい雨が降ったり、時には竜巻が発生したりすることもあります。

　また、暖かい湿った空気が台風に向かって南の海上から流れ込むため、日本付近に前線が停滞していると、その湿った空気が前線の活動を活発化させ、大雨となることがあります。雨による大きな被害をもたらした台風の多くは、この前線の影響が加わっています。前線の活動を活発化して降る雨もあることを忘れてはいけません。

2．記録的短時間大雨情報

　気象庁は、数年に一度しかないような記録的な短時間の大雨を観測した時は、より一層の警戒を呼びかけるために「記録的短時間大雨情報」を発表しています。これは、大雨警報発表時に、現在の降雨がその地域にとって災害の発生につながるような、稀にしか観測しない雨量であることを知らせるためです。住んでいる地域や隣接地域が名指しで発表された時は、近くで災害の発生につながる事態が生じていることを意味しています。身を守ることを第一に行動してください。

3．土砂災害警戒情報

　大雨による土砂災害発生の危険度が高まった時、市町村長が避難勧告等を発令する際の判断や住民の自主避難の参考となるよう、都道府県と気象庁が共同で「土砂災害警戒情報」を発表します。

　土砂災害警戒情報は、降雨から予測可能な土砂災害のうち、避難勧告等の災害応急対応が必要な土石流や集中的に発生する急傾斜地崩壊を対象としています。しかし、土砂災害は、それぞれの斜面における植生・地質・風化の程度、地下水の状況等に大きく影響されるため、個別の災害発生箇所・時間・規模等を詳細に特定することはできません。また、技術的に予測が困難である斜面の深層崩壊、山体の崩壊、地すべり等は、土砂災害警戒情報の発表対象ではありません。

　土砂災害警戒情報が発表されていなくても、斜面の状況に注意を払い、普段とは異なる状況（土砂災害の前兆現象）に気がついた場合は、直ちに周りの人と安全な場所に避難してください。日頃から危険箇所や避難場所、避難経路を確認しておくことも重要です。

4．雷注意報

　雷を発生させる電荷の分離は、雲の中で「あられ」と「氷晶」の衝突により起こると考えられています。湿った空気が激しく上昇して上空の低温層に達するとあられや氷晶が多量に発生し、雷雲となります。雷雲の背丈は夏は7km以上、冬は4km以上となります。

　気象庁の雷ナウキャストは、雷の激しさや落雷の可能性を1km^{2}単位で解析し、1時間後までの予測を10分毎に更新して提供しています。気象庁のホームページからご覧ください。

　雷鳴が聞こえる、雷雲が近づく時は、落雷が差し迫っています。以下のことを念頭に速やかに安全な場所へ避難することが、雷から身を守るために有効です。

① 　雷は、海面・平野・山岳など所を選ばずに落ちます。近くに高いものがあると、これを通って落ちる傾向がある。グランドやゴルフ場・屋外プール・堤防や砂浜・海上などの開けた場所や、山頂や尾根などの高い所などでは、人に落雷しやすくなるので、できるだけ早く安全な空間に避難する必要がある。

第4部　防災・安全管理

② 鉄筋コンクリート建築・自動車（オープンカーは不可）・バス・列車の内部は比較的安全な空間である。また、木造建築の内部も基本的に安全ですが、全ての電気器具・天井・壁から1m以上離れれば更に安全である。

③ 近くに安全な空間がない場合は、電柱・煙突・鉄塔・建築物などの高い物体のてっぺんを45度以上の角度で見上げ、4m以上離れた保護範囲に退避する必要がある。高い木の近くは危険で、最低でも木の全ての幹・枝・葉から2m以上は離れなければならない。姿勢を低くして、持ち物は身体より高く出さないようにし、雷の活動が止み、20分以上経過してから安全な空間へ移動していくようにする。

5．竜巻注意情報

　竜巻注意情報は、積乱雲の下で発生する竜巻、ダウンバースト等による激しい突風に対して注意を呼びかける情報で、雷注意報を補足する情報として、各地の気象台等が担当地域を対象に発表しています。この情報の有効期間は発表から1時間ですが、注意すべき状況が続く場合は、竜巻注意情報を再度発表しています。

　竜巻などの激しい突風に対する気象情報は、発生の可能性に応じて段階的に発表しています。半日〜1日程度前には、気象情報で「竜巻などの激しい突風の恐れ」と明記して注意を呼びかけています。数時間前には、雷注意報でも「竜巻」と明記して特段の注意を呼びかけ、さらに、今まさに竜巻やダウンバーストなどの激しい突風が発生しやすい気象状況となった段階で、「竜巻注意情報」を発表しています。

　竜巻などの激しい突風の発生可能性の予報として、気象庁は竜巻発生確度ナウキャストを常時10分毎に発表しています。竜巻注意情報は竜巻発生確度ナウキャストで発生確度2が現れた地域に発表しています。

　激しい突風をもたらす竜巻は、発現時間が短く、発現場所も極めて狭い範囲に限られます。しかし、この竜巻注意情報は比較的広い範囲（概ね一つの県）を対象に発表しているので、竜巻注意情報が発表された地域では必ず竜巻などの突風に遭遇するとは限りません。

　竜巻注意情報が発表された場合には、まず簡単にできる対応として、次のようなものがある。

① 周囲の空の状況に注意を払う。

② 空が急に真っ暗になる、大粒の雨が降り出す、雷がなるなど、積乱雲が近づく兆候が確認された場合には、頑丈な建物に避難するなどの身の安全を確保する行動をとる。

③ 人が大勢集まる屋外行事や高所作業のように、避難に時間がかかる場合には、気象情報や雷注意報に留意し早めの避難を心がける。

　竜巻注意情報が発表された場合、気象庁のホームページから竜巻発生確度ナウキャストを見れば危険な地域の詳細や、刻々と変化する状況を把握することができる。雷注意報や竜巻注意情報と竜巻発生確度ナウキャストとを組み合わせて利用すると効果的である。

6．地震情報について

気象庁は、地震発生後、新しいデータが入るにしたがって、下記の表の順次で情報を発表しています。

地震発生後の発表の順序

地震情報の種類	発表基準	内容
①震度速報	震度3以上	地震発生約1分後に、震度3以上を観測した地域名と地震の揺れの発現時刻を速報
②震源に関する情報	震度3以上（津波警報又は津波注意報を発表した場合は発表しない）	震源やその規模を発表。「津波の心配はない」又は「若干の海面変動があるかもしれないが被害の心配はない」旨を付加
③震源・震度に関する情報	以下のいずれかを満たした場合 ・震度3以上 ・津波警報又は津波注意報発表時 ・若干の海面変動が予想される場合 ・緊急地震速報・警報を発表した場合	震源やその規模、震度3以上の地域名と市町村を発表。震度5以上と考えられる地域で、震度を入手していない地点がある場合は、その地町村名を発表
④各地の震度に関する情報	震度1以上	震度1以上を観測した地点のほか、震源や規模を発表。震度5以上と考えられる地域で、震度を入手していない地点がある場合は、その地点名を発表
⑤遠地地震に関する情報	国外で発生した地震については、以下のいずれかを満たした場合等・震度7以上一都市部など著しい被害が発生する可能性がある地域で大きな規模の地震を観測した場合	発生時刻、震源、規模をおおむね30分以内に発表。内外への津波の影響に関しても発表
⑥その他の情報	顕著な地震の震源要素を更新した場合や地震が多発した場合など	顕著な地震の震源要素を更新のお知らせや地震が多発した場合の震度1以上を観測した地震回数情報を発表
⑦推計震度分布図	震度5弱以上	観測した各地の震度をもとに、1km四方ごとに推計した震度4以上を図情報として発表

（気象庁ホームページより作成）

7．津波警報・注意報、津波情報、津波予報について

気象庁は、平成25年3月7日正午から、新しい津波警報の運用を開始しました。

i）津波警報・注意報

気象庁は、地震が発生した時には地震の規模や位置をすぐに推定し、これらをもとに沿岸で予想される津波の高さを求め、地震発生から約3分（一部の地震については最速2分程度）を目標に、大津波警報、津波警報、又は津波注意報を津波予報区単位で発表します。

日本近海で発生し、緊急地震速報の技術によって精度の良い震源地や規模が迅速に求められる地震については、予想される津波の高さは、通常は5段階の数値で発表します。但し、地震の規模が8を超えるような巨大地震に対しては、その海域における最大の津波想定等をもとに津波警報・注意報を発表します。その場合、最初に発表する大津波警報や津波警報では、

第4部　防災・安全管理

予想される津波の高さを「巨大」や「高い」という言葉で発表して、非常事態であることを伝えます。

このように予想される津波の高さを「巨大」などの言葉で発表した場合には、その後、地震の規模が精度よく求められた時点で津波警報を更新し、予想される津波の高さも数値で発表します。

津波警報・津波注意報の種類

種類	発表基準	発表される津波の高さ 数値での発表（津波の高さ予想の区分）	発表される津波の高さ 巨大地震の場合の発表	想定される被害ととるべき行動
大津波警報	予想される津波の高さが高い所で3mを超える場合	10m超（10m＜予想の高さ） 10m（5m＜予想高さ≦10m） 5m（3m＜予想高さ≦5m）	巨大	木造家屋が全壊・流出し、人は津波に流され、巻き込まれます。ただちに、海岸や川沿いから離れ、高台や避難ビルなど安全な場所へ避難してください。
津波警報	予想される津波の高さが高い所で1mを超え3m以下の場合	3m（1m＜予想高さ≦3m）	高い	標高の低い所では津波が襲い、浸水被害が発生します。人は津波に流され巻き込まれます。ただちに、海岸や川沿いから離れ、高台や避難ビルなど安全な場所へ避難してください。
津波注意報	予想される津波の高さが高い所で0.2m以上、1m以下の場合であって、津波による災害の恐れがある場合	1m（0.2m≦予想高さ≦1m）	表記しない	海の中では人は速い流れに巻き込まれ、又、養殖いかだが流出し、小型船舶が転覆します。ただちに、海からあがって海岸から離れてください。

（気象庁ホームページより作成）

ⅱ）津波警報・注意報と避難のポイント

震源が陸地に近いと津波警報が津波の襲来に間に合わないことがあります。強い揺れや弱くても長い揺れがあったらすぐに避難を開始してください。

津波の高さを「巨大」と予想する大津波警報が発表された場合は、東日本大震災のような巨大な津波が襲う恐れがあります。直ちにできる限りの避難をしてください。津波は沿岸の地形等の影響により、局所的に予想より高くなる場合があります。ここなら安心と思わず、より高い場所を目指して避難してください。津波は長い時間繰り返し襲ってきます。津波警報が解除されるまでは、避難を続けてください。

ⅲ）津波情報

津波警報・注意報を発表した場合には、津波の到達予想時刻や予想される津波の高さなどを津波情報で発表しています。次頁の表のとおりです。

津波情報の種類

種　類	内　容
津波到達予想時刻・予想される津波の高さに関する情報	各津波予報区の津波の到達予想時刻や予想される津波の高さ(発表内容は、津波警報・注意報の種類の表に記載)を発表。尚、この情報で発表される到達予想時刻は、各津波予想区で最も早く津波が到達する時刻です。場所によってはこの時刻よりも1時間以上遅れて到達することもあります。
各地の満潮時刻・津波到達予想時刻に関する情報	主な地点の満潮時刻・津波到達予想時刻を発表します。
津波観測に関する情報	沿岸で観測された津波の第一波の到達時刻と押し引き、その時点までに観測された最大波の観測時刻と高さを発表します。津波は繰り返し襲い、後からくる波の方が高くなることがあるため、観測された津波が小さいからといって避難をやめてしまうと危険です。そのため、最大波の観測値については、大津波警報、又は津波警報が発表中の予報区においては観測された津波の高さが低い間は、数値ではなく「観測中」の言葉で発表して、津波が到達中であることを伝えます。
沖合の津波観測に関する情報	沖合で観測された津波の第一波の観測時刻と押し引き、その時点までに観測された最大波の観測時刻と高さを観測点ごとに発表します。また、これら沖合の観測値から推定される沿岸での推定値(第一波の推定到達時刻、最大波の推定到達時刻と推定高さ)を津波予報区単位で発表します。 最大波の観測値及び推定値については、沿岸での観測と同じように避難行動への影響を考慮し、一定の基準を満たすまでは数値を発表しません。大津波警報または津波警報が発表中の津波予報区において、沿岸で推定される津波の高さが低い間は、数値ではなく「観測中」(沖合での観測値)または「推定中」(沿岸での推定値)の言葉で発表して、津波が到達中であることを伝えます。

(気象庁ホームページより作成)

また、沿岸からの距離が100kmを超えるような沖合の観測点では、津波予報区との対応付けが難しいため、沿岸での推定値は発表しません。観測値も、他の観測点で観測値や推定値が数値で発表されるまでは、「観測中」と発表します。下表のとおりです。

沖合で観測された津波の最大波の発表内容

大津波警報を発表中	3m超	沖合での観測値、沿岸での推定値とも数値で発表
	3m以下	沖合での観測値を「観測中」、沿岸での推定値を「推定中」と発表
津波警報を発表中	1m超	沖合での観測値、沿岸での推定値とも数値で発表
	1m以下	沖合での観測値を「観測中」、沿岸での推定値を「推定中」と発表
津波注意報を発表中	全ての場合	沖合での観測値、沿岸での推定値とも数値で発表

(気象庁ホームページより作成)

ⅳ〕津波予報

　地震発生後、津波による災害が起こる恐れがない場合には、以下の内容を津波予報で発表します。

地震発生後の津波予報

発表される場合	内　容
津波が予想されない時	津波の心配なしの旨を地震情報に含めて発表します。
0.2m未満の海面変動が予想された時	高いところでも0.2m未満の海面変動のため被害の心配はなく、特段の防災対応の必要がない旨を発表します。
津波注意報解除後も海面変動が継続する時	津波に伴う海面変動が観測されており、今後も継続する可能性が高いため、海に入っての作業や釣り、海水浴などに際しては十分な留意が必要である旨を発表します。

(気象庁ホームページより作成)

第2章　災害に対する心構え

　地震や津波・竜巻・落雷などの自然災害は、思わぬときにやってきます。自然災害をなくすことはできませんが、自然災害を身近な危険として認識し、必要な知識を持ち、日頃から備えをしておくことが、防災・減災に大変有効な対策です。

　災害の発生の恐れのある時、または災害時には、乳幼児の安全をまず第一に確保することが、園の責務です。いざ災害が起きても慌てないよう日頃から防災訓練を実施するなど、園としての役割や職員各自が正しい認識を持つことが大切です。

①自覚をもって

　乳幼児の生命・身体を守るのは、園で働く職員一人一人の動きにかかっています。日頃から災害が発生した場合は、こうするのだというはっきりした役割と自覚を持つことが大切である。

②迅速・正確に

　対応活動は、早ければ早いほど効果がある。せっかくの対応活動も、その時期が遅れてはその効果は薄くなってしまいます。しかし、慌ててしまって正確に処理することを忘れてはならない。

③積極的に

　災害は一瞬のうちに日常生活のあらゆる機能をマヒさせしまう。したがって、対応活動は積極的に行わなければならない。急迫した状態での色々な活動で迷う時は、必ず積極策をとる。このような事態での「積極的ミス」は許されても「消極的ミス」は許されない。

④協力しあって

　園の職員間の協力を密にして災害対策に当たる。

⑤言動に注意

　全ての職員は自らの言動によって子どもや保護者に不安を与え、誤解や無用の混乱を招くことのないよう心がける。

第1節　防災・避難訓練について

1．目的

　避難訓練の目的は、いざという時に職員が慌てずに適切に行動できるようにすること、及び幼い子どもたちに災害時の避難行動を繰り返し知らせ、身につけさせるために定期的に必ず実施しなければなりません。園で行う防災訓練は、様々な災害時に子どもの生命を守るための具体的な方法を職員一人一人が身に付けるためのものです。

　火災、地震のみならず、土砂災害や河川の氾濫などの風水害の発生も想定しながら、いつ

災害が発生しても適切な対応ができるように環境を整えておくことが大切です。また、併設施設や近隣住民、地域の自主防災組織の行う訓練との合同で避難訓練を実施するなど、地域との密接な協力・連携ができる関係を築いておくことも必要です。

２．保育士・教諭の心構え
① 責任者の指示に従って、機敏な行動で安全に誘導する。
② 子どもに不安や恐怖感を与えないよう落ち着いて子どもに働きかける。特に３歳未満児は怖がらせないようにする。
③ 避難前、避難後、子どもの人数を確認する。
④ 訓練のために事故を起こさないよう無理のないようにする。

３．年度初めに全職員に徹底しておくこと
① 災害時に誰が何をするのか、役割分担を明確化し、周知徹底しておく。
② 周辺の地理をよく知っておく。
③ 避難場所、避難順路を確かめておく。
④ 消火器の場所を確かめておく。特に、新人職員は実際に歩いて、指差ししながら覚える。
⑤ 常に災害時を想定して避難通路には物を置かない。
⑥ 非常時に必要な物と避難用具・道具を確認しておく。
⑦ 通報の仕方を覚えておく。

４．避難に必要な道具
① 保育士・教諭が持つ物は必要最小限
② 緊急連絡表（保護者連絡先）
③ 出席表
④ おんぶひも
⑤ 園外保育用リュック（おむつ・下着・タオル・ちり紙・ビニール袋)
⑥ 救急用具　避難用水筒・避難用お散歩車・誘導ロープ・ラジオ・携帯電話・毛布・懐中電灯

第4部　防災・安全管理

第3章　災害の種類別の対応

第1節　台風・風水害時の対応

　台風や豪雨などの風水害は、地震や竜巻などに比べるとある程度予想ができるので安易に考えがちですが、平常時からの準備が大切です。

1．平常時における対策

ｉ）円滑な連絡体制の整備等

① 市町村、消防署、その他の防災関係組織（消防団等）等との連携を密にし、緊急事態発生時の連絡通報が円滑に行える体制を日常的に整備する。

② 関係機関の緊急連絡先、職員の緊急連絡網、利用者等との連絡網などを常に整理するとともに、必要なものは事務室など職員の見えやすい場所に掲示する。

ⅱ）災害時における職員の対応の確認

　警戒体制時における要員の確保（具体的な職員配置体制の決定）、非常時における職員の行動等について、適切な時期（梅雨入り前・台風シーズン前など）に職員会議等を開催し確認することです。また、その際、各施設の立地条件を考慮し、以下のような様々な災害のケースを想定し、避難場所・避難経路・避難方法の確認、施設内における比較的安全な居室等の確認をすることが大切です。

① 河川の増水により、建物内部への浸水が懸念される場合

② 暴風により、居室等のガラスが破損した場合

ⅲ）施設利用者等に対する避難経路・避難場所等の周知

　緊急事態の場合の避難経路、避難場所について、施設内のわかりやすい所に掲示するなど、平常時から施設利用者や職員等に周知徹底を図るとともに、立地条件や周辺環境についても、適切な方法により周知することです。

ⅳ）周辺環境への注意

　定期的に施設周辺の自然状況の変化、植栽の状況、水路の状況等を点検し、著しい変化等が見られる場合には、市町村の土木・農林関係または防災・危機管理室へ連絡します。

ⅴ）必要な備蓄物資の確認、非常用持出しリストの作成

　備蓄物資について定期的に点検（消費期限に注意）し、不足数を補充します。特に食糧（飲

料水を含む)、医薬品、衛生材料(オムツなど)や救護運搬用具(担架・車いすなど)及び避難誘導のためのロープ等に不足がある場合は、速やかに補充することです。また、施設外への避難に備え、非常用持出しリストを作成しておくことです。

各クラスの非常持ち出し袋の内容

クラス名	内容
0歳児	おんぶひも・紙おむつ・さらし・バスタオル・タオル・ポケットティッシュ・着替え・水(500ml)・ホイッスル・防犯ブザー・メモ帳・ボールペン・ポケットレインコート・10円×20個・非常食リスト用紙
1歳児	おんぶひも・紙パンツ・さらし・バスタオル・タオル・ポケットティッシュ・着替え・水(500ml)・ホイッスル・防犯ブザー・メモ帳・ボールペン・ポケットレインコート・10円×20個・非常食リスト用紙
2歳児	おんぶひも・紙おむつ・さらし・バスタオル・タオル・ポケットティッシュ・着替え・水(500ml)・ホイッスル・防犯ブザー・メモ帳・ボールペン・ポケットレインコート・10円×20個・非常食リスト用紙
3歳児	さらし・バスタオル・タオル・ポケットティッシュ・着替え・水(500ml)・ホイッスル・防犯ブザー・メモ帳・ボールペン・ポケットレインコート・10円×20個・非常食リスト用紙
4歳児	さらし・バスタオル・タオル・ポケットティッシュ・着替え・水(500ml)・ホイッスル・防犯ブザー・メモ帳・ボールペン・ポケットレインコート・10円×20個・非常食リスト用紙
5歳児	さらし・バスタオル・タオル・ポケットティッシュ着替え・水(500ml)・ホイッスル・防犯ブザー・メモ帳・ボールペン・ポケットレインコート・10円×20個・非常食リスト用紙

離乳食持ち出しリスト

No	品名	メーカー名及び品名	数量	賞味期限	備考
①	野菜おじや(7ケ月〜)				
②	フルーツヨーグルト(5ケ月〜)				
③	バナナプリン(5ケ月〜)				
④	けんちんうどん(8ケ月〜)				
⑤	しらすがゆ(8ケ月〜)				
⑥	野菜ささみうどん(10ケ月〜)				
⑦	鶏ごぼうご飯(10ケ月〜)				
⑧	五目めし炊き込みご飯(9ケ月〜)				
⑨	サケ雑炊(9ケ月〜)				
⑩	かぼちゃのなめらかプリン(5ケ月〜)				
⑪	かぼちゃとさつまいも(5ケ月〜)				
⑫	桃とリンゴのデザート(7ケ月〜)				
⑬	レタスちゃーはんがゆ(9ケ月〜)				
⑭	五目あんかけ麺(10ケ月〜)				
⑮	カレイとワカメの雑炊(8ケ月〜)				
⑯	チキンライス(8ケ月〜)				

非常食持ち出しリスト

No	品名	メーカー名及び品名	数量	賞味期限	備考
①	白飯				
②	子ども用ビスケット				
③	ビーフカレー				
④	みそ汁（カップ付き）				
⑤	缶詰　ツナ缶　パイン缶　ミカン缶　黄桃缶　さんま蒲焼　いわし味付　ウインナーソーセージ				
⑥	保存水　1.5ℓ　500ml × 24本				
⑦	菓子類				
⑧	活水器				
⑨	米				
⑩	調味料（砂糖、塩、醤油）				
⑪	小麦粉				
⑫	乾麺（うどん）				
⑬	パンの缶詰				
⑭	ポテトサラダ（ドライ）				
⑮	チョコレート				
⑯	非常用乾燥もち				
⑰	けんちん汁				
⑱	豚汁				
⑲	赤飯				
⑳	とりめし				
㉑	五目めし				

ⅵ）近隣施設、住民等との協力体制

　災害が発生した場合、職員のみでは対応が困難な場合や、救助された人が一時的に避難する場所が必要な場合などを想定し、近隣の施設等との相互の連携体制を確立するとともに、周辺住民等の協力を得られるよう平常時から交流や連携を密にします。

２．警戒体制

　大雨の場合、または大雨が予想される場合には、降雨状況に関する情報等に注意しながら、順次、警戒体制を強化します。

ⅰ）第一次警戒体制（警報発令時）
　① 気象台発表の大雨警報等が発令された場合は、園長に指示体制を一本化する。
　② テレビ、ラジオ、インターネット等からの降雨状況に関する情報等の収集を行い、適宜、職員・保護者に正しい情報を提供し、施設周辺の点検を行うなど災害発生に備える。

ⅱ）第二次警戒体制（避難に備えた体制）への移行に向けた準備
① 備蓄物資の数量、保管場所を確認する。保管場所が浸水などの恐れがある場合には、備品、食料品、衣類、寝具などの生活用品を高い場所へ移動させる。
② ガスの元栓、電熱器具の電源、その他危険物の設置状況について点検を行い、必要な措置を実施する。

ⅲ）第二次警戒体制（避難に備えた体制）
① 園長は、気象情報や土砂災害警戒情報、消防団の巡同等による情報、近隣の河川水位の状況や周辺の降雨状況に関する情報に注意し、避難に備えた第二次警戒体制への移行時期を決定する。なお、市町村長から避難に関する情報が発令された場合は、速やかに第二次警戒体制に移行する。
② 園長は避難に備え、出勤可能な職員を参集し警戒要員を確保する。
③ 避難誘導の準備
・避難者名簿（職員等含む）を作成する。
・非常用持ち出し品、避難誘導の際の各責任者などを確認する。
・複数の安全な避難場所、避難経路、避難方法・手段を検討する。
・屋外避難の場合の施設内の避難経路を確認し、妨げとなる不要な物品等を取り除くようにする。
・必要に応じて施設内の避難場所を確保するとともに、必要な生活用品を当該場所に搬入する。

ⅳ）避難誘導
① 市町村長から、大雨等に伴う「避難準備（要援護者避難）情報」、「避難勧告」または「避難指示」等が発令された場合や自主避難を行う場合には、地域の消防機関、自主防災組織、地域住民等と連携を取り、速やかに園児の避難誘導を行う。
② 避難を行う場合は、市町村に避難場所、避難経路、避難する人数等を事前に報告する。

ⅴ）警戒体制の解除
○ 警戒体制の解除は、気象台発表の警報等の解除に基づき行う。

３．避難誘導体制の確立
ⅰ）安全な避難場所・避難経路の確認
　市町村、消防署、その他の防災関係組織（消防団等）からの情報やテレビ、ラジオ、インターネット等の情報により、安全な避難場所・避難経路を選定します。その際、屋外への避難そ

のものに危険が伴うことも考慮し、立地条件や気象情報を含めて総合的に判断し、施設内での安全な場所への避難も検討します。

ⅱ）避難時期（時間）の判断・避難手順の伝達

園長は避難する場合は、適切な避難時期（時間）を判断し、職員、園児に伝えるとともに、避難場所までの誘導の手順を示します。

屋外への避難誘導の場合には、園児の氏名を確認したうえで、悪条件（降雨で冷たい・視界が悪い・足元が悪い・雨音で声が届かない・風が強い等）での移動を予想し、少人数での移動あるいは逃げ遅れたり、はぐれたりしないようにロープ等を活用する等、最善と考えられる方法により実施します。

ⅲ）施設内における避難（移動）

土砂崩れ等の警戒を要する場合や、土砂崩れ等の発生が想定されるが、豪雨、落雷等の状況が継続しており、施設外への避難が適当でない場合には、２階保育室等へ移動するなど、施設内において、比較的安全な場所へ園児を誘導します。

ⅳ）施設外への避難

施設外への避難を実施する場合は、以下の点に留意して行動します。

① 避難場所への誘導に当たっては、避難経路の状況を把握するとともに、周辺地域の被災状況及び救助活動の状況など、周辺の様子についてもできるだけ正確な状況の把握に努め、安全な避難経路を選定する。

② 避難経路や避難場所の決定に当たっては、地域の消防機関、自主防災組織、地域住民等と連携をとるとともに、避難時における協力を要請する。

③ 避難の際の留意事項

・施設の建物外への避難に当たっては、園児に対し、避難の際の注意事項を説明する。
・歩行による避難の場合には、断線した電線、散乱した障害物、水路・側溝から溢れ出している水の状況等に十分に注意し、生命の安全を最優先として避難する。
・避難場所に着いたら、直ちに点呼により園児の避難誘導が安全確実になされたかを確認し、園長（または園長の代理の責任者）に報告する。

ⅴ）避難場所での対応

被災地区から多くの住民が集まっていることが予想される避難場所では、当園からの避難者であることがわかるよう、帽子やリボン等を装着し、混乱を防止する。その他適切な方法で園児の確認をする。避難生活で体調を崩した園児が出た場合は、協力医療機関等に連絡し、

受け入れ可能な医療機関等への受診について、協力を依頼する。

4．被災状況の報告

園児や職員が被災した場合は、消防機関や警察機関と連携し、人命を最優先に対応したうえで、市町村や都道府県の担当課に報告します。

5．災害発生が懸念される場合、保護者には

電話連絡を通じて、早めに降園をお願いすることがあり得る旨を園だより等で保護者に周知します（4月の入園シーズン、梅雨入り前、台風シーズン前など）。「もし台風が上陸し激しくなるようでしたら、早めにお迎えをお願いすることになります。本日の連絡先は、お母様の職場でよろしいですね」と緊急連絡先を確かめておきましょう。

① 保護者への電話連絡責任者を決める。連絡網を作成し、電話表を持つ（一時保育なども）。
② 電話連絡は、連絡網を見ながら「何時に誰に伝えたか。どのように答えたか」をチェックし記録をとる。
③ 留守電の時は伝言を入れる。
④ 最終結果を主任から園長に報告する。
⑤ 電話のない方には保護者との間で決めた時間に、○○○−○○○○−○○○○に連絡を入れてもらうよう伝えておく。

6．園舎外整備

① 強風にあおられて飛んだ危険な物、近所に迷惑をかける物など全てを片付ける。
② 職員が揃っている昼の時間帯や風雨が激しくなる前に行う。
③ 紐で結ぶ時は真結びにはしない。すぐに外せるように蝶結びにする。
④ 室内に置く時には、床に傷をつけないようにシートを敷き、そっと運ぶ。
⑤ 洗濯竿は地面に下ろす。物干し台は倒す。
⑥ 洗濯物は屋内に干す。
⑦ 三輪車やスクーターは軒下や園庭隅へ移動する。
⑧ テントの幌を外し、倉庫または軒下へ移動する（脚を入れるとき油をさす）。
⑨ 戸外にかけてある掃除用具はまとめて結び、地面に下ろす。
⑩ その他飛びやすいバケツ、たらいなど倉庫に入れる。
⑪ 風向きにより、サッシの扉下から雨水が入り込むと予想される所には、レールの部分にバスタオルを置く（玄関等）。
⑫ プールには水をいっぱいにはっておく。
⑬ 強風の時は、停電になることがあるので、冷蔵庫の温度を上げないために、前日より、

多量に氷を作っておく。保冷剤もできるだけ入れておく。
⑭　大雨の時は、通用口前に土のうを積み、中に水が入らないようにする。

7．職員の勤務確認及び電話連絡

① 園の近くに住んでいる職員が早番になる。自転車やバイクで出勤する職員は危険なため、車に乗り合ってくるよう打ち合わせしておく。
② 職員配置を考え、無理をして出勤しなくてよい体制をとる。できれば前日から休みを決めておくとよい。
③ 職員の緊急連絡先を確かめる。
④ 登園時に風雨が激しく、職員が自宅待機になった時は、天候の回復状態により、すぐ出勤できるように準備しておく。「休み」ではないことを確認しておく。
⑤ 翌日の後片づけも考慮し、勤務体制を組むようにする。

8．後片づけ

① 園舎内に雨漏りはないか、窓ガラスなどの破損はないか、見回る。
② 園内に危険物（金属やガラスの破片など）が落ちていないか調べ、掃除をしてから子どもを遊ばせる。
③ 園舎周囲、ご近所に飛んでいるものはないか見回る。よくポリバケツの蓋が飛ぶことがある。
④ 落ち葉や木の枝など、道路や隣の家の前もきれいに掃き掃除する。
⑤ 浸水等により施設内が汚染された場合には、清掃に加え防疫薬剤の散布など衛生管理に必要な措置を講じる。
⑥ 施設に異常が認められる場合は、専門家による応急危険度調査等を実施し、安全性の確認を行う。
⑦ 電気、ガス、水道等のインフラ設備の機能・安全性を確認する。特に、電気系統に浸水被害があった場合には、専門業者による点検で安全を確認するまでは通電・作動は行わないようにする。
⑧ 被害があったらすぐに園長に報告する。

第2節　火災の予防と対応

1．事前の環境整備

ⅰ）火災の発生に備えて
① 火気近くに燃えやすいものを置かない。

② 消火器、消火栓、三角バケツ、火災報知器、放送設備等の使用方法や設置場所などを確認しておく。
③ 廊下や出入口、階段等に避難の妨げになるものを置かない。
④ 非常持ち出し物品の内容物及び置き場所を確認しておく。
⑤ 日頃から使用しない時はガスの元栓を閉めておく。

ⅱ）避難訓練
① 併設施設や近隣住民との合同で、様々な火災状況を想定した訓練を実施する。
② 火災訓練を実施する（初期消火・消化器・消火栓の取り扱いなど）。
③ 通報訓練を実施する（消防署・併設施設・近隣住民）。
④ 避難通路・経路の確認をする。
⑤ 火災報知設備及び非常ベル、非常通知装置の使用方法を習得する。
⑥ 火災発生時における各職員の役割部分担を確認する。

ⅲ）保護者への事前連絡
○保護者へは、毎年新学期が始まる前に緊急時における園の対応及び避難先を周知しておくようにする。

ⅳ）施設設備の点検等
① 出火元となりやすい電化製品、ガス器具、コンセント、配線、配電盤等の正しい使用方法を習得及び正常に作動しているか点検する。
② 万一出火した時に備え、消化器の所在を確認しておくとともに、正しい使用方法を習得し使用できるようにする。
③ 避難経路に障害物がないことを常に確認する。
④ 防火責任者を明示し、責任をもって日常の点検と整備をきちんとする。
⑤ 保育士・教諭は、日常の保育環境を整備しておくとともに、日頃の保育の中で子どもの行動特性をしっかりと把握する。
⑥ 緊急時連絡用の提示をする。

２．火災発生時の手順

ともかく大声で周囲に知らせることですが、火災発生時の基本的な流れは、「火災発生→報告→通報→避難→初期消火」です。保育中に火災が発生した場合は、次のことに留意します。
① 火災の発生を発見したら（第一発見者）、大きな声で周りの職員に知らせる。
② 知らせを受けた職員又は、主任保育士、園長は館内放送、一斉内線連絡、又は口答で

第４部　防災・安全管理

　　　周知させる。
③　第一発見者及び知らせを聞いた職員は、可能な限り初期消火に努める。
　　　〈消火器の使用法〉
　　　　・黄色いピンを上に引き抜く。
　　　　・ホースを外して燃えているものに向ける。
　　　　・レバーを握りしめ、消火剤を手前からほうきで掃くようにかける。
④　各職員は、園長又はその場の最高指揮権者の指示に従い無駄なく的確な行動をする。
⑤　消防署へ通報する。
⑥　子どものを避難誘導する（子どもの人数の把握及び責任者への報告）。
　　　・落ち着いて行動することを心がけ、子どもに動揺を与えないように努める。
　　　・出火元・火のまわり具合・煙・風向き等を考え、より安全な方向場所に避難する。
⑦　安全な場所まで避難した後で、状況により保護者に連絡をし、子どもの引き渡しをする（保護者の緊急連絡網及び園児居住地一覧は必ず持って避難する）。
⑧　避難する時は、姿勢を低くし、濡れたハンカチなどを口と鼻にあて、煙を吸わないようにする。
⑨　延焼を少しでも抑えるため、ドアや窓は閉める。鍵はかけない。ただし、地震の時はドアが変形して開かなくなることがあるので、開放して避難する。
⑩　エレベータは使用しない。
⑪　いったん避難したら、指示があるまで戻らない。
⑫　火災により翌日以降保育を行うことが困難な場合は、保護者の緊急連絡網及び入口にその旨の貼り紙をする。
⑬　地域住民、関係機関へ連絡する。

第3節　地震時の対応

1．事前の環境整備

　園で行う震災避難訓練は、大規模地震において、子どもの生命を守るための具体的な方法を職員一人一人及び園児が身につけるためのものであるため、いつ地震災害が発生しても適切な対応ができるように環境を整えておくことが大切です。また、近隣住民、地域の自主防災組織の行う訓練との合同で避難訓練を実施するなど、地域と綿密な協力・連携ができる関係を築いておくことも必要です。

ⅰ）避難訓練
①　近隣住民又は地元消防団との合同で、大規模地震を想定した訓練を実施する。

② 緊急避難訓練を実施する（園児と職員が地震時の一時待機場所へ移動など）。
③ 安全確認訓練を実施する（職員が園児の人数・安全確認）。
④ 避難通路・経路の確認をする。東日本大震災では、避難途中や避難した所で津波に流された方が多かった。避難経路はいろいろな想定をして安全な所の確認が必要である。
⑤ 非常持ち出し袋の中の備品や毛布の使用方法を習得する。
⑥ 地震発生時における各教職員の役割分担を確認する。

ⅱ）保護者への事前連絡
○ 保護者へは、毎年、新学期が始まる前に緊急時における園の対応及び避難先を周知する。

ⅲ）施設整備の点検等
① 安全点検は月2回行う。
② 家具、家電製品、備品等の転倒防止がなされているか点検する。地震後の出火に備え、消化器の所在を確認しておくとともに、正しい使用方法を習得し使用できるようにする。
③ 避難経路に障害物等がないことを常に確認する。
④ 防火管理者は責任をもって日常の点検と整備をきちんとする。職員は、日常の保育環境を整備しておくとともに、日頃の保育の中で子どもの行動特性をしっかりと把握する。
⑤ 緊急時に、連絡掲示用の掲示ができるようにあらかじめ用意しておく。

ⅳ）情報収集方法の整備
① 行政無線などによる都道府県、市町村などの行政機関からの情報を収集する。
② 大雨や洪水などの気象情報や津波警報、注意報、避難勧告、指示を携帯電話やパソコンへ電子メールで送信する県民安全・安心メールを活用する。
③ テレビ、ラジオからの情報を収集する。

第4節　大地震発生時の対応

1．園舎内
① 避難誘導・警備係は、園児に安心できるような言葉をかけ、具体的には姿勢を低くして落下物から身を守るように指示して、緊急避難させる。
② 避難誘導・救護係は、積木、ピアノ、窓ガラス、その他倒れやすいものなどから園児を遠ざける。
③ 園児及び職員は、机やロッカーなどの下に身を隠し、揺れが収まるまで様子を見る。
④ 職員は、できるだけ、速やかに戸やサッシ等を開けて避難口を確保する。

第4部　防災・安全管理

⑤　揺れが収まったら、一時園庭へ避難し、全園児と職員の安全と人数の確認を行い、初期消火係と情報伝達・指示係で施設の点検をし、園長又は園長代理へ報告する。
⑥　避難誘導・救護係は指揮権を持つ者の指示があるまで園庭に座って待機する。施設内には安全が確認されるまでは立ち入らない。
⑦　初期消火班は、速やかに火の元を閉じ、揺れが収まってからガスや配電盤を点検し、安全を確認する。もし、施設内及び近隣において火災が発生した場合は初期消火活動を行う。
⑧　情報収集係は、全園児と職員の安全確認と同時に、津波などの二次災害が起きる可能性に留意して携帯ラジオ等で情報を収集し園長へ報告する。
⑨　大地震の場合は、素早く身の安全を図るとともに、乳幼児の安全確保を図る。
⑩　ガラス等落下物に注意しながら、園指定の一次避難所へ避難する。
⑪　避難後、緊急保育態勢に入る。

2．園舎外（プール・園庭）

①　園庭では、塀・建造物から遠ざけ、できるだけ中央の安全な場所に座って、安心できるような言葉をかけ、揺れの収まりを待つようにする。
②　地面の亀裂・陥没・隆起、頭上の落下物に注意する。
③　プールでは、素早く水からあげ、できるだけ中央の安全な場所に集合させ、座って、安心できるような言葉を掛け、揺れの収まりを待つ。その後、タオルや衣類を確保し、体を包むようにする。
④　どの場所でも揺れが収まり次第、速やかに担任は、担当教室の園児の安全確認を行い、園庭の緊急避難場所まで誘導し、指示があるまで一時待機する。

3．園外保育（近隣公園等）

①　揺れを感じたら直ちに園児を集めて、できるだけ塀や建造物から遠ざけ、しゃがんで揺れの収まるのを待ち、その後速やかに人員の確認をする。
②　切れた電線には絶対触らないように園児に注意する。
③　ブロック塀、自動販売機、屋根瓦、ガラスその他落下及び転倒物に注意する。
④　津波などの二次災害等がないか携帯ラジオ等で確認する。
⑤　携帯電話で園・園長携帯・主任携帯に連絡を入れ、必要な場合は園に応援を要請する。連絡がつかない場合は、保育補助員が園に応援を求める。担任は園児とともに近隣の安全な場所で待機する。
⑥　全員が無事で自力で戻れるようなら安全を確認しながら、慎重に園に戻る。

4．園外保育（遠足等）

① 事前実地調査の際、目的地の状況を把握する。あわせて地震が発生した場合の安全な場所の確認をしておく。

② 園外保育中は、園児の安全を第一に考え対応し、落ち着いて行動する。園外保育は中止し、園児の安全を確保してから携帯電話にて園に連絡を入れる。災害の状況により応援を求めるなどをして園に帰る。連絡が取れない場合は現場の指揮権者の判断で行動する。

③ 目的地までの途中、徒歩の場合は、近くの安全と思われる場所に避難する。また、窓ガラスの破片等落下物に注意する。特に切れた電線は、直接又は水たまり・ガードレール等を通して感電することがあるので充分注意する。

5．登園降園時

登園、降園の時間帯は、異年齢集団であり保護者の出入りが激しいなど非常に流動的な状況であることを念頭において、その場にあった臨機応変の対応が必要です。但し、基本的には園舎内（遊び、食事、午睡）で地震が起きた場合を参考とし、そのほか注意すべき点は以下の通りです。

① 居合わせた保護者に協力を求め、待避行動を指示する。

② 登園している園児の氏名や人数等を送迎表、出席簿等で把握・確認して記録する。

③ 全職員はその場にいる最高指揮権限者の指示に従って行動する。

④ 臨時出勤してきた職員は、速やかに応援に入る。

⑤ 震度5以上の時は、全職員に招集がかかる。

⑥ 園長は災害の状況により、その後の園の業務が維持できるかどうかを判断して、立て札又は貼り紙を入口付近に掲示する。

⑦ 園近隣に居住又は所在の職員は、自己の安全を優先しつつ、速やかに園へ応援に戻ることとする。

6．バス送迎時

① 園児の安全第一に対応し、落ち着いて行動する。

② バス送迎は中止し、園児の安全を確保してから携帯電話で園・園長携帯・主任携帯のいずれかに連絡を入れる。災害の状況により応援を求めるなどして園に戻る。連絡が取れない場合は、現場の指揮権者の判断で行動する。

③ 災害発生により道路規制がしかれた場合は、最寄りの警察署又は検問所において、規制対象外車両の証明書発行申請を行い、受領した証明書をバスに掲示して安全に通行する。このため、園バスには証明書申請の添付書類となる車検証の写しを常に2部用意し

第4部　防災・安全管理

ておく。

7．預かり保育中
① 全職員はその場にいる最高指揮権限者の指示に従って、行動する。
② 居合わせた保護者に協力を求め、待避行動を指示する。
③ 揺れが収まり次第、預かり保育出席者名簿にて子どもの人数及び安全確認を行う。
④ 揺れが収まった後、園児を保護者に引き渡すまでの職務にあたる。
⑤ 園長又はその場にいる最高の指揮権限者は、災害の状況により、その後の園の業務が維持できるかどうかの判断をして、立て札又は貼り紙にて入り口付近に提示する。
⑥ 園近隣に居住又は所在の職員は、自己の安全を優先しつつ、速やかに園へ応援に戻ることとする。
⑦ 全ての職員は翌日以降の勤務や業務に関する確認を園に行う（電話や徒歩にて）。

8．園児の引き渡し
① 大地震が起きた場合及び警戒宣言が出された場合、園児は速やかに保護者に引き渡す。また引渡しの際は問診票または送迎表と照合の上、園児を引き渡し送迎表に時間を記入するようにする。
② 園児の引き渡しは、保育室又は園庭にて職員が行い、送迎表に時間を記入してもらうようにする。
③ 可能な限り、園児は保護者に引き渡す。代理人が来た場合は、直ちに保護者と確認をとり、複数の職員立会いの元に後日保護者に確認できるようにしておく（代理人の写真撮影、身分証明書コピー又は提示、番号を控える、サインをもらうなど）。
④ 園児本人が確認できる場合は、面通しを行う。但し、状況によっては園児の安全を考慮して拒否することも視野に入れておく。
⑤ 園が高台にあり、家が海の近くにあるなど、状況によってはそのまま園庭待機も考える。
⑥ 保護者同士が連絡を取りあえずにバラバラの時間に迎えにくることがある。そのため、何時に誰が迎えに来て、どこに避難するつもりか聞き、記録して残しておく。

9．残留園児の保護
① 保護者が保育時間内に園児を引き取ることが困難な場合は、保護者等が引き取りに来るまで園において原則24時間は園児を保護する。その後は行政の措置した救援所へ移送する。大災害の場合、ライフラインがストップし、交通もマヒするので、場合によっては1週間ぐらい保護することもあり得る。

②　夜間や建物の倒壊や火災などの恐れがある場合は、指定の避難所へ避難し、そこで保護する。園長又はその場にいる最高の指揮権限者は、避難先等の行き先が分かるように、立て札又は貼り紙を入り口付近に提示し、保護者に伝達できるよう可能な手段を講じる。
③　園児を保護するために必要な食料等は、行政の防災体制が機能するまでの間は、園の備蓄食料品で、できる限り対応する。
④　職員は残留する園児の数、その他必要な事項を記録し、園長に報告する。
⑤　園で震災後 24 時間が経過し、かつ保護者の安否が確認できない場合や、親族が引き取りに来られない場合は、被災児として避難場所に移送する。

10. 避難

大地震が起きてもすぐに園を離れるのではなく、園や周囲が火災発生したり、その恐れがある時や園舎の被災が大きく危険であると判断した時に、第二次避難地や行政の指定する震災救援所等の一時集合場所に避難します。また、津波の恐れがある場合は近隣マンション等の屋上に避難します。

ⅰ）震災救援所への避難

園から避難する際は、状況を確認しながら行政が指定している震災救援所に避難します。日頃より経路を把握し、園児を安全に誘導できるように、列を維持しながら前後にできるだけ複数の職員を配置し移動します。また、避難する際は、園児の安全確保を第一とするが、出席簿、引き渡しカード、非常持ち出し袋等最低限の物を持ち出す努力をすることです。

ⅱ）広域避難場所などへの避難

周囲に大火災が発生した場合、原則として第二次避難地（○○○○）に行き、そこから地域の人と一緒に防災市民組織や消防・警察等の誘導により、他の震災救援所や広域避難場所に避難します。

ⅲ）園を離れる際の注意

園を離れる場合は、迎えに来る保護者に所在を明らかにするために必ず、行き先が分かるように正門及び建物などに掲示をします。
消防防災計画規定に基づく避難場所は次のとおりとする。
　　第一次避難地（□□□□）
　　第二次避難地（○○○○）
　　第三次避難地（△△△△）

第4部　防災・安全管理

iv）避難時の注意事項
① 慌てて外に飛び出さない。
② 一ヶ所に子どもを集める。
③ 安全な避難経路を確保し、物の倒壊やガラスの破損などが想定されるので毛布、布団などを敷き、足などへの怪我を予防する。
④ 園から市町村指定の避難場所に避難する場合は、事前に避難場所の状況及び避難場所までの安全性を確認してから行動する。これを確認せずに移動を開始すると大変危険である。保護路より安全で最短距離の通路を確認し、予め決めておくことも大切である。
⑤ 落下物や、ブロック塀など倒壊の恐れがある場所・狭い路地を避け、山、崖崩れなど発生しそうな所も避ける。
⑥ 垂れ下がった電線には触れないことを知らせる。
⑦ 津波警報に注意し、堤防決壊時は、高台へ避難する。
⑧ 正確な情報を把握する。
⑨ 二次被害として一番大きな災害は火災だ。火災から人命、施設を守るため、火の始末は必ず行うこと。また、電気のスイッチは切り、コンセントは抜き、念のためにブレーカーを落とす。
⑩ 避難した場合は、必ず乳幼児の怪我等の確認を行うとともに、人数の確認を行う。

11．園児又は職員が負傷した場合
① 応急処置は、日頃より園に備えてある救急薬品で手当する。
② 中程度以上の負傷者は近隣の病院又は〇〇に設置する医療救護所で手当を受ける。
③ さらに救命・救急措置が必要な重傷者・重篤者は、行政が指定の後方医療施設に搬送され、治療を受ける。後方医療施設の施設名は、□□、◇◇など、〇カ所である。

12．津波発生時の留意
前述の「津波警報・津波注意報の種類」で述べたとおり、気象庁が発表する「大津波警報」「津波警報」「津波注意報」にそれぞれの想定される被害ととるべき行動が示されています。かつ、以下のことを念頭に行動してください。
① 強い地震を感じた時、又は弱い地震であっても長い時間ゆっくりとした揺れを感じた時は、直ちに海浜から離れ、急いで安全な場所に避難する。
② 地震を感じなくても、大津波警報・津波警報・津波注意報が発表された時は、直ちに海浜及び河川から離れ、急いで安全な場所に避難する。自動車による避難は道路混雑で避難遅れの可能性があるので、ルートなどを事前に十分検討すること。
③ 刻々と変化する情勢をラジオ、テレビなどを通じて正確に把握する。

④ 津波は繰り返し襲ってくるので、警報、注意報解除まで気をゆるめない。

第5節　大規模な地震の発生が予想される場合

　東南海地震に関する地震防災対策強化地域判定会の参集や、警戒宣言が発令される等の大規模な地震の発生が予想される場合がこれに当たります。

　大地震に関する警戒宣言が内閣総理大臣から発令されると、直ちに都道府県経由で市区町村に伝わります。この時点で、警察・消防関係にも一斉に情報が伝わり、市区町村と協力して市民に情報を伝えることになっています。

　警戒宣言発令の情報は、市区町村から園へ何らかの方法により伝えますが、電話等の不通ですぐに情報が伝わらない場合があるので、警戒宣言発令の情報を把握した時点で、園独自の判断で独自に行動します。この際、パニック状態に陥ることも予想されるので、落ちついて日頃の計画通りに行動することが大切です。

　警戒宣言が発令されると、園は休園となります。夜間に発令された場合は、翌朝からの登園は、警戒宣言が解除されるまで登園できないことを、事前に保護者に伝えておくようにします。

１．勤務時間内

① 市区町村からの連絡または防災無線、報道機関から情報が伝えられる。
② 不急の行事・会議・出張・園外保育は中止する。
③ 園児の引き渡し。
④ 園外保育等でこのような災害の情報を把握した場合は、速やかに園に戻る。なお、戻る際には安全な道順を探す。
⑤ 園を離れている場合でも、常に所在を明らかにし、進んで園と連絡をとる。
⑥ 正規の勤務時間が修了しても、上司の指示があるまでは帰宅しない。

ⅰ）保育体制

　　警戒宣言発令時は、いつ地震が発生してもおかしくない状況下で保護者への園児引き渡しをしながら、保育を継続しなければならない。そこで、通常の保育とは別に緊急保育計画を定め実施していく必要がある。また、特例・延長保育等比較的職員の手薄な時間帯の対応についても検討しておく必要がある。

ⅱ）施設内の安全確認

　　大地震の発生確率が非常に高いため、安全性の確保と安全な避難誘導のための通路を確

保し、施設内の危険個所を点検する。危険と思われる家具等については、予め移動させたり固定する。

ⅲ）防災用品の準備

緊急避難時に持ち出す物品の整理、確認をするとともに、災害用物品の用意をしておく。緊急持ち出し物品のなかで特に大切なものは、乳幼児の名簿。当日の出席名簿は必ず持ち出すこと。避難等した場合、当日の出席簿により乳幼児の確認を行うからである。登園の有無が大きな問題となることがある。

ⅳ）情報伝達

警戒宣言発令時は、一般の電話利用が制限される場合がある。そこで、園と保護者の電話は極力控え、園からの連絡がなくても、子どもの引き取りができる旨を保護者に普段から徹底しておくこと。

２．勤務時間外

① テレビ、ラジオ等で情報の収集に心がける。
② 園への参集の指示は上司からある場合があるので、連絡しやすいように自宅待機をする。
③ 日頃より職場内の情報連絡体制を確認しておくようにする。

第４章　不審者への対応

１．不審者の侵入に備えて

緊急対応の視点は、「園児の生命・安全を確保すること」を第一に考え、「職員間の迅速な連絡、いち早い通報」、「職員の負傷等の被害防止」に努めることです。

① 園内外の巡視を行い、見通しの悪い場所や簡単に侵入できる場所はないか確認する。
② 火災報知器や放送設備等の使用方法や設置場所を確認しておく。
③ 廊下や階段などには避難の妨げになるような物を置かない。
④ 警備体制や警備会社等との連絡体制を定期的に確認し、見直しを行う。
⑤ 別な方向への避難経路を二つ以上決めておく。
⑥ 全ての外来者は、玄関ドア隣りのインターホンで目的確認をすると同時に、防犯カメラで姿を確認する。
⑦ 納入業者、その他の来園者は、原則として保育室への入室を禁止する。
⑧ 実の親でも離婚後親権がなく、配偶者より連絡がなければ施設内に入れない。

⑨　工事関係者には、業者名、内容、時間、人数を記入させる。

２．不審者対応の一般的な流れ
ⅰ）不審者かどうかの見極め
　挙動不審や挨拶に無反応など、不審者の疑いがある時は、声をかけて用件を尋ね、「用件に応えられるか、または正当な用件かどうか」「不自然な場所に入っていないか」「凶器や不審な物を持っていないか」「不自然な行動や暴力的な態度が見られないか」などで判断し、落ち着いて行動することが大切です。

ⅱ）退去を求める
　不審者発見者は、職員へ連絡するとともに、相手の言葉や態度に注意しながら、退去するように丁寧に説得します。また、身を守るために、相手から１～２ｍ離れ、不審者に背を向けないようにしましょう。
　そして、「退去の説得に応じない」「暴力的な発言をする」などの場合は110番通報をします。そうすることで退去することもありますが、再び侵入してくることもあります。対応した職員は退去したことを見届ける、その場に残って様子を見ることが重要です。

ⅲ）不審者を隔離する
　不審者が侵入してきた時は、別室に案内し隔離することが重要です。その別室は出入口が１ヶ所で、不審者を先に奥に案内し、対応者は入口付近、すぐに避難できるように入口のドアは開けておきます。そして、複数の職員で暴力行為と不当な要求を抑止し退去を説得します。

ⅳ）110番通報
　わかる範囲で、不審者の位置や様子、被害の有無を落ち着いてはっきりと伝えます。

ⅴ）避難指示
　放送設備を使って避難指示をだす場合は、不審者に気づかれないように、または不審者を刺激しなよう工夫することが大切です。例えば、あらかじめ不審者対応のために「ブラック」などの暗号を決めておくと、不審者を刺激しなくてすみます。

ⅵ）避難
　園児の生命・安全を確保することを第一に考えて迅速に行動します。また、いったん避難したら、指示があるまでは絶対に戻らないようにします。

第4部　防災・安全管理

ⅶ〕避難状況の確認

避難完了者、負傷者の有無を確認し、正確に報告します。

3．不審者を確認した時

ⅰ〕施設周辺で不審者を見つけた時

〈対処方法〉

① 園児を保育室などの安全な場所に避難させ、園舎の施錠をする（園児と不審者との距離を置く）。
② 職員室へ不審者がいることを連絡する。
③ 職員室から一斉放送をし全クラスに知らせる。
④ 110番通報をする。
⑤ 各クラス点呼を行い園長に連絡する。

〈連絡の仕方・内容〉

① 発見者が職員室に連絡する。
② 発見者が連絡できない場合は、発見者が付近の職員に伝え、連絡してもらう。
③ 発見者が園舎外で発見した場合は、職員室の中に直ちに入って連絡。保育室で発見した場合は、内線にて園長に連絡（不在の場合は副園長・主任）。
④ 不審者がどこにいるか、どのような服装をしているか等、できるだけ詳しく情報を伝える。
⑤ 職員室より一斉放送を行う。

ⅱ〕不審者が園庭に侵入した場合

〈対処方法〉

① 直ちに園児を保育室に入室させ施錠をする（園舎内全て）。
② 不審者が園庭に侵入してから気付いた場合は、発見者が不審者を子どもから引き離すよう不審者を引きつけ、その間他の職員が園児を避難させる。
③ 保育室より、職員室へ不審者がいることを内線連絡する。
④ 職員室から一斉放送をし全クラスに知らせる。
⑤ 110番通報をする。
⑥ 各クラス点呼を行い園長に連絡する。

〈連絡の仕方・内容〉

① 発見者が職員室に連絡する。
② 発見者が連絡できない場合は、発見者が付近の職員に伝え連絡してもらう。
③ 保育室で発見した場合は、内線にて園長に連絡する（園長不在の場合は副園長）。

④ 不審者がどこにいるか、どのような服装をしているか等できるだけ詳しく情報を伝える。

iii）不審者が園舎に侵入した場合
〈対処方法〉
① 園児を安全な場所に移動させる。
② 不審者に不法行為を直ちにやめるように、職員が説得する。
③ 応じない場合は、身近にあるものを防具にし、応援者や警察とともに、園児の安全を図る。

〈連絡の仕方・内容〉
① 不審者が既に園舎内に入ってしまった場合、複数職員がいる場合は一人が応援・連絡を頼みに行く。残りの職員で不審者に対応する。
② 一人の場合は大声で助けを頼む。園児をできるだけ保育室から出し安全な場所へ移動させる。
③ 連絡を受けた職員は、直ちに各方面に連絡する（職員室や警察など）。
④ できるだけ園舎外に子どもを避難させる。ただし、無理はさせない。子どもの安全を最優先する。

iv）不審者が近くに出たときの対処例
例1）不審な男が日中、園舎の周りからジロジロ中をのぞいている。
〈対処の仕方〉
　警備会社あるいは警察に連絡し急行してもらう。
〈対策〉
① 保育室・休憩室など、夜は外から丸見えなので、外からのぞかれないように、ブラインドをおろしたり、カーテンを閉める。
② 職員は行き帰りに不審な人につけられていないか、一人暮らしの職員は特に後ろを振り返るなど周囲を見回す。
③ 園舎外から声をかけられてもインターフォンで対応し、絶対に中に入れない。
④ 「警察です」と訪ねてきても、写真と身分証明を確かめるまで開けない。

例2）露出狂の男が職員を追いかけた。
〈対処の仕方〉
① すぐに110番に電話する。
② 人相・年齢・服装・体格等の特徴を覚え知らせる。
③ 逃げた方向、バイクや車のときはナンバーを知らせる。

不審者侵入時対応フロー図

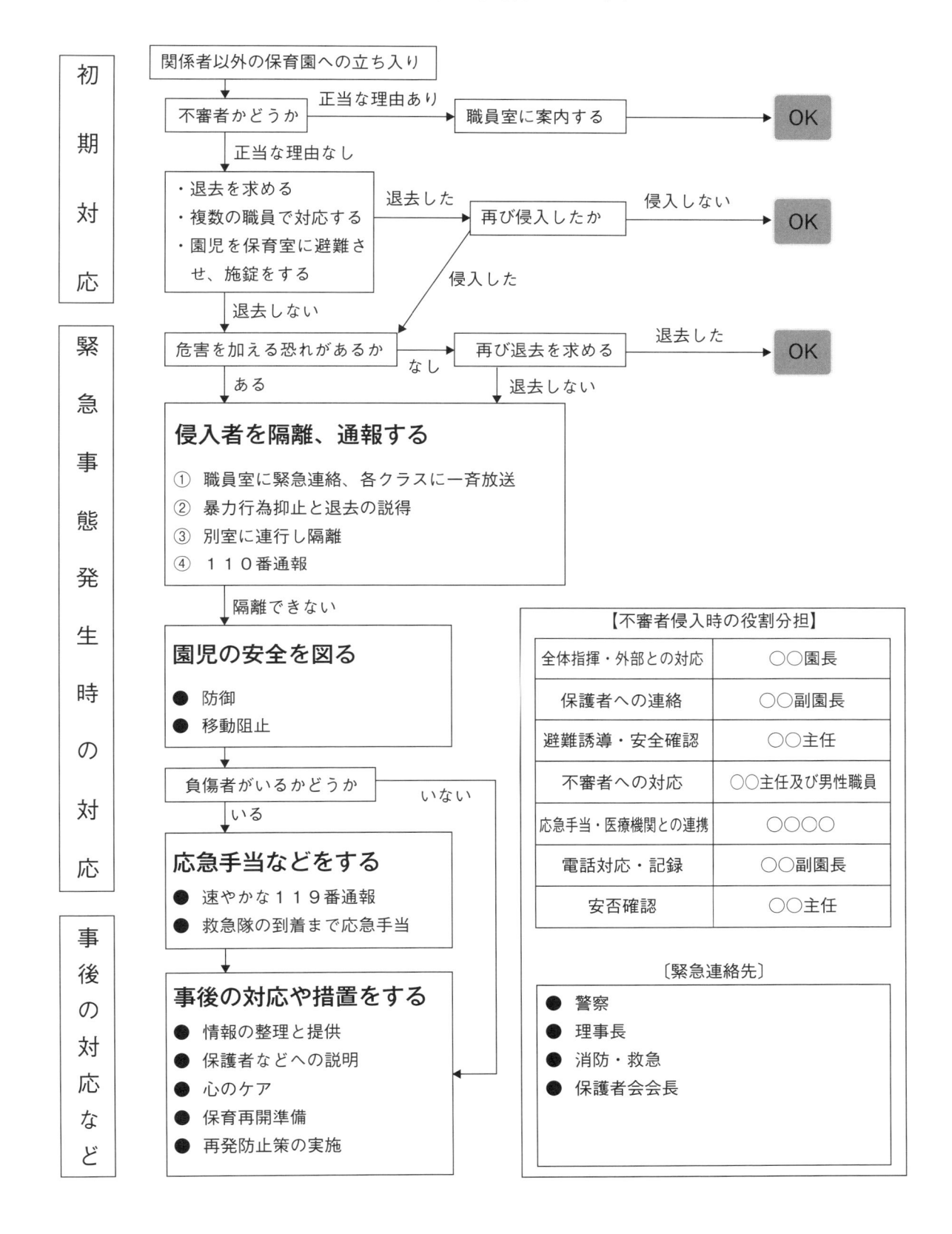

初期対応

関係者以外の保育園への立ち入り

↓

不審者かどうか
- 正当な理由あり → 職員室に案内する → OK
- 正当な理由なし ↓

- 退去を求める
- 複数の職員で対応する
- 園児を保育室に避難させ、施錠をする

- 退去した → 再び侵入したか
  - 侵入しない → OK
  - 侵入した ↓
- 退去しない ↓

危害を加える恐れがあるか
- なし → 再び退去を求める
  - 退去した → OK
  - 退去しない ↓
- ある ↓

緊急事態発生時の対応

侵入者を隔離、通報する
① 職員室に緊急連絡、各クラスに一斉放送
② 暴力行為抑止と退去の説得
③ 別室に連行し隔離
④ １１０番通報

↓ 隔離できない

園児の安全を図る
● 防御
● 移動阻止

↓

負傷者がいるかどうか
- いる ↓
- いない →

応急手当などをする
● 速やかな１１９番通報
● 救急隊の到着まで応急手当

↓

事後の対応など

事後の対応や措置をする
● 情報の整理と提供
● 保護者などへの説明
● 心のケア
● 保育再開準備
● 再発防止策の実施

【不審者侵入時の役割分担】

全体指揮・外部との対応	○○園長
保護者への連絡	○○副園長
避難誘導・安全確認	○○主任
不審者への対応	○○主任及び男性職員
応急手当・医療機関との連携	○○○○
電話対応・記録	○○副園長
安否確認	○○主任

〔緊急連絡先〕
● 警察
● 理事長
● 消防・救急
● 保護者会会長

第４部　防災・安全管理

第5章　不審な電話への対応

① 必ず録音をする
② 電話録音は必要な時にいつでも使えるように、不要な録音を毎日消去しておく。
③ 不審な電話は、園長や主任に録音内容を聞いてもらう。
③ 職員は守秘義務があり、個人のプライバシーを守らなければならない。
④ 親しげに職員の名前を言っても取りつがない。→例1、4
⑤ ローン会社などは、個人名で掛けてくる(会社名は絶対に名乗らない)。→例2
⑥ 園児名を公表しない。同姓の子がいても答えない。→例3
⑦ 保護者には不審な電話があったことを伝える。→例3、4

例1) TEL：「そちらの園の先生に転んだ時に助けられました。ぜひお礼が言いたいので名前を教えて欲しいのですが。」
　　　職　員：「職員の名前をお教えすることはできません。」

例2) TEL：「○○さんいますか。」
　　　職　員：「どちら様でしょうか。」「勤務中ですのでお取次ぎはできません。こちらから連絡させますので、連絡先をお知らせください。」

例3) TEL：「○○さんという子どもを探しています。お宅の保育園に通っていませんか。」
　　　職　員：「そのような問い合わせについては、お答えできません。」

例4) TEL：「○○さんの友だちです。住所（連絡先）を教えてください。」
　　　職　員：「申し訳ありませんが、住所（連絡先）をお教えするわけにはまいりません。」

〈対処方法〉
① 電話でも手紙でも嫌がらせのものが多いが、常に真実として対応する。
② 園長に一報を入れる。どこにいようが連絡をとる。どうしても取れなければ副園長にする。園長は警察に連絡をして園内において情報が外部に漏れないように万全を期し、警戒態勢を強化する。
③ 電話を受けたものは冷静に電話の内容を把握し、メモに取ること。
④ 内容を、５Ｗ１Ｈの原則に従って、目的を聞き出すこと。また、いつ、どこで、なぜ、誰に対して行うかを聞き出すこと。
⑤ 相手も警戒しているが、その中で相手の名前や住所、連絡方法、人数を割り出すこと。
⑥ 相手の声のアクセントや声の特徴、さらに相手の背後に聞こえる音をメモすること。

〈緊急時の対応〉
① 全園職員に緊急連絡し、すぐに園児の避難を指示し実行する。園児には「おはしも」

第4部　防災・安全管理

の原則（おさない、はしらない、しゃべらない、もどらない）を普段から徹底する。
② 園長は少なくとも1時間以内に警察、消防署へ緊急連絡し支援を仰ぐ。
③ 通話時間の延長を図り、脅迫者の発言を阻止することがないように冷静に落ち着いて対応する。「そんなことするな」「馬鹿なことをするな」など拒否的な応答は避ける。「検討しますのでしばらく時間をください」などと応答する。
④ 緊急会議を直ちに開き、危機管理の要諦である最悪の事態を想定し、職員の役割分担を決め、素早く対応策を講じる。
⑤ 脅迫状の場合は、指紋確認と犯人特定の為封筒にはできるだけ触らないようにする。どうしても触らなければならない時は手袋をはめる。

〈爆弾脅迫の場合の対応〉
① 爆弾脅迫を受けた職員は、予定爆発時刻と爆弾をセットした場所を聞き出すことに全力をあげる。それ以後の避難誘導や爆弾探索に大きく影響する。時限式ではなく起爆式の方が現在は主流である。爆弾を水につけたり、冷やしたりすることは絶対にしてはいけない。
② 脅迫電話があった以後の訪問者の車両の園内への乗り入れは禁止にする。
③ 普段から爆弾を隠したりできる場所を減らす工夫をする（敷地内の整理整頓を行う、ゴミ箱は外部から見える透明度の高いものにする等）。
④ 脅迫電話はほとんどがいたずら電話であることが多いが、それを無視することは危険である。万が一、仕掛けられていて爆発が起こり、園児や職員に負傷者や死亡者が出て、訴訟問題に発展すれば大変なことである。
⑤ 一時避難及び避難解除は原則として警察の指示に従う。その到着までに爆発物と思われるものを発見しても、決してそれに触れたり、移動したりしてはいけない。また、爆風による被害を少なくするため、全てのドアや窓を開ける。建物内に誰も残っていないことを確認して避難する。治安当局より安全が確認されるまで建物に入ることを控える。
⑥ 爆発物以外の場合、毒物混入、放火、誘拐等の場合においても基本的な対応はほとんど同じである。
⑦ 警察に対しては園長を中心に対応し、曖昧な対応やごまかしは避ける。園に不利な事項であっても事実は隠さないことが大切である。
⑧ 園長が警察に直接出向いて事情を説明し、協力の意思を明確に示すことがその後のコミュニケーションを良好に保つ上で重要である。
⑨ マスコミ対応には十分配慮し、公表については警察の発表の範囲内にとどめるようにする。
⑩ マスコミ関係者が押し寄せてくる事態に備え、その特定の場所を指定し、指定以外の

場所に立ち入らせないようにする。また、場合によって記者会見を行う場所を準備しておくようにする。

第6章　園児の誘拐・拉致（行方不明）への対応

① すぐに主任もしくは園長に知らせ、職員全員に知らせる。
② 担任だけで探さないで、他の職員にも協力を求める。
③ いなくなった時間、どのような活動中であったかを明確にしておく。

〈日常からの対応〉
① 保護者への連絡、警察への連絡、教育委員会などへの連絡、報道機関への対応など役割分担をきちんとする。
② 自治会など地域の多くの方々との連携を強化し、「こども110番の家」との協力を進める。そして「こども110番の家」の存在や、利用の仕方について、園児に周知徹底する。また、いざという時にはコンビニエンスストアや商店など、大人が常駐する場所に逃げ込むことも園児に教える。
③ 園周囲を取り巻く環境や、施設設備などの定期点検を行い、防犯上好ましくない状況が発見された場合は、関係機関と連携し、環境整備を行う。
④ 園児への安全、防犯の教育をする。「いかのおすし」の原則を教えておく。
　　「いか」……知らない人についていかない。
　　「の」………知らない人の車にのらない。
　　「お」………危険な時にはおおきな声を出す。
　　「す」………すぐにげる。
　　「し」………大人にしらせる。

〈対処方法〉
① 現場にできるだけ多くの職員を派遣し、事件を把握してその情報を逐一園に報告する。
② 事件発生時の迅速な情報の共有を進める。捜査については警察に委ね、園長は園に関係する事項について情報の管理に努める。
③ 非公開捜査の場合、警察の求めに応じ、園に不利な情報でも資料を提出し、可能な限り協力する。
④ あらかじめ、記者会見が必要になった場合に備えて準備をしておく。その際、提供する資料は、個人のプライバシーに十分配慮する。園長か責任者を決め窓口を一本化する。
⑤ 事件解決後は、当該園児や他の園児の精神的ケアについて、カウンセラーや相談員な

第4部　防災・安全管理

　　　　どの助力を得て、十分配慮する。また、保護者や地域への事後説明をきちんと行う。

〈園から家庭・地域へのお願い〉
　① 通園路、自宅周辺で普段と変わったことがないか、点検を保護者等にお願いする。
　② 「いかのおすし」の原則を家庭でも教えるようにお願いする。
　③ 「一人で遊ばない」ように、家庭で気を付けてもらう。
　④ 「どこで遊ぶのか、家の人に知らせておく」ように、家庭で徹底するようお願いする。
　⑤ 日常のあいさつや声掛けで、子どもたちを見守ってくれるよう地域の人にお願いする。
　⑥ 住民パトロールや「こども110番の家」など、避難場所設置に協力をお願いする。
　⑦ 散歩などを、子どもの登降園時に合わせて行うように老人会などに、お願いする。
　⑧ 安全マップを作製し園内に掲示する。

第5部

給食

第1章　衛生管理

　給食の衛生管理は、最終的には調理員の経験と技能が頼りになります。栄養士、調理員が、給食の特性に合わせた衛生管理知識を持ち、食材、食品加工、調理、手洗いなどの意味を自覚することが大切です。単に給食を提供することに終始することなく、園ぐるみで食育教育という立場に立脚し、グローバルな視野で努めていきましょう。何よりもそうした一貫した姿勢が食中毒という最悪の事態を回避する手段となります。

第1節　衛生管理チェック

毎日調理師が記入し、主任・園長に報告します。
問題点が発生したら、そのままにせずにすぐに対応します。

衛生管理チェック表

	点検項目	チェック
①	原材料の納入に際し、調理従事者等が立ち会っているか。	
②	検収場で原材料の品質、鮮度、品温異物の混入等の点検を行い記録したか。	
③	原材料の納入に際し、生鮮食品は、1回で使い切る量を調理当日に仕入れたか。	
④	原材料は分類ごとに区分し、原材料専用の保管設備を設け、適切な温度で保管しているか。	
⑤	原材料を配送用包装のまま調理場又は保管施設に持ち込んでいないか。	
⑥	汚染地域、非汚染地域を区別している施設では非汚染区域内に汚染を持ち込まないよう、下処理が確実に行われているか。	
⑦	冷蔵庫又は冷凍庫から出した原材料は速やかに調理しているか。	
⑧	非加熱で供される食品は下処理後速やかに調理しているか。	
⑨	包丁、まな板等の調理器具は用途別、食品別に用意し、混同せず使っているか。	
⑩	調理器具、容器等は作業動線を考慮し、予め適切な場所に、適切な数が配置されているか。	
⑪	調理器具、容器等は使用後（必要に応じて使用中）に洗浄・殺菌し、乾燥しているか。	
⑫	調理場内における器具、容器等を洗浄・殺菌する場合には洗浄水等が飛散しないよう行っているか。	
⑬	調理機械は、最低1日1回以上、分解して洗浄・消毒し、乾燥しているか。	
⑭	全ての調理器具、容器等は衛生的に保管しているか。	
⑮	野菜及び果物を加熱せず提供する場合は、適切な洗浄（必要に応じて殺菌）を実施しているか。	
⑯	加熱調理食品は中心部が十分（75℃1分以上）加熱されているか。その結果は実施献立に記載されているか。	
⑰	食品及び移動性の調理器具並びに容器の保管場所は床面から60cm以上の場所で行われているか。	
⑱	加熱調理後の食品の冷却、非加熱食品の下処理後における調理場等での一時保管等は清潔な場所で行われているか。	
⑲	加熱調理食品にトッピングする非加熱調理食品は、直接喫食する非加熱調理食品と同様の衛生管理が行われ、トッピングする時期は提供までの時間が極力短くなるようにされているか。	
⑳	加熱調理後、食品を冷却する場合は、速やかに中心温度を下げる工夫がされているか。	
㉑	調理後の食品は衛生的な容器にふたをして、他の二次汚染を防止しているか。	
㉒	調理後の食品は、30分以内に喫食されているか。	

㉓	調理後の食品が30分以内に喫食されていない場合は、適切な温度管理（冷却過程の温度管理を含む）が行われ、必要な時刻及び温度が記録されているか。	
㉔	配送過程があるものは、保冷又は保温設備のある運搬車を用いるなどにより、適切な温度管理が行われ、必要な時間、温度等が記録されているか。	
㉕	廃棄物容器は、防臭、汚液が漏れないよう管理し、作業終了後速やかに清掃し、衛生上支障のないように保持されているか。	
㉖	返却された残渣は非汚染作業区域内に持ち込まれていないか。	
㉗	廃棄物は、適宜集積場所に搬出し、作業場内に放置されていないか。	
㉘	廃棄物集積場は、廃棄物の搬出後清掃するなど、周囲の環境に悪影響を及ぼさないよう管理されているか。	
㉙	保存食は、原材料（購入した状態の物）及び調理済み食品を食品ごとに50g程度ずつ清潔な容器に密封して入れ、－20℃以下で2週間以上保存されているか。	

第2節　調理従事者の衛生管理

① 調理従事者は、下痢・発熱などの症状があった時、調理作業に従事しないこと。

② 手指等に化膿創があった時には、ゴム手袋をするなどの処置をすること。

③ 着用する帽子、外衣は毎日専用で清潔なものに交換すること。

④ トイレには、調理作業時に着用する外衣・帽子・履物のまま入らないこと。

⑤ 調理開始前、配膳作業に入る前及びトイレの後、汚れ物取り扱い時には、手指の洗浄、消毒をすること。

⑥ 調理、点検に従事しないものが、やむを得ず調理施設に立ち入る場合には、専用の清潔な帽子、外衣及び履物を着用させること。

⑦ 爪は短く切り、手指は常に清潔にすること。

⑧ 指輪等は作業前に外し、マニキュアはしないこと。

⑨ 食品、食器等を扱う時は、手指で顔、頭髪等に触れないこと。

　衛生管理としての手洗いはもちろんのこと、職員全員が手洗いを励行、習慣にすることで園児へのよい見本となり、衛生教育の基本として捕らえていくことも必要となるでしょう。

〈衛生的手洗いの仕方〉

① 正しい手洗い手順を守り、十分な時間をかければ、抗菌成分を含まない石けんと流水による手洗いで、ほとんどの通過菌を除去することが可能である。

② 乾燥には使い捨てペーパータオルを用い、タオルからの再汚染を受けないようにする。

③ 消毒用のアルコールをかけて、手指によくすり込む。

④ 乾燥性手指消毒薬によるラビング法は、簡単に確実な除菌を達成できる方法であるが、目に見えるような汚れがある場合には、流水による手洗いで汚れを除去してからラビング

法を行うべきである。

〈薬用石けん〉

　薬用石けんが、通過菌や常在菌の一部に殺菌力を発揮するのみならず、持続効果を発揮し、また、運用による累積効果を持つ場合がある。使い捨てのボトル容器の液体石けんは、固形石けんよりも清潔に使用することが容易であるため、薬用液体石けんの採用を推奨する。

第3節　器具類の洗浄・殺菌

ⅰ）調理機械
① 飲用適の水で3回水洗いする。
② スポンジタワシに中性洗剤または弱アルカリ性洗剤をつけて、よく洗浄する。
③ 飲用適の水でよく洗剤を洗い流す。
④ 作業開始前に、70％アルコール噴霧またはこれと同等の効果を有する方法で殺菌する。

ⅱ）調理台
① 調理台周辺の片付けを行う。
② 飲用適の水で3回水洗いする。
③ スポンジタワシに中性洗剤または弱アルカリ性洗剤をつけて、よく洗浄する。
④ 飲用適の水でよく洗剤を洗い流す。
⑤ よく乾燥させる。
⑥ 70％アルコール噴霧またはこれと同等の効果を有する方法で殺菌する。
⑦ 作業開始前にも、上記と同様の方法で殺菌を行う。

ⅲ）まな板・包丁・へら等
① 飲用適の水で3回水洗いする。
② スポンジタワシに中性洗剤または弱アルカリ性洗剤をつけて、よく洗浄する。
③ 飲用適の水でよく洗剤を洗い流す。
④ 80℃で5分以上、またはこれと同等の効果を有する方法で殺菌する。
⑤ よく乾燥させる。
⑥ 清潔な保管庫で保管する。

ⅳ）布巾・タオル類
① 飲用適の水で3回水洗いする。

第5部　給食

② 中性洗剤または弱アルカリ性洗剤をつけて、よく洗浄する。
③ 飲用適の水でよく洗剤を洗い流す。
④ 100℃で5分間以上煮沸殺菌を行う。
⑤ 清潔な場所で乾燥、保管する。

ⅴ）水道蛇口、ガスコック、ドアノブ
① 排水口にこびりついた油汚れや水垢、細かい隙間の汚れなどは、歯ブラシなどを使い清掃する（歯ブラシは、硬めで小さめのものがおすすめ）。
② ドアノブは、日常的清掃は清拭により行う。
③ ともに汚染が著しい場合は、アルコール系消毒薬で清拭する。

ⅵ）床・壁
　設備は必要に応じて補修を行い、園の床面及び内壁のうち、床面から1mまでの部分は1日に1回以上、園の天井及び内壁のうち床面から1m以上の部分はひと月に1回以上清掃し、必要に応じて洗浄消毒を行います。園の清掃は、全ての食品が調理場内から完全に搬出された後に行います。

ⅶ）冷蔵庫その他
　冷凍冷蔵庫の室外機、冷却機器のコンデンサー、その他機械の内部の清掃は、機械の取扱説明書を基に定期的に行います。
　機械の外観が奇麗でも、内部が奇麗でないと正しく作動せず、機械の故障、食品の腐食ひいては食中毒の原因にもなりかねないので注意しましょう。

第4節　食事の片づけ

　徹底した調理までの衛生管理ができたとしても、実際に提供する段階で怠っていては、全てが無駄となってしまいます。食事をするという楽しい時間を演出していく中で、食卓はその他衛生管理上は忘れてはならないポイントです。子どもたちが食事をする前後において行うこと、また、食後の食器、備品の衛生管理は、次の食卓へのスタートだということを忘れてはいけません。

ⅰ）テーブル・棚
　熱水による洗浄が困難なため、塩化ベンザルコニウム、塩化ベンゼントニウムまたは塩酸アルキルジアミノエチルグリシンを使用して、清拭消毒します。使用した布巾、タオル等は、

100℃で5分間以上煮沸消毒します。

ⅱ）洗面台等
　0.2％塩化ベンザルコニウム液、0.2％塩化ベンゼントニウム液または0.2％塩酸アルキルジアミノエチルグリシン液で清拭して消毒し、熱水ですすぎます。

ⅲ）壁・床
　通常の汚れの場合には、環境表面を消毒したり、滅菌したりする必要はほとんどなく、汚れを拭き取る程度でよいでしょう。ただし、血液、体液などで床が汚染された場合には、それらを物理的に拭き取るなどして除去し、0.1％次亜塩素酸ナトリウム液を用いて清拭消毒します。
　物理的な除去が行えない場合には、1％の次亜塩素酸ナトリウム液を用います。

ⅳ）食器類（手による洗浄）
① 三層のシンクを利用する。
② 第一層の温水は、50〜55℃を確保する。
③ 中性洗剤の温度に注意する。
④ 第二層は、洗剤を除去するため、40℃以上の温水が継続的に供給され、オーバーフローしていること。
⑤ 第三層は、最終消毒用として、熱水が77℃以上に保持され、90秒以上浸漬すること。

ⅴ）食器類（機械洗浄）
① 洗浄層内は、最低60℃を維持し、最終リンス温度は、80〜90℃とする。
② コンベア型では、洗浄速度を正確に保持する。
③ 給湯ノズルの汚染に注意する。

（注意）熱水消毒ができない食器の場合には、100〜1,000ppm（0.01〜0.1％）次亜塩素酸ナトリウム液を使用する。

第5部　給食

第2章　食中毒について

第1節　食中毒とは

　食中毒とは、食中毒の原因となる細菌・ウイルス等が付着した食品や有害な物質が含まれた食品を食べることによって起こる健康被害をいいます。症状としては、主に急性の胃腸炎（下痢・腹痛・嘔吐など）を起こしますが、発熱や倦怠感など風邪のような症状を起こすこともあります。

1．食中毒の分類

ⅰ）細菌性食中毒

　細菌が原因となるもので、食中毒全体の約9割を占めます。「毒素型」は、細菌が食べ物の中で作り出す毒素が体内に入ることによって起こります。黄色ブドウ球菌、ボツリヌス菌、セレウス菌などが原因です。「感染型」は、細菌が体内に入り、腸の中で増えたり毒素を作ったりすることによって起こります。サルモネラ・腸炎ビブリオ・カンピロバクター・ウェルシュ菌・腸管出血性大腸菌・赤痢菌などが原因です。

ⅱ）ウイルス性食中毒

　ウイルスが食品や飲料水を介して体内に入ることによって起こります。ノロウイルス、A型肝炎ウイルスなどが原因です。

ⅲ）原虫等による食中毒

　原虫などが食品や飲料水を介して体内に入ることによって起こります。原虫（クリプトスポリジウムなど）、真菌などが原因です。

ⅳ）化学性食中毒

　有毒・有害な化学物質が食品や飲料水を介して体内に入ることによって起こります。重金属（鉛・カドミウムなど）、農薬などが原因です。

ⅴ）自然毒食中毒

　植物や動物にもともと含まれる有害物質を摂取することによって起こります。「植物性」は、毒キノコ、ジャガイモの芽（ソラニン）などが原因です。「動物性」は、ふぐ毒（テトロドトキシン）、シガテラ毒、貝毒などが原因です。

第2節　食中毒予防の三原則

食中毒の予防は菌により多少異なりますが、3つの原則があります。

1．清潔（食品に食中毒菌をつけない）

清潔とは見た目の清潔ではなく、細菌学的に清潔です。細菌は目で見ることができません。手洗いはもちろんのこと、食器、まな板、包丁、布巾などをはじめ調理器具は洗浄消毒が必要となります。一般に、食品中で食中毒菌が増殖していても腐敗菌ではないので、におい、味、見かけ等には変化がなく見分けがつかないので注意しましょう。

① 食品取扱者は手洗いを励行すること、又健康管理に努め、指の怪我の化膿、体調不良に注意する。
② 調理器具（まな板、包丁、布巾、タワシなど）や食器の衛生的な管理を心がける。（消毒、乾燥）。
③ 調理に関係ない人や物、ペット類を調理場に入れない、持ち込まない。
④ 食品倉庫や冷蔵庫、調理場は定期的に清掃し、二次汚染が起こらないよう工夫する。
⑤ 作業台や洗浄槽は毎日清掃する。
⑥ 床、壁、天井など園の衛生的な管理を心がける。
⑦ 鼠族有害昆虫の定期的な駆除を行う。

2．迅速に（食中毒菌に増殖する時間を与えない）

細菌は時間とともに二分裂で増えていきます。時間の経過が大きなポイントとなります。調理前の食品・調理の終わった食品は、常温で長く放置しないようにしましょう。各細菌の分裂に要する時間は、腸炎ビブリオは8分、病原性大腸菌は17分、サルモネラ菌は21分、黄色ブドウ球菌は27分、ボツリヌス菌は35分です。このように細菌はネズミ算式に増えていきます。例えば、10分に1回分裂する菌が1個あるとすると、1時間後には64個、2時間後には約4千個、3時間後には約26万個に増える計算になります。

食中毒菌の種類や食べた人の状態にもよりますが、だいたい10万個から100万個まで菌が増えないと食中毒は起きないといわれます。いかにして食べるまでの時間を短くするかが大切です。

① 新鮮な材料を使い、衛生的に調理する。
② 生鮮材料および製品は、できるだけ5℃以下で保存し、調理済み食品も室温で放置しない。
③ 調理してから喫食するまでの時間が長くかからないよう心がける。

3．加熱または冷却（菌をやっつける。菌に適した増殖温度を与えない）

　加熱できる食品は十分に加熱し、殺菌しましょう。食品の中心温度が75℃で1分以上加熱することが基本です。中心温度計でチェックしましょう。冷蔵・冷凍することにより細菌の増殖はおさえられますが、死滅するわけではありません。常温に戻せば活動を始めます。冷蔵庫でも、ゆるやかに増殖する細菌もあり、過信は禁物です。

① 加熱は75℃以上で1分間以上、中心部まで行う。
② 調理済み食品を温めるだけなどの容易な再加熱はしない。
③ 温蔵庫での保存は65℃以上、冷蔵庫では10℃以下とする。

第3節　調理上の配慮

　乳幼児は病原菌に対する抵抗力が弱いため、食中毒を予防するために調理の衛生面に配慮しましょう。

① 必ず手を洗った後、アルコール消毒する。
② 盛り付けには、使い捨て手袋を使用し、調理中は直接手で食材に触れない。
③ 新鮮な食材を購入し、検収をし、鮮度を確認する。
④ 食材は、オゾン水で十分に洗い、冷蔵庫に保管する。
⑤ 床もオゾン水で殺菌する。
⑥ まな板や包丁は食材毎に使い分け、器具は滅菌消毒をする。
⑦ 揚げ物、煮物、焼き物料理は中心温度を計り、80℃以上になったことを確認し1分以上加熱する。特に肉、卵、ひき肉を使った料理は完全に火を通す。
⑧ 調理した食品は、できるだけ早く提供する。夏期は短時間でも冷蔵庫に保管する。
⑨ 調理室は、夏期はクーラーを使用し、室温を上げない。
⑩ 生ゴミは、生ゴミ処理機を使い、衛生的に管理する。

第4節　食中毒の原因と症状

　乳幼児は、病原菌に対する抵抗力が弱いため、食中毒が起こると、症状が重くなりやすいので、乳幼児の食事は衛生管理が大切です。

1. 主な食中毒

	細菌・ウイルス名	原因食品	潜伏期	主な症状	予防のポイント
細菌型	サルモネラ菌	食肉およびその加工品、鶏卵、淡水魚。また、二次的に汚染された食品。	5～72時間（平均12時間）	急性胃腸症状 発熱、下痢 腹痛、悪心、嘔吐	●食肉類の生食はさける。鶏肉、牛肉、豚肉の加熱処理は75℃、1分以上。●卵は必ず冷蔵庫に保管し、加熱調理は十分な温度で。
細菌型	小型球形ウイルス（SRSV）	河口養殖のカキやハマグリ。調理する人の手を介して汚染された食品。	24～48時間	下痢、嘔吐、腹痛、吐き気 発熱、頭痛	●手洗いの励行（個人衛生の徹底）●調理者の健康管理 ●食材の加熱 ●調理器具を介した二次汚染の予防 ●給水設備の衛生管理等
細菌型	病原性大腸菌	原因食品は多種にわたる。人・動物の糞便に汚染された食品。井戸水、生肉等	12時間～8日	急性胃腸症状 下痢、腹痛 悪心、嘔吐 血便（O-157等は溶血性尿毒症で死亡する例も）	●他の細菌性食中毒と同じ。食品（とくに食肉等）は75℃、1分以上中心部まで加熱する。●定期的な水質検査の実施
細菌型	腸炎ビブリオ	汚染された魚介類とその加工品。	8～24時間（平均3時間）	腹痛、下痢	●低温管理（漁獲から消費まで）●二次汚染防止 ●加熱処理 ●魚介類の洗浄は真水で。●8～9月の夏期から秋口に多発
毒素型	ブドウ球菌（エンテロトキシン）	手指の化膿巣より感染。おにぎり、弁当等。	1～5時間（平均3時間）	嘔吐、腹痛 下痢	●手指にキズや化膿創のある者の調理取り扱い禁止。（個人衛生の徹底）●手指の洗浄消毒の励行。
毒素型	ボツリヌス菌	胞子により汚染された食品。（缶詰、ハム、果実類のビン詰め等）	5～72時間（平均18時間）	神経麻痺	●新鮮な原材料を用いて洗浄を十分に。●低温保存と喫食前に十分加熱。

2. 特に気をつけたい食中毒

ⅰ）腸管出血性大腸菌 O-157

〈原因食品等〉

　O-157を腸管に持っている家畜などの糞便で汚染された食品や水（井戸水など）を食べることで感染します。ただし、どのような経路で、食品等がO-157に汚染されるのかは、まだ不明です。

　また、患者の糞便を介して、人から人に感染したり、食品を不衛生に取り扱ったために、

食品から食品へ菌がついてしまい、感染が広がります。

〈症状〉

　健康な成人では無症状であったり、軽い腹痛や下痢で終わることがほとんどです。しかし、乳幼児や小児などは激しい腹痛や血便などのほか、急性腎炎、血小板の減少、貧血などを主な症状とする「溶血性尿毒症症候群（HUS）」を引き起こし、重傷となることがあります。

〈特徴〉

① 数百個程度のわずかな菌で発症する。

② 感染してから、症状がでるまで4日から8日間かかる。

③ 人から人へ、糞便を介して二次感染が起こる。

④ 熱や一般的な消毒薬に弱い。

⑤ O-157は75℃で1分以上の加熱で死ぬ。

⑥ O-157に感染した子どものおむつを取り替える時は、周りを汚染しないよう気をつける。

　＊糞便の処理にはゴム手袋などを使用する。

　＊おむつは、汚れをざっと落としてから消毒剤につける、または5分以上煮沸消毒する。

ⅱ）サルモネラ・エンテリティディス（以下「SE」とする）

〈原因食品〉

　卵を原材料とした料理。加熱が不十分で、菌が生き残ったり、手指や調理器具を介して他の食品を汚染（二次汚染）したことで、食中毒事故が起こります。

〈症状〉

　発熱（38℃〜40℃前後）、腹痛、下痢、倦怠感

〈注意〉

　鶏卵は殻の表面や中身が、SEに汚染されていることがあります。SEに汚染された卵の保存条件が悪いと、卵の中のSEが増える。特にいったん割った卵では、急速にSEが増殖します。

① 信頼できる業者を選び、必ず賞味期限を見て新鮮であるか納品時検収する。

② 長期保管をしないでその都度使いきる。

〈卵の取り扱い〉

① 卵はきれいでヒビ割れのない新鮮なものを買い、すぐに冷蔵庫に入れ、できるだけ早く食べる。

② 卵を加熱して調理する時は十分加熱する。

③ 卵かけご飯、すき焼きなど、卵を生で食べる場合は、割れている卵やヒビの入った卵は使わず、食べる直前に殻を割ってすぐに食べる。

3．食中毒対応マニュアルフォロー図

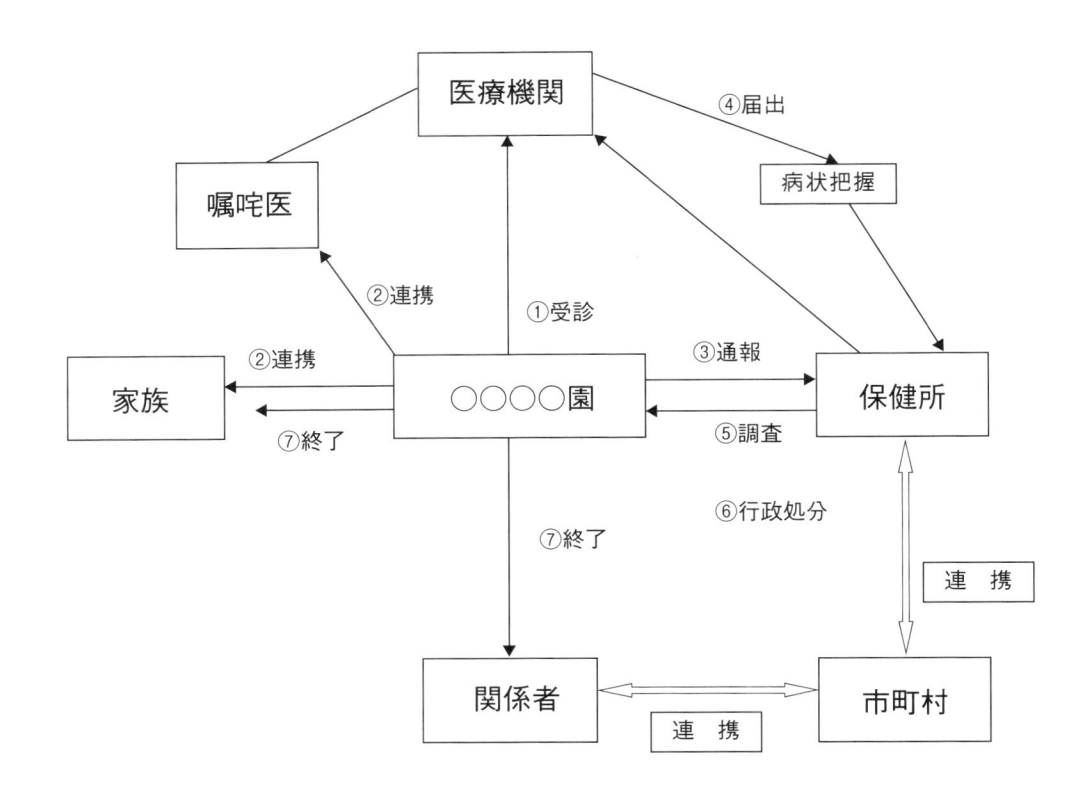

①受診

　園は、病状のある者を医療機関に受診させる。

②連絡

　園は、嘱託医及び家族に連絡する。

③通報（集団感染が疑われる場合）

　園は、保健所に通報する。

④届出（食品衛生法　第58条第1項）

　医師は、食中毒患者もしくはその疑いのある者を診断した時は、直ちに保健所に届け出る。

⑤調査

　園は、保健所による原因究明調査に協力する。

⑥行政処分（食品衛生法　第62条第3項において準用する同法第55条）

　保健所は、食品衛生上の危害を除去するため、園に業務停止を命じる。

⑦終了

　園は、本人及び関係者に説明し、対応を終了する。

第5部　給食

第5節　食物アレルギーへの対応

1. 現状と問題点

　厚生労働省『保育所におけるアレルギー対応ガイドライン』によると、保育園での食物アレルギー対応に関する現状について、

　乳幼児は、学童に比べて食物アレルギーの頻度が高く、乳幼児の食物アレルギーの9割は乳児アトピー性皮膚炎を合併して発症しています。乳幼児期のアトピー性皮膚炎では食物抗原特異的IgE抗体の偽陽性が多く、学童期に比べるとアトピー性皮膚炎との関連も乳児期・幼児早期は認められます。

「食物アレルギーの関与する乳児アトピー性皮膚炎」から「即時型」への移行もあり、乳幼児期には食物アレルギーの寛解（耐性化）も多く、変化が早いといわれています。さらに、標準的な診断・治療を受けていない子どもも多く、近隣の開業医、園長、保育士、教諭、栄養士の食物アレルギーに関する知識が最新の情報ではなく、開業医と専門医の連携が不十分で正しい指導を受けていない例や食物経口負荷試験未実施の例も多いといわれています。

　そして、その問題点としては、乳児・幼児について以下のように書いています。

ⅰ）乳児の問題点
① 最も早くて産休明け8週から預ける場合がある。
② 乳児期には顔面に湿しんが出現する乳児は約3割存在し、その半数程度が慢性に経過するかゆみのある湿しんである。
③ 慢性に経過するかゆみのある湿しんの中から食物アレルギーが関与している湿しんを見極める必要がある。
④ 園に在籍する乳児は、アトピー性皮膚炎未発症あるいは診断が確定していない例も多い。
⑤ 乳児では育児用粉乳として予防用ミルク、加水分解乳、アミノ酸乳が使われている場合がある。
⑥ 乳児では診断を確定していく時期であるのでIgE抗体の感作陽性だけで除去を指示されている場合も多い。
⑦ 離乳食を進める時期なので未摂食のものも多く、初めて食べ、発疹が出るとアレルギーを疑うことがある。

ⅱ）幼児の問題点
① 幼児期の食物アレルギーは時々刻々変化する。治る例も多いので、常に見直しが必要である。

② 園での幼児食の食物除去の対応が細分化されていて煩雑であり、誤食の誘因となっている。
③ 園に在籍する子どもが自己管理できないことにより誤食事故が発生し得る。
④ 間違った知識や指示に基づいて過剰な食物除去をしていることも多い。

2．除去食の考え方

園における食物アレルギー対応の原則については、職員で共通理解しておく必要がある。

① 食物アレルギーのない子どもと変わらない安全・安心な園での生活を送ることができる。
② アナフィラキシー症状が発生した時、全職員が迅速、かつ適切に対応できる。
③ 職員、保護者、主治医、緊急対応医療機関が十分に連携する。
④ 食物除去の申請には医師の診断に基づいた生活管理指導表が必要である。（診断時＋年1回の更新）。
⑤ 食物除去は完全除去を基本とする。
⑥ 鶏卵アレルギーでの卵殻カルシウム、牛乳アレルギーでの乳糖、小麦での醤油・酢・麦茶、大豆での大豆油・醤油・味噌、ゴマでのゴマ油、魚でのかつおだし・いりこだし、肉類でのエキスなどは除去の必要がないことが多いので、摂取不可能な場合のみ申請する。
⑦ 除去していた食物を解除する場合は保護者からの書面申請で可とする。
⑧ 家で摂ったことがない食物は基本的に園では与えない。
⑨ 共通献立メニューにするなど食物アレルギーに対するリスクを考えた取り組みを行う。
⑩ 常に食物アレルギーに関する最新で、正しい知識を職員全員が共有し、記録を残す。

3．食物アレルギーの症状

ⅰ）皮膚粘膜症状

皮膚症状：痒み、蕁麻しん、むくみ、赤み、湿しん
眼症状：白目の充血、ゼリー状の水ぶくれ、痒み、涙、まぶたのむくみ
口腔咽喉頭症状：口の中、くちびる、舌の違和感、腫れ、喉のつまり・痒み、イガイガ感、息苦しい、しわがれ声

ⅱ）消化器症状

腹痛、気持ちが悪くなる、嘔吐、下痢、血便

ⅲ）呼吸器症状

上気道症状：くしゃみ、鼻水、鼻づまり

下気道症状：息がしにくい、せき、呼吸時に「ゼーゼー」「ヒューヒュー」と音がする

ⅳ）全身性症状

アナフィラキシー：皮膚、呼吸器、消化器などのいくつかの症状が重なる

アナフィラキシーショック：脈が速い、ぐったり、意識がない、血圧低下

4．食物アレルギーの種類

食物アレルギーの種類

臨床型		発症年齢	頻度の高い食物	耐性の獲得（寛解）	アナフィラキシーショックの可能性	食物アレルギーのメカニズム
新生児消化器症状		新生児期	牛乳（育児用粉乳）	（＋）	（±）	主にIgE非依存型
食物アレルギーの関与する乳児アトピー性皮膚炎		乳児期	鶏卵・牛乳・小麦・大豆など	多くは（＋）	（＋）	主にIgE依存型
即時型症状（蕁麻疹・アナフィラキシーなど）		乳児期～成人期	乳児～幼児（鶏卵・牛乳・小麦・そば・魚類など）、学童～成人（甲殻類・魚類・小麦・果物類・そば・ピーナッツなど）	鶏卵・牛乳・小麦・大豆など（＋）、その他の多く（±）	（＋＋）	IgE依存型
特殊型	食物依存性運動誘発アナフィラキシー（FEIAn/FDEIA）	学童期～成人期	小麦・エビ・イカなど	（±）	（＋＋＋）	IgE依存型
	口腔アレルギー症候群（OAS）	幼児期～成人期	果物・野菜など	（±）	（＋）	IgE依存型

5．アレルギー児の保護者

ⅰ）アレルギー疾患を持つ子どもの把握

入園面接時にアレルギーについて園での配慮が必要な場合は、申し出てもらい、健康診断書や保護者からの申し出にもとづいて子どもの状況を把握します。

申し出のあった保護者には、次頁の「保護者の皆さんへ（様式1）」の挨拶文に「家庭における食物摂取状況（様式2）」と「アレルギー疾患生活管理表（様式3）」を渡し、「家庭における食物摂取状況」は保護者が記入し、「アレルギー疾患生活管理表」については、主治医及び専門医に記入してもらうようにします。

保護者が持参した「家庭における食物摂取状況」と「アレルギー疾患生活管理表」に基づき、園での生活や食事の具体的な取り組みについて、園長、嘱託医、看護師、栄養士、調理員等と保護者が協議して対応を決め、その内容を「アレルギー対応実施計画書（様式4）」に記入します。

上記までの手続きを踏んだ上で、全職員の共通理解を図るとともに、緊急時の対応について組織的に周知徹底を図ります。

そして、「生活管理指導表」の見直しは、年に1回は必ず行うようにします。

保護者の皆さんへ（様式1）

はじめに

　食物アレルギー、アトピー性皮膚炎、気管支喘息などのアレルギー性の病気は、アレルギー体質が関係しているので原因をつきとめて完璧に治すことは難しいといわれています。

　しかし、うまく対応すれば症状が出ず、ふつうに日常生活が送れます。

　その対応方法が、アレルギーの配慮食であり、スキンケアであり、そして、生活リズムを整えることです。

　医師と保護者と園とで正しい知識をもって、ゆったりとした気持ちで子どもと向き合っていけたらと考えています。

生活管理指導表の提出について

① 給食での食物除去やアナフィラキシー対応など特別な保育が必要となる場合は、医師の診断と指導に基づく「生活管理指導表」を提出してください。
　なお、指導表作成にかかる必要な経費については、保護者負担でお願いします。

② 生活管理指導法にもとづかない保育や除去食はお受けできません。

③ アレルギー疾患による特別な保育・給食を継続している期間は、最低1年に1回、生活管理指導表の提出をお願いします。

給食対応について

① 一般の給食材料での範囲内として「除去食」での対応となります。

② 特別な別メニューとしての「代替食」については、基本的には行っていません。但し、代替材料(例：卵禁止の場合「マヨネーズ」の代わりに「マヨドレ」、「プリン」「ヨーグルト」の代わりに「ゼリー」など)にて、一部、調理し提供させていただく場合もあります。また、ご家庭からの代替物資（食材料）の持ち込みはご遠慮ください。

③ 給食での除去は、「完全除去」か「完全解除」のどちらかで対応します。但し、調味料や注意喚起表示の加工食品の除去については、生活管理指導表により摂取不可の場合のみ、除去対応します。

④ 調理作業・配膳スペースが狭く、また、調理器具・食器の洗浄や保管を個

別に行うことができないため、微量なアレルゲンで発症するアナフィラキシー症状のある場合は、給食対応ができません。お弁当の持参をお願いします。

⑤ 食物除去の解除は、保護者記載の書面申請が必要です。解除の際は、提出をお願いします。

⑥ 毎月の献立表に除去する食品に印をつけてチェックし、期日までに担任へお渡しください。

⑦ 除去することにより栄養価が不足する場合は、家庭の食事で補うよう配慮をお願いします。

⑧ 子どもの健康状況を毎日把握し、状況に応じて担任に報告してください。体調不良の場合にはアレルギー症状をひき起こしやすいので注意が必要です。

お弁当持参の場合は、次の点に注意して下さい

① 材料は新鮮な物を使い、当日によく火を通し、冷ましてから容器に入れてください。

② 味付けは濃すぎないように注意してください。

③ 料理形態や量が、園の献立に似ている方が望ましいので、できる範囲でお願いします。

④ お弁当の受け渡しは、園と調整した方法にそって行ってください。

緊急時等の備えた処方薬をお預かりする場合

① お預かりする薬は、アレルギー疾患を診察している主治医が処方した薬に限ります。

② 薬をお預かりする場合は、処方日、有効期限等を確認させていただきます。

③ 毎日毎食服用する薬の場合は、1回分の服用量が一目で分かるように分割するなどして、お預けください。

④ 薬の容器や袋に、お子さんの名前を書いてください。

⑤ 緊急時に備えて「エピペン」をお預かりする場合は、主治医、保護者、園の三者で状況確認のための話し合いをさせていただきますので、ご協力をお願いします。

その他

① 園における日常の取り組み及び緊急時の対応に活用するため、生活管理表及び緊急個別対応票の内容等、お預かりした情報は職員全体で共有させてい

ただきます。ご了承ください。
② 基本的には、保育園で除去食材を試すことはありません。ご家庭で取り組んでいただき、医師と相談の上、園はすすめていきます。園で除去食を始める場合は、必ず、半年～1年の間隔で医師と相談をして、次の方針を出していただきます。

家で食べて何も問題がないからと保護者の判断で除去解除はできません。また、食べて反応があった時も保護者の判断では除去はできません。園で間違いのないように十分配慮していきますので、ご家庭でも食事の除去と解除のご協力お願いします。

以上宜しくお願いします。

家庭における食物摂取状況（様式2）

クラス名（　　　）　園児名（　　　）　保護者名（　　　）　記入日　　年　月　日　　保護者記入⇒原本園保存

該当する箇所に○印を付けて下さい。

	食材名	原材料として		加工品の表示・原材料として
		飲食して症状がでたことがある	飲食したことがない	飲食したことがない
①	鶏卵			注意喚起表示
②	牛乳・乳製品			注意喚起表示：乳糖
③	小麦			注意喚起表示：麦茶
④	ソバ			注意喚起表示
⑤	ピーナッツ			注意喚起表示
⑥	大豆			大豆油
⑦	ゴマ			ゴマ油
⑧	種実類（クルミ・アーモンド・他（　　））			
⑨	甲殻類（エビ・カニ・他（　　））			
⑩	軟体類・貝類（イカ・貝柱・タコ）			
⑪	魚卵類（たらこ・他（　　））			
⑫	魚類（サケ・サワラ・サバ・他（　　））			かつおだし、いりこだし
⑬	肉類（鶏肉・牛肉・豚肉・他（　　））			エキス
⑭	果実類（キウイ・バナナ・リンゴ・他（　　））			
⑮	味噌・醤油・酢			
⑯	その他			

第5部　給食

アレルギー疾患生活管理指導票（様式3）

○食物アレルギー—アナフィラキシーがある場合は、必ず作成してください。

クラス名前	園児名	性別	生年月日	月齢
		男・女	平成　年　月　日	歳　月

食物アレルギー（あり ・ なし）　アナフィラキシー既往（あり ・ なし）

食物アレルギー病型（食物アレルギー有の場合のみ記載） 　i）食物アレルギーの関与する乳児アトピー性皮膚炎 　ii）即時型食物アレルギー 　iii）その他	給食・離乳食 i）管理不要 ii）保護者と相談し決定
	食物・食材・容器を扱う活動 i）管理不要 ii）保護者と相談し決定
アナフィラキシー病型（既往有の場合のみ記載） 　i）原因食物（　　　　　　　　　　　　　　　　　　） 　ii）．その他（ラテックスアレルギー、昆虫や動物など） 　　　・医薬品 　　　・食物依存性運動誘発アナフィラキシー 　　　・ラテックスアレルギー 　　　・昆虫 　　　・動物のフケや毛	アレルギー用調整粉乳 i）不要 ii）必要（下記該当に○） ミルフィー・ニューMA-1・MA-miペプディエット・ エレメンタルフォーミュラ・その他

原因、該当食品に○印を付け、除去根拠欄に以下の除去根拠番号を記載して下さい。
①明らかな症状の既往
②食物負荷試験結果
③IgE抗体等検査結果
④未摂取

原因食物	摂取不可のものに○を記入		除去根拠欄
鶏卵	………	注意喚起表示	
牛乳・乳製品	乳糖	注意喚起表示	
小麦	麦茶	注意喚起表示	
ソバ	………	注意喚起表示	
ピーナッツ	………	………	
大豆	大豆油		
ゴマ	ゴマ油		
種実類（クルミ・アーモンド・他）	………	………	
甲殻類（エビ・カニ・他）	………	………	
軟体類・貝類（イカ・貝柱・タコ）	………	………	
魚卵類（たらこ・他）	………	………	
魚類（サケ・サワラ・サバ・他）	かつおだし、いりこだし	………	
肉類（鶏肉・牛肉・豚肉・他）	エキス	………	
果実類（キウイ・バナナ・リンゴ・他）	………	………	
味噌・醤油・酢	………	………	
その他	………	………	

緊急時に備えた処方薬 i）内服薬（抗ヒスタミン薬、ステロイド薬） ii）エピペン0.15mg【体重　　　kg】 iii）その他（　　　　　　　　　　）	その他の配慮・管理事項（自由記載）

医師名（　　　　　　　　　　）医療機関名（　　　　　　　　　　　　　　　　）
園受理日　　年　　月　　日

アレルギー疾患生活管理指導票（裏）

牛乳・乳製品：乳糖

　乳糖は、牛乳中に存在するガラクトースとグルコースが結合した二糖類である。稀に、牛乳アレルギー患者でアレルギー症状を起こすことがある。乳糖は牛乳を原材料として作られているため、乳糖1g中に4～8μgの牛乳タンパク質が混じっている。乳糖はアレルギー物質表示制度では表示義務になっている「乳」に含まれる。「乳」の文字が含まれているため「乳」の代替表記として認められている。

小麦：麦茶

　麦茶は大麦の種子を煎じて作った飲み物であり、小麦と直接関係はない。しかし小麦アレルギーのなかに麦類全般に除去指導されている場合があり、この場合に麦茶の除去が必要な場合がある。

大豆：大豆油・醤油・味噌

　大豆油に関して、そもそも食物アレルギーは原因食物の特定のタンパク質によって誘発されるものであり油脂成分が原因とは基本的にはならない。大豆油中のタンパク質は、0g/100mlであり、除去する必要はないことがほとんどである。

ゴマ：ゴマ油

　ゴマ油も大豆油と同様で除去する必要がないことが多い。しかし大豆油と違って精製度の低いゴマ油はゴマタンパク質が混入している可能性があり、除去の対象となることがあり要注意。

魚類：かつおだし・いりこだし

　魚類の出汁（だし）に含まれるタンパク質量は、かつおだしで0.5g/100ml、いりこだしで0.1g/100mlと極少量である。このためほとんどの魚類アレルギーは出汁を摂取することができる。

肉類：エキス

　肉エキスとは肉から熱水で抽出された抽出液を濃縮したもので通常調味料として用いられる。一般的に加工食品に使用される量は非常に少量であるので、肉エキスは摂取できる。

味噌・醤油・酢

　味噌は本来その生成過程で小麦は使用しないため、純粋な製品には小麦の表記はなく、小麦アレルギーでも使用できる。大豆タンパク質に関しても醤油と同様に考えることができる。味噌のタンパク質含有量は9.7-12.5g/100gである。

　醤油は原材料に小麦が使用されているが、醤油が生成される発酵過程で小麦タンパクは完全に分解される。このため基本的に小麦アレルギーであっても醤油を摂取することはできる。

　醤油における大豆タンパクも生成の発酵過程で、小麦タンパクと同じ様に分解が進む。醤油のタンパク質含有量は7.7g/100mlであるが、調理に利用する量は少ないこともあり、重症な大豆アレルギーでなければ醤油は利用できることが多い。

　醸造酢（米酢、大麦黒酢を除く）に小麦が使用されている可能性がある。単に酢だけでは小麦が含まれているか否かはわからない。ただ、酢に含まれるタンパク量は非常に少なく(0.1 g/100ml)、また一回摂取量も非常に少ないため、基本的には摂取することができる。

第5部　給食

アレルギー対応実施計画書（様式4）

○○○園

クラス名	園児名	性別	生年月日
		男・女	平成　　年　　月　　日
確認年月日	確認した職員	保護者名	
平成　　年　　月　　日	園長・主任・担任・その他（　）	続柄（　）	

〈初回面接時の聞き取り内容〉

①アレルギーは、いつ頃から、何をどのくらい食べ、どんな症状がでたか

②その症状は何回あったか？　どんな対応をしたか？　アナフィラキシー症状はあったか？

③医師から言われた診断名とかかっている医療機関名

〈生活指導表より転記〉

①食物アレルギー病型
　i）食物アレルギーに関与する乳児アトピー性皮膚炎
　ii）即時型食物アレルギー
　iii）その他（　　　　　　　　　　　　　　　　　）
②アナフィラキシー（有・無）　原因（　　　　　　　　　　　　　　　　　）
③アレルギーの原因食物（鶏卵・牛乳・乳製品・小麦・ピーナッツ・大麦・ゴマ・その他（　　　　　　　））

〈園における配慮と対応〉

	配慮と対応
ミルク 離乳食 食事 おやつ	
持参薬	
保育場の注意	

ⅱ）アレルギー除去食導入の手順

ⅰ）をもとに「アレルギー除去食確認書」を作成します。これは給食室とクラス及び看護師の間で間違いが起こらないように内容を共有するためです。

アレルギー除去食確認書

クラス名（　　　　　）氏名（　　　　　　）年齢（　　　　）　　作　成　日　年　月　日

除去食材及び解除食材リスト	
鶏卵	
牛乳	
小麦	
大豆	
その他	
備考	

アレルギー除去食材適用期間

開　始　日　　　年　　月　　日　～　　年　　月　　日

次回検査予定時期　　年　　月　　日

解　除　日　　　年　　月　　日

アレルギー除去食材適用時の注意事項

X　園　長　　栄養士　　担任　　作成者

第5部　給食

アレルギー除去食導入及び解除についての手順

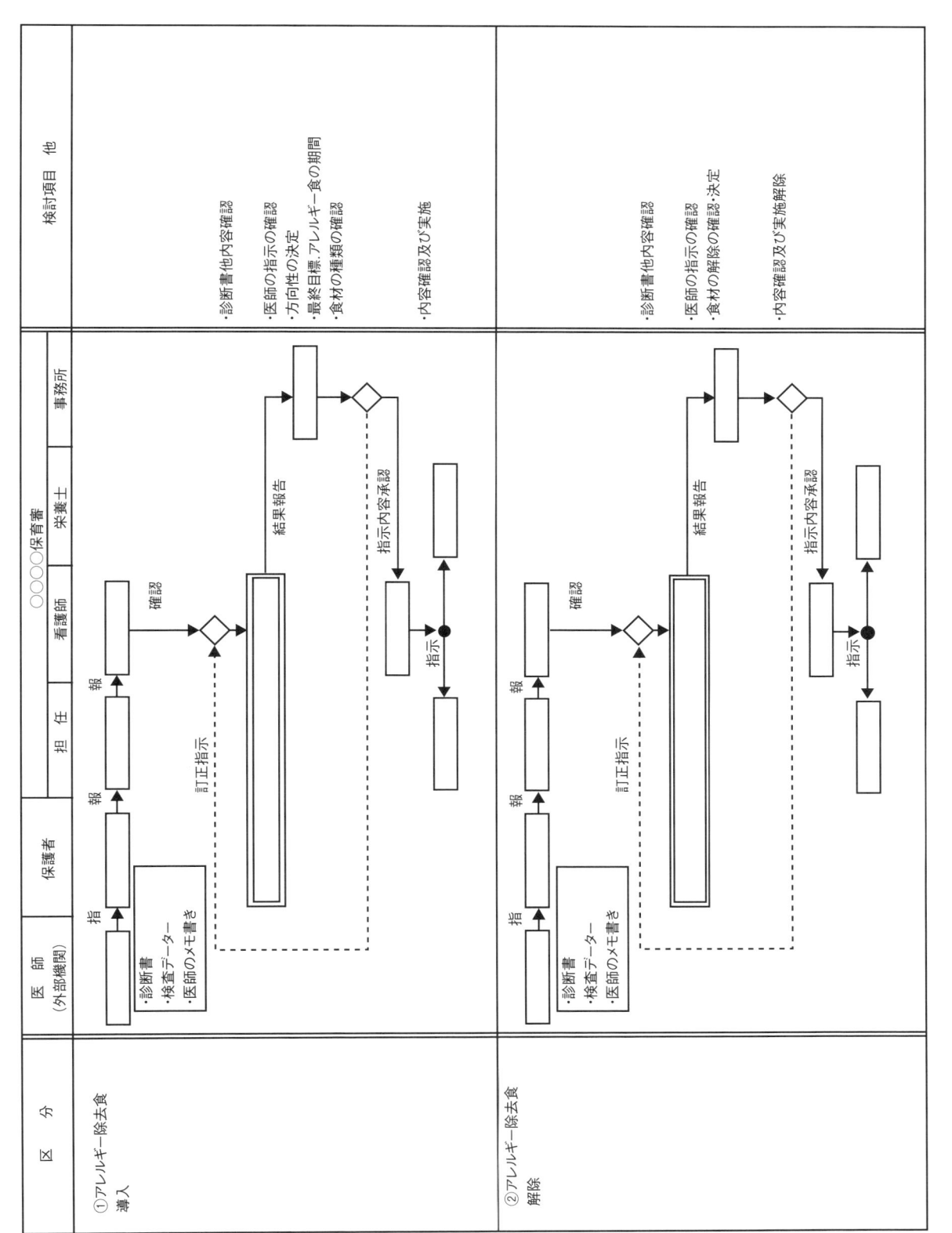

区　分	医　師 (外部機関)	保護者	担任	○○○○保育園 看護師　栄養士　事務所	検討項目　他
①アレルギー除去食導入	・診断書 ・検査データ ・医師のメモ書き　→指→報→報→確認→（結果報告）→指示内容承認　訂正指示				・診断書他内容確認 ・医師の指示の確認 ・方向性の決定 ・最終目標 アレルギー食の期間 ・食材の種類の確認 ・内容確認及び実施
②アレルギー除去食解除	・診断書 ・検査データ ・医師のメモ書き　→指→報→報→確認→（結果報告）→指示内容承認　訂正指示				・診断書他内容確認 ・医師の指示の確認 ・食材の解除の確認・決定 ・内容確認及び実施解除

iii）アレルギー代替食作りの手順

アレルギー代替食作りの手順

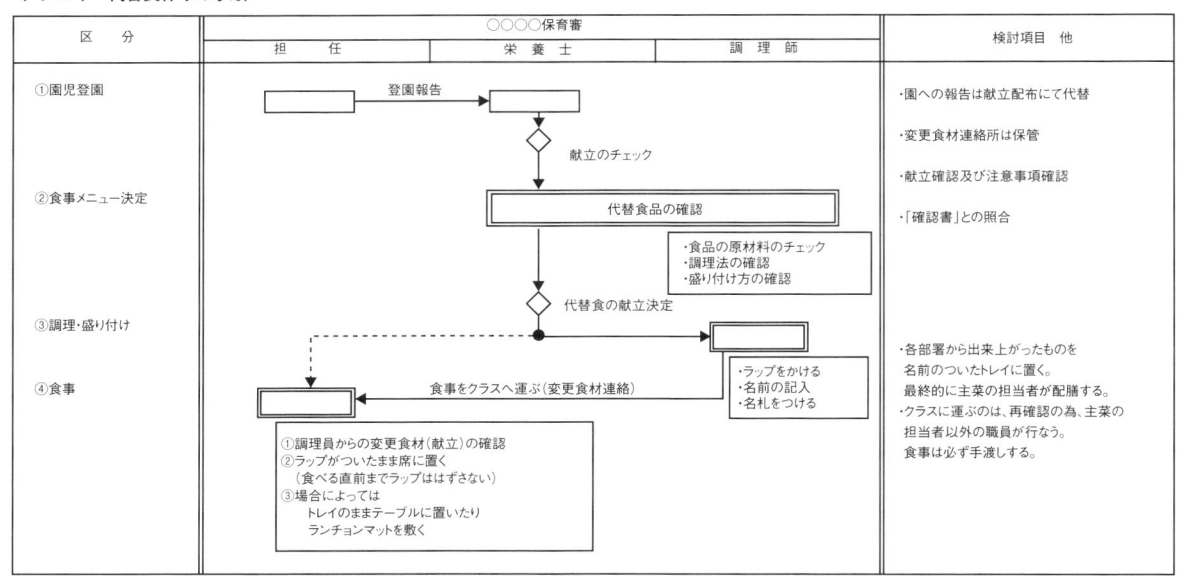

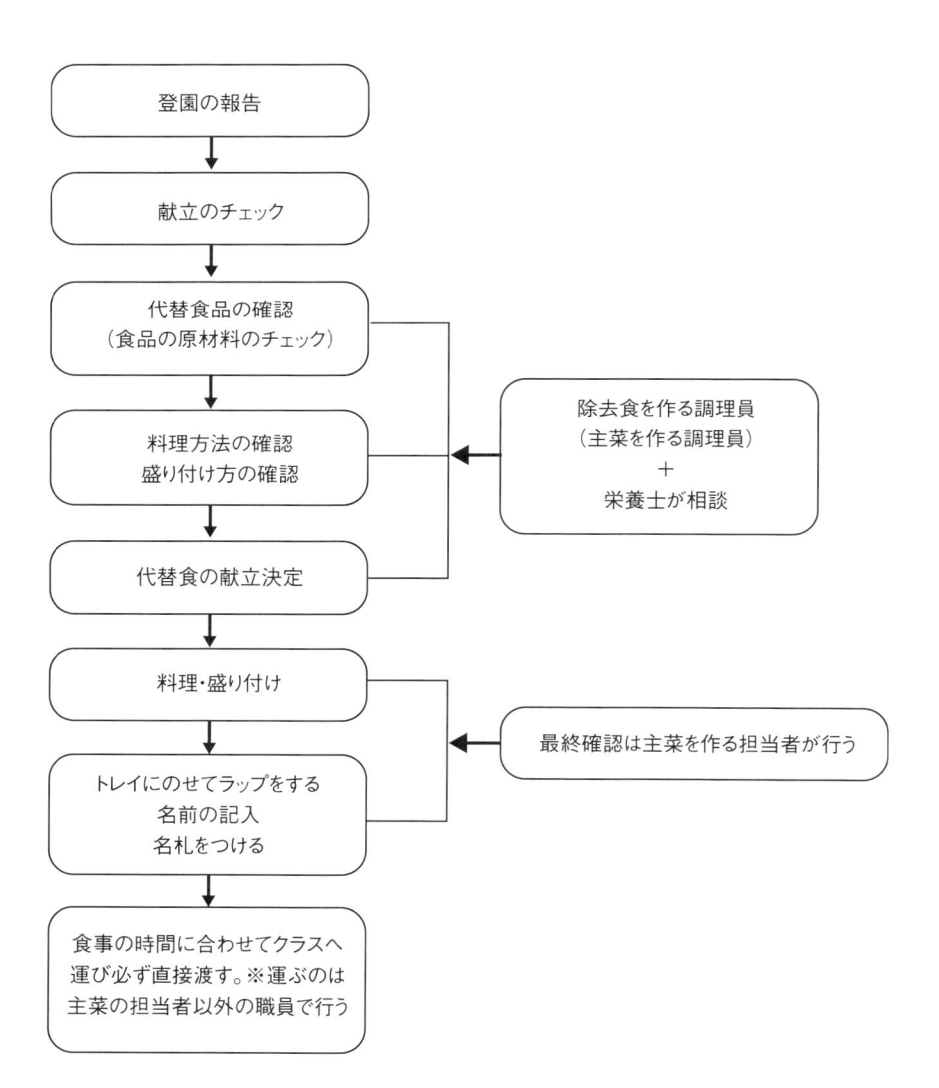

区分	○○○○保育審 担任 / 栄養士 / 調理師	検討項目 他
①園児登園	登園報告 → 献立のチェック	・園への報告は献立配布にて代替 ・変更食材連絡所は保管 ・献立確認及び注意事項確認 ・「確認書」との照合
②食事メニュー決定	代替食品の確認 ・食品の原材料のチェック ・調理法の確認 ・盛り付け方の確認	
③調理・盛り付け	代替食の献立決定 ・ラップをかける ・名前の記入 ・名札をつける	・各部署から出来上がったものを名前のついたトレイに置く。最終的に主菜の担当者が配膳する。 ・クラスに運ぶのは、再確認の為、主菜の担当者以外の職員が行なう。食事は必ず手渡しする。
④食事	食事をクラスへ運ぶ（変更食材連絡） ①調理員からの変更食材（献立）の確認 ②ラップがついたまま席に置く（食べる直前までラップははずさない） ③場合によっては　トレイのままテーブルに置いたりランチョンマットを敷く	

```
登園の報告
  ↓
献立のチェック
  ↓
代替食品の確認
（食品の原材料のチェック）
  ↓                        ← 除去食を作る調理員
料理方法の確認                （主菜を作る調理員）
盛り付け方の確認                    ＋
  ↓                          栄養士が相談
代替食の献立決定
  ↓
料理・盛り付け              ← 最終確認は主菜を作る担当者が行う
  ↓
トレイにのせてラップをする
名前の記入
名札をつける
  ↓
食事の時間に合わせてクラスへ
運び必ず直接渡す。※運ぶのは
主菜の担当者以外の職員で行う
```

ⅳ）アレルギー除去食のクラスでの対応の手順

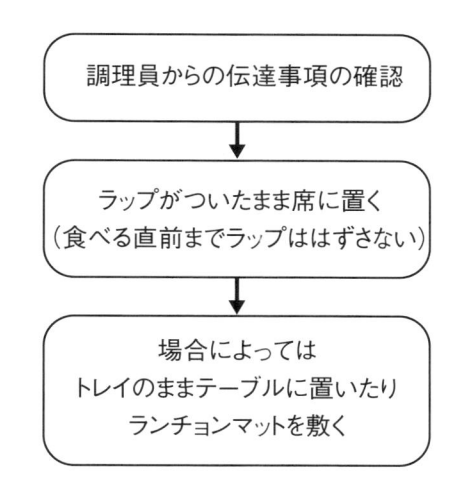

```
┌─────────────────────────┐
│ 調理員からの伝達事項の確認 │
└─────────────────────────┘
            ↓
┌─────────────────────────┐
│ ラップがついたまま席に置く │
│（食べる直前までラップははずさない）│
└─────────────────────────┘
            ↓
┌─────────────────────────┐
│    場合によっては         │
│ トレイのままテーブルに置いたり │
│   ランチョンマットを敷く     │
└─────────────────────────┘
```

ⅴ）緊急時個別対応

　誤飲事故の発生としては、「配膳ミスなどの職員の人的エラー」「人的ミスを誘発する煩雑に細分化された食物除去の対応」「子どもたちが幼いので自己管理できない」ということが考えられます。そんなヒューマンエラーを防ぐ対策としては、「食事内容を記載したカードの作成」「調理から提供までの二重三重のチェック体制の確立」「食器などの色を変える」などの注意喚起が求められます。

　また、細分化されすぎた食物除去対応は、誤飲の一因となるので、できるだけ単純化した対応（例えば、完全除去か解除）を基本とすることが望まれます。あわせて、食物アレルギー児への食事提供の際は複数の職員でチェック管理することが、未然に事故を防ぐために大切なことです。

　しかし、アレルギー疾患を持つ子どもには「緊急時個別対応票」を作成します。さらに、事が起こった時のために、「緊急時対応経過記録票」「アレルギー事故報告書」を準備しておくようにします。

緊急時個別対応票

園児名（　　　　　　　）　生年月日（　　年　　月　　日）

（普段と異なる）特有の初期症状					
緊急時に備えた処方薬（右【】内には商品名を記入のこと）	薬名	処方日	有効期限	使用日	保育所での保管場所
	抗ヒスタミン薬【　　　】	年　月　日	年　月　日	年　月　日	
		年　月　日	年　月　日	年　月　日	
	ステロイド薬【　　　】	年　月　日	年　月　日	年　月　日	
		年　月　日	年　月　日	年　月　日	
	エピペン	年　月　日	年　月　日	年　月　日	
		年　月　日	年　月　日	年　月　日	
	常用処方薬【　　　】	年　月　日から服用開始　年　月　日に服用終了		1日　　回（食前・食後）	
	【　　　】	年　月　日	年　月　日	年　月　日	
主治医情報	病院名（　　　　　　　　　　）　医師名（　　　　　　　　　　）電話番号（　　　　　　　　　　）　診察券番号（　　　　　　　　　　）				
保険証	保険証番号（　　　　　　　　　　）　医療証番号（　　　　　　　　　　）				
自宅住所：電　話：					
保護者の緊急連絡（続柄）	①:氏名		②:氏名		③:氏名
①②③	勤務先：住所：電話：携帯：		勤務先：住所：電話：携帯：		勤務先：住所：電話：携帯：
★緊急時等に備えた処方薬（エピペンを含む）を持参されたお子さんの場合、緊急対応及び緊急時に備えた処方薬を預かる場合の内容に同意しますか。　　　　　年　月　日　同意します。　　　　　　　保護者　　　　　　　印	平成　年　月　日　作成				
	平成　年　月　日　継続・訂正				
	平成　年　月　日　継続・訂正				
	エピペンを処方されている場合の主治医と保護者との検討結果及び対応内容				

第5部　給食

緊急時対応経過記録シート

園⇒市区町村子育て支援課

園児名(　　　　　)　生年月日　平成　　年　　月　　日　(　　)歳

1.誤食をした時間	平成　　年　　月　　日　　時　　分			
2.食べたもの				
3.食べた量				
4.処置	・口のものを取り除く　　・うがいをする　　・手を洗う ・薬の内服・吸入　（内容　　　　　）（有　無）　　時　　分 ・エピペンの使用　　　　　　　　　　　（有　無）　　時　　分			
5.症状と保育現場での対応 病院搬送を考慮 【主治医へ電話】 【タクシーを呼ぶ】 ↓	グレード1	①部分的なじんましん・あかみ・弱いかゆみ	時	分
		②軽い唇や瞼（まぶた）の腫れ	時	分
		③鼻汁、鼻閉、短発の咳	時	分
		④軽い腹痛、短発の嘔吐	時	分
		⑤なんとなく元気がない	時	分
【救急車を呼ぶ】 ↓ ↓ 救急車が来るまで 【エピペン準備】 【心肺蘇生法準備】	グレード2	⑥広範囲のじんましん、あかみ、強いかゆみ	時	分
		⑦明らかな唇や瞼（まぶた）、顔全体の腫れ	時	分
		⑧時々繰り返す咳	時	分
		⑨明らかな腹痛、複数回の嘔吐や下痢	時	分
		⑩元気がない、横になりたがる	時	分
	グレード3	⑪飲み込み辛さ	時	分
		⑫咳き込み、声がれ、ぜん息（ゼーゼー、ヒューヒュー）、息苦しさ、呼吸困難、チアノーゼ、言葉が出ない	時	分
		⑬強い腹痛、繰り返す嘔吐や下痢	時	分
		⑭ぐったり、意識消失、立ち上がれない	時	分
6.バイタルサイン	○脈拍　　　　　　　　　　　　（　　　回／分）（触れる・触れない） ○呼吸状態　　　　　　　　　　（　　　回／分）（荒い・ふつう） ○体温（平熱　　　℃）　　　　（　　　℃）			

アレルギー事故報告書

市区町村子育て支援課
　　　　課長　殿

　　　　　　　　　　　　　　　　　　平成　　年　　月　　日

　　　　　　　　　　　　　　　　園　名（　　　　　　　　）
　　　　　　　　　　　　　　　　報告者名（　　　　　　　　）

氏名（　　　　　　）	生年月日　平成　　年　　月　　日（男・女）
かかりつけ医療機関名 （　　　　　　　　）	今回の救急対応でかかった病院名 （　　　　　　　　　　　　）

アナフィラキシーショックを起こした？　　　　有・無
薬の使用はあったか？　　有・無　　　エピペンを使用したか？　　有・無
アレルギー症状を引き起こした原因 　〈食物〉鶏卵・乳・小麦・大豆・エビ・カニ・ソバ・ピーナッツ・その他（　　　　） 　〈食物以外〉医薬品・運動誘発・天然ゴム・昆虫・動物のフケや毛・その他（　　　　）
事故発生日時（平成　　年　　月　　日　　時　　分頃）発生場所（　　　　）
発生状況及び対応
事故後改善策

おわりに

　本書発行に直接的なご縁をいただいた赤井秀顯理事長をはじめ井村智眼、小笠原覺量副理事長を中心とした兵庫教区保育連盟の研修会と出会って数年が過ぎようとしています。ここ３年間は年間を通した連続研修を行ってきました。その学びの中で、「子どもたちの最善の利益を保障するということ」「現在(いま)を最もよく生きるということ」を基盤に、常に私たちが確認しあってきたことは、「子どもが一番　子どもが真ん中　子どもに真っ直ぐ」という保育でした。

　そのような学びのさなかの2011年３月11日に東日本大震災が発生しました。私たちは、改めて保育の中で子どもたちを守ることの大切さを教えられたわけですが、兵庫教区は阪神淡路大震災を経験していたので、その思いは一層強いものがありました。

　東日本大震災直後、連続研修の世話役の一人である藤井貴久子さんに、「私たち保育者が今すぐにでもできる支援活動は……」とすぐに声をかけられ、阪神淡路大震災の経験を生かした様々な活動が展開されました（その一部は『ほいくしんり』３号に掲載）。その中の一つが「危機管理マニュアル」です。一つひとつの保育を検討する中で、阪神淡路大震災の経験が十分には生かされていない事実を数多く発見しました。そのような理由から、それらをいち早く編集し、被災地の保育者の協力を得ながら『保育者のための危機管理マニュアル』として発信してきました。

　一方、子どもの安全・安心を基盤とした保育を、今回の震災から検討する中で、全般的な園生活そのものについても総合的・根本的な見直しが必要であるということが明らかになってきました。そこで、兵庫教区保育連盟の関係園が中心となり、現在活用している危機管理マニュアルやその関係資料を持ち寄り、検討することになりました。その際、私の関係している保育園や幼稚園で作成した危機管理のための「保育マニュアル」やコンサルタントから指導を受けた「危機管理マニュアル」なども検討の中に加えていただきました。このようにして、第一次の『保育現場の危機管理のための保育マニュアル』を作成し、関係園で共有し実際に活用しながら、改善を重ねてきました。

　そういう折、兵庫教区保育連盟に関係の深い篤志家の方から「子どもを守るための基金」が提供されました。そこで、その志を具体化するために、これまでの成果を個々の保育者が日々の保育の中で活用しやすいように冊子にまとめることになりました。そして、その編集の進行役を私が受け持つことになったのです。

　そして、今回の第二次と言ってもいい本書の編集に当たっては、最初に兵庫教区保育連盟

の研修委員会を中心に出版のための編集委員会を立ち上げ、それぞれの園で作成している危機管理マニュアルとそのマニュアルを活用していく中で問題になっている課題を持ち寄りました。集められた項目を保育の場面に応じた領域に分け整理し、体系化しながら目次を作成していきました。その過程で、重要な部分で欠落しているところを探し、具体的に補うための資料を作成してきました。とりわけ、第一部で取り上げている「社会人としてのこころえ」の部分につきましては、「一人一人を大切にという保育」を目指す上でも「保育現場における危機管理」を現実的なものとして機能させるためにも欠くことができないものであるということで大幅に加筆修正しました。

　全体の見直しに当たっては、それぞれの園が助言していただいているコンサルタントや保険会社の指導員、日頃から監査などでお世話になっている行政の担当者からも貴重な資料やご意見をいただきました。一方、エイデル研究所も、全国のネットワークの中で補足のための資料を収集していただき、不足の所を補っていただきました。

　このようにしてできあがったものを、それぞれの編集委員が現場に持ち帰り、保育者と総合的な見直しを行ってまとめたものが本書です。ここではこれまでにお世話になった方々や参考にさせていただいた資料については詳しく紹介することができませんが、貴重な資料を提供していただきました皆様方にお礼申し上げます。また、この冊子編集の事務的作業の一切を受け持ち編集委員会を支えていただいた古屋淳臣氏と田所雅士氏には、特に感謝申し上げます。さらに、出版にまで導いていただきましたエイデル研究所の新開英二社長をはじめ編集部の兒島博文様に心より感謝申し上げます。

　今後は、本書を一人でも多くの保育関係者に活用していただき、子どもたちの安全・安心が実質的に保障され、一人一人の子どもの願いが実現できるような豊かな保育が展開されることを期待しておわりにいたします。

編集者代表
兵庫教区保育連盟研修顧問
牧野桂一

【筆者紹介】

牧野　桂一（まきの　けいいち）
筑紫女学園大学人間科学部教授兼附属幼稚園長。
大分大学教育学部教育学科卒業後、1970年より、大分県内の公立小学校・養護学校、及び大分大学附属養護学校勤務の後、大分県教育センター主幹研究員、研究部長へ、この間言語治療教室相談員兼任。その後、大分市立稙田小学校教頭、大分県教育庁学校教育課参事、学校週5日制推進室長、特別支援教育推進室長、大分県立臼杵養護学校長、大分県立新生養護学校長を経て現職へ。社会福祉法人藤本愛育会理事、大分こども発達支援センター療育アドバイザー、大分こども発達支援研究所所長。
1997年、心身障害児教育財団より「辻村奨励賞」受賞。
学校心理士、発達相談研究会認定保育言語士、大谷保育協会認定保育心理士。
著書：『障害児教育への出発（共著）』（明治図書）『受けとめる保育』（エイデル研究所）『ことばを育む保育支援（共著）』（エイデル研究所）等

【兵庫教区保育連盟編集委員会名簿】

赤井　秀顯	（パドマ保育園）
井村　智眼	（真浄寺保育園）
小笠原　覺量	（網干保育園）
宏林　寿子	（若葉保育園）
藤本　貞子	（緑が丘幼稚園）
藤井　貴久子	（本願寺派湊川保育園）
波多　愛	（慈愛保育園）
宇祢　健太	（パドマ保育園）
西川　里美	（山手幼稚園）
澤田　洋子	（兵庫大学附属須磨幼稚園）
小林　美穂	（真浄寺保育園）
高杉　嘉子	（真浄寺きくなみ保育園）
橋口　文子	（兵庫大学附属加古川幼稚園）
宗　依子	（宇佐崎保育園）
小笠原　みどり	（網干保育園）
小泉　智子	（じょうせん保育園）
嶋津　眞喜代	（岩見保育所）
堀　良尚	（まあや学園）

保育のこころえ ──知っておきたい子どもとわたしの危機管理
2013年5月25日　初版発行
2019年8月25日　6刷発行

著　者　　牧野桂一
編　者　　浄土真宗本願寺派兵庫教区保育連盟
発行者　　大塚孝喜
印刷・製本　(株)シナノ
発行所　　株式会社エイデル研究所
〒102-0073　東京都千代田区九段北4-1-9
TEL.03-3234-4641　FAX.03-3234-4644
ISBN978-4-87168-528-3　C3037　©Keiichi Makino
Printed in Japan